中国政法大学科研创新项目资助
项目名称:"明清易代与17世纪以降东亚国际秩序变迁研究"
项目号:19ZFQ77001

教育部人文社会科学基金资助
项目名称:"17—19世纪李氏朝鲜视野中的清朝正统性研究"
项目号:15YJC770010

中央高校基本科研业务费专项资金资助

17—18世纪朝鲜士人眼中的清朝

The Image of Qing Dynasty among Joseon Literati in the 17th & 18th Centuries

桂涛◎著

中国社会科学出版社

图书在版编目(CIP)数据

17—18世纪朝鲜士人眼中的清朝 / 桂涛著 . —北京：中国社会科学出版社，2020.6（2020.11重印）
ISBN 978-7-5203-6388-4

Ⅰ.①1… Ⅱ.①桂… Ⅲ.①中国历史—研究—清代 Ⅳ.①K249.07

中国版本图书馆 CIP 数据核字（2020）第 070752 号

出 版 人	赵剑英
责任编辑	耿晓明
责任校对	闫 萃
责任印制	李寡寡

出　　版	中国社会科学出版社
社　　址	北京鼓楼西大街甲158号
邮　　编	100720
网　　址	http://www.csspw.cn
发 行 部	010-84083685
门 市 部	010-84029450
经　　销	新华书店及其他书店
印　　刷	北京明恒达印务有限公司
装　　订	廊坊市广阳区广增装订厂
版　　次	2020年6月第1版
印　　次	2020年11月第2次印刷
开　　本	710×1000 1/16
印　　张	17
字　　数	251千字
定　　价	80.00元

凡购买中国社会科学出版社图书，如有质量问题请与本社营销中心联系调换
电话：010-84083683
版权所有　侵权必究

目　录

导论 …………………………………………………………（1）

第一章　明清时期的正统论 ………………………………（20）
　　第一节　天命的合理化：宋代以来正统论的世界图景 ……（20）
　　第二节　宋明正统论：从一统到居正 ………………………（29）
　　第三节　明代正统论观照下的夷夏观 ………………………（38）
　　第四节　朝鲜正统论：以血缘世系为中心 …………………（52）
　　第五节　"大一统"：清代的正统论 …………………………（62）

第二章　从"丁卯之役"到"丙子之役" …………………（70）
　　第一节　"丁卯之役"与"兄弟之盟" …………………………（74）
　　第二节　崇德改号与"丙子之役" ……………………………（89）
　　第三节　"至仁大勇"与"匹夫之节" …………………………（108）

第三章　朝鲜燕行使的"清朝观" …………………………（115）
　　第一节　"腥膻"与"衣冠"：清朝形象及其意涵 ……………（116）
　　第二节　从"凡事尚未用夏矣"到胡人亦有制度 ……………（127）
　　第三节　"荒淫之明主"：朝鲜燕行使眼中的清朝皇帝 ……（140）
　　第四节　官与民：朝鲜燕行使眼中的清代社会 ……………（155）

第四章　"胡无百年之运"与"小中华"意识 ……………（165）
　　第一节　"胡无百年之运"：朝鲜认识清朝的框架 …………（166）

· 1 ·

第二节 "小中华"：大明恩情？抑或主体性觉醒？ ……… （184）

**第五章 "主静"的意识形态：朝鲜朱子学与
　　　　"小中华"意识** …………………………………… （198）
　第一节 朝鲜朱子学"主静"的思维倾向 ……………… （198）
　第二节 "主静"的意识形态体现Ⅰ：尊祖敬宗 ………… （221）
　第三节 "主静"的意识形态体现Ⅱ：忠诚的固定化 …… （234）

结语　东亚、明清易代与朱子学 ……………………… （251）

参考文献 ………………………………………………… （260）

后记 ……………………………………………………… （266）

导　　论

　　17世纪中叶发生的明清更迭，在中国历史上造成了深远的影响。这不仅在于新王朝是由身为夷狄的满人所建立，更在于清朝的统治持续了270余年。在如此漫长的统治期内，满人有足够的时间建立其自身的正统观，并将之灌输到治下臣民的精神世界中。[①] 那么，清朝的正统性是否同样被周边的藩属国所接受呢？这是本书所关注的问题。具体而言，本书以朝鲜作为观测点，并围绕如下一些问题展开讨论：朝鲜王国是否产生了对清朝的认同？如果产生了认同，它发生在什么时候？如果没有产生认同，又是什么原因造成的？

　　之所以以这样的方式介入清代历史，是受到来自两个方向的影响：其一是最近兴起的"从周边看中国"的研究趋势，其二是围绕"天下"与"中国"这两个概念而展开的对中国古代政治组织形式之特质的深入讨论。

"从周边看中国"

　　最近二三十年来，以现代中国之领土作为历史中国之疆域的历史论述受到来自各个方面的挑战。后现代主义者从批判现代性的角度，对被黑格尔视为唯一能够体现理性精神之光辉的民族国家这一政治体

[①] 对于清朝正统观之建立及其向下的灌输过程，杨念群《何处是江南？——清朝正统观的确立与士林精神世界的变异》（生活·读书·新知三联书店2010年版）一书做了饶有兴味的讨论。

形式提出质疑。① 来自美国的"新清史"则以为清朝的历史无法在"中国"这一框架中加以叙述。清朝取得巨大成就的关键并非汉化，而是"融合了内亚地区和汉族地区意识形态等因素的新的统治方式"②。在这些研究趋势影响下，以区域消解国家的研究范式，日渐占据学术研究的中心位置。

在诸多消解国家的论述中，对于中国史研究而言，影响最大的恐怕是，中、日、韩三国的后殖民主义者有关"东亚""亚洲"论述。③ "亚洲"论述原本是日本近代初期，确立自身主体性的产物。一方面，强调在面对西方时"亚洲"的共同感；另一方面，以"东洋"取代中国，造就日本的优越感。"亚洲"论述在唤起亚洲诸国共同抵抗西方近代的殖民扩张的意义上具有解放的性质。不过，在日本20世纪上半叶的殖民扩张中，"亚洲"论述蜕变为"大东亚共荣圈"的论述，沦为将日本军国主义侵略亚洲其他国家的行为正当化的工具。④ 如此，带有毒素的"东亚"论述，为什么被重新提起，且有变得盛行的趋势呢？"超越纷争和分裂的历史，建立和平、共存共荣的东亚"⑤，当代"东亚共同体"的重要倡导者，韩国思想家白永瑞，以这样一句话开始了他的"东亚"论述。可以看出，"东亚"论述之再次兴起，乃是对理想国际秩序诉求的一种表达，其背景则是后冷战时代，亚洲知识分子对美国霸权的警惕。随着20世纪90年代冷战结

---

① 这一进路的典型例子是［美］杜赞奇《从民族国家拯救历史：民族主义话语与中国现代史研究》（社会科学文献出版社2003年版）一书。

② 有关"新清史"基本论点，参见［美］罗友枝《再观清代——论清代在中国历史上的意义》，载刘凤云、刘文鹏编《清朝的国家认同——"新清史"研究与争鸣》，中国人民大学出版社2010年版，第1—18页。

③ 参见孙歌《亚洲意味着什么？》，载《主体弥散的空间：亚洲论述之两难》，江西教育出版社2002年版，第97—163页；孙歌《东亚视角的认识论意义》，载《我们为什么要谈东亚：状况中的政治与历史》，生活·读书·新知三联书店2011年版，第17—58页。

④ 参见葛兆光《想象的和实际的：谁认同"亚洲"？——关于晚清至民初日本与中国的"亚洲主义"言说》，载《宅兹中国：重建有关"中国"的历史论述》，中华书局2011年版，第169—195页。日本"东洋史"的形成，参见［日］岸本美绪《"帝国"日本的学知（第3卷）：東洋学の磁場》，岩波书店2006年版；［韩］白永瑞《思想东亚——朝鲜半岛视角的历史与实践》，生活·读书·新知三联书店2011年版，第299—306页。

⑤ ［韩］白永瑞：《思想东亚——朝鲜半岛视角的历史与实践》，第1页。

束，美苏对立下的两大阵营开始松动，以新自由主义为实质内容的全球化浪潮，进一步深化了以美国为主导的东亚国际秩序，引起东亚三国知识分子的警惕。东亚三国知识分子，希望通过唤起东亚三国之间的连带感，克服民族国家的局限，重塑一个没有霸权的东亚新秩序。

那么，亚洲的连带感来自哪里呢？如果东亚只是在面对西方霸权时才拥有共同感，其连带感是从外部被规定，缺乏稳定性，随着他者的变化，连带感自然也会位移甚至消失。更为重要的是，"亚洲"如果只作为"欧洲"的反命题，它仅是西方自我认同的方式，那么，东亚知识分子对"亚洲"的接受，某种程度上就是自我东方化的表现。因此，对于东亚知识分子而言，最为迫切的问题，便是要在亚洲内部确立东亚连带感的根据。唯有如此，"亚洲"才不是一个被西方规定出来的区域，而是有着内在联系的共同体。不同于较早的社会经济史研究者倾向于把"亚洲"作为一个实体来把握，近期的"东亚"论者则将"亚洲"视为一个批判性视角，以此建立超越民族国家的东亚的连带感。之所以采取这一进路，是因为如果把"亚洲"作为实体，不可避免地要把中国作为核心[①]，这不符合"东亚"论述去中心的多元主义立场。例如，白永瑞就将过去的东亚秩序视为在中华帝国、日本帝国、美帝国主导下形成的带有霸权性质的国际秩序而加以否定，并提出要建立"脱中心的东亚秩序"。在白永瑞看来，以国家为本位，通过国家的自我扩张或自我充实而形成的东亚史叙述，都不可避免地带来压制、霸权，造成纷争与冲突。作为解决之道，白永瑞提出了"双重周边视角"的东亚史叙述，即"在以西方为中心的世界史展开过程中，被迫走上非主体化道路的东亚这一周边视角；以及在东亚内部位阶秩序中，处于周边地位的周边的视角"。唯有如此，才能实现"沟通的普遍性"，东亚三国也才能真正越过民族国家的界

[①] 作为在实体层面把握亚洲的代表，滨下武志就把以中国为中心的朝贡贸易体系作为亚洲的内在纽带，他说："以中国为核心的与亚洲全境密切联系存在的朝贡关系即朝贡贸易关系，是亚洲而且只有亚洲才具有的惟一历史体系，必须从这一视角出发，在反复思考中才能推导出亚洲史的内在联系。"（[日]滨下武志：《近代中国的国际契机——朝贡贸易体系与近代亚洲经济圈》，朱荫贵、欧阳菲译，中国社会科学出版社1999年版，第30页。）

限产生连带感。这一"双重周边视角"产生怎样的历史叙述呢？白永瑞对"八一五"历史叙述的主张，提供了一个示范。1945年8月15日，日本宣布投降。围绕这一天，各国从自身立场出发，形成的历史记忆也不尽相同。在中国的记忆中，"八一五"是纪念抗日战争的胜利；在朝鲜则被称为"民族解放纪念日"；在韩国，"解放"有赤化的嫌疑，因此，"八一五"被命名为"光复节"。同时，"八一五"还是韩国政府建立的纪念日。日本对"八一五"记忆则混合了"终战""战败"以及原子弹受害者的体验。在白永瑞看来，从国家立场出发，必然会导致历史记忆的差异，造成相互间的隔阂，要消除隔阂，就应当在具有个别性的同时，"更要突出其内在的普遍性"。具体的做法，就是将"八一五"视为"东亚人摆脱……暴力，追求解放和和平的普遍愿望"。如此，我们可以看到，所谓的"沟通的普遍性"的历史叙述，就是通过抽离实质内容而产生共同性的历史叙述。①

"从周边看中国"正是为了回应"东亚"论述而出现的。"从周边看中国"赞同历史叙述应当具有区域的视野，不过，不能同意简单地以区域消解国家的主张，而试图在区域的视野中重述有关国家的叙述，在东亚的视野中重新理解中国。作为"从周边看中国"这一研究趋势的旗手，葛兆光提出这样一个问题，"当'亚洲'成为一个'历史'的时候，他会不会在强化和凸显东亚这一空间的连带性和同一性的时候，有意无意间淡化了中国、日本和朝鲜的差异性呢？"在葛兆光看来，以区域消解国家的观念是与西方历史相吻合的。西方之政治体组织形式确实经历了从传统帝国到现代国家的变迁，民族国家也的确是现代的产物。然而，中国的政治体组织形式却没有沿着与西方相同的轨迹演进。中国从宋代以后，就开始凸显出一种以汉族区域为中心的领土与国家意识。有趣的是，这样一种明显带有近代民族国家色彩的意识，并没有导致普遍性帝国想象的消亡。中国政治体组织

---

① 本段对白永瑞观点的讨论，参见［韩］白永瑞《思想东亚——朝鲜半岛视角的历史与实践》，第1—26、326—346、58、282—284、348页。

的独特之处正在于,"在中国,并非从帝国到民族国家,而是在无边'帝国'的意识中有有限'国家'的观念,在有限的'国家'认知中保存了无边'帝国'的想象,近代民族国家恰恰从传统中央帝国中蜕变出来,近代民族国家依然残存着传统中央帝国意识,从而是一个纠缠共生的历史"①。现代中国的版图不能涵盖历史中国的疆域,中国也不会消融在东亚之中。这正是"从周边看中国"在区域研究中的立场。

然而,以周边作为理解中国的观测点,也是出于对近代以来国史研究习惯性地以西方为"他者"的不满。以西方为参照系,固然能够从中看出中国社会与文化的一些重要特征,不过,如果参照点只局限在西方,那么,折射出来的中国景象也是片面的。必须建立多个观测点,尤其是中国周边的朝鲜、日本、越南、印度、蒙古等国家,以它们为参照,我们或许能看到一个不同的中国。实际上,葛兆光认为,从周边看中国,可能比从西方看中国来得更加重要。"中国与'西方'的差异对比,只能在大尺度上粗略地看到自我特征,而那些看似差异很小,甚至曾经共享一个文化传统的不同国度的比较,才能真正认识细部的差异,才能确认什么才是'中国的'文化。"②

"天下"与"中国"

既不固守于国家,又不使国家消融于区域之中的观察立场,同样得到对中国政治体组织形式深入研究的支持。将"天下"视为中国独特的政治体组织形式,这一点在学界有着普遍共识。不过,对于"天下"的内在构造与特质,却存在着两种相互对立的观点。一种观点是将"天下"理解为无限扩展的、呈同心圆结构的世界帝国,另一种观点将"天下"视为一个有确定界限的政治社会。

前一种看法,由来已久,长期支配着学界对"天下"的理解。梁

---

① 本段引文,见葛兆光《宅兹中国:重建有关"中国"的历史论述》,第14、28—29页。

② 葛兆光:《宅兹中国:重建有关"中国"的历史论述》,第279—280页。

启超在《先秦政治思想史》(1923年初版)中说:"我国先哲言政治,皆以'天下'为对象,此百家所同也。'天下'云者,即人类全体之谓……此即世界主义之真精神也。"① 民国学者罗梦册更直接将中国之国家形式,界定为"天下国",强调追求"世界主义"的普遍性是其独特性所在。② 进入20世纪后半期,这一认识仍然具有生命力。例如,高明士也同样默认了"天下"等同于世界,他的主要关注点是将呈同心圆结构的天下秩序进一步精细化。他从儒家经典中抽象出四种普遍要素,即德、礼、政、刑,这四种要素的运用形成结合原理、统治原理、亲疏原理、德化原理。进而,四项原理在天下万邦的展开,就形成了三层同心圆结构的天下秩序。由此,高明士描述的天下秩序,以京师为圆心,从此向外延伸出内臣、外臣、暂不臣三个圈。所谓"内臣地区"是中国本土,在此地区德、礼、政、刑四种要素充分发挥作用。"外臣地区"由羁縻府州和慕义地区构成,是德、礼两种要素达到的地区。"暂不臣地区"由兄弟之国、敌国、荒远地区构成,这一地区主要是广义上的刑的运用,即用兵。③

以上对于"天下"的认识,基本上是根据儒家普遍主义的学说而做出的判断。因此,它对"天下"的认识也是抽象的、普遍的。但是,这样一种对"天下"的理解方式,最近越来越引起学者的不满。他们试图通过对具体史料的分析,把握"天下"在具体使用中所包含的内容。这一方面日本学者取得了突出的成就,其最新的代表是渡边信一郎《中国古代的王权与天下秩序——从日中比较史的视角出发》(2003)。④

渡边信一郎对唐代的历史实态的考察表明,"天下"是在与赋税、户籍、律令等具体制度的联系中加以把握的。因此,他认为:"唐代

---

① 梁启超:《先秦政治思想史》,天津古籍出版社2003年版,第184页。
② 参见罗梦册《中国论》,商务印书馆1943年版,第14—19页。
③ 参见高明士《天下秩序与文化圈的探索——以东亚古代的政治与教育为中心》,上海古籍出版社2008年版,第3—23页。
④ 日本"天下"概念的研究史,渡边信一郎在其论著的序说中有很好的总结。参见[日]渡边信一郎《中国古代的王权与天下秩序——从日中比较史的视角出发》,徐冲译,中华书局2008年版,第9—16页。

导 论

中国的天下，乃是基于现实中所共有的法令，依靠王朝的统治机构与户籍、地图的编成而被实际支配的领域。"进而，他认为"天下"实际上就是中国前近代社会对于国家的称呼，"天下正是对于战国时期以后前近代中国之政治社会＝国家的固有称呼，是超越了各王朝而一以贯之的"，如同古希腊的城邦、突厥的伊利等。①

甘怀真同样反对将"天下"理解为泛指世界一类的空间概念，他争论说："秦始皇所统一的是'天下'，而不是'中国'"，"秦始皇所统治的政治实体是一个'天下'"。这样，他所理解的"天下"就是一个具有特定内容的概念，而非抽象的观念。甘怀真指出，"天下"即天之下，这一点没有错，但问题的关键是"天"究竟指的是什么？实际上，在"天下"产生的春秋战国时期，"此天下之'天'不是物理的天，而是具有神格的上帝"。在这个认识前提下，甘怀真就从《诗经·皇矣》一篇中"皇矣上帝，临下有赫，监观四方，求民之莫"四句中，得出"天下"另外的含义。他解释说："最早的'天下'观念是指上帝所临之下。'临'本身就是以高视下。这位至上神所监临的下方即天下。天子所（应）支配的领域也是这个天下。"这样，原本被视为"天下"观普遍性特征之表现的"普天之下，莫非王土"这句话也有了新的解释，"其意不是指'全世界'皆（应）是王者的统治领域，而是指同一位上帝所监临的区域内，皆是'王土'"。在此，"天下"是作为一个有明确界限的、基于共同信仰的宗教圈而被加以把握的。在对"天下"做出宗教性解释的基础上，甘怀真认为的"天下"政体的成立需要如下两方面的努力：一方面建构皇帝的神性；另一方面"藉由神祠制度，及皇帝与各地神祠关系的建立，创造一个以皇帝为首的'天下'"②。

将"天下"理解为有明确界限的空间这种认识，也得到了天文学研究的支持。一项对《史记·天官书》《汉书·天文志》星土分

---

① 本段引文，见［日］渡边信一郎《中国古代的王权与天下秩序——从日中比较史的视角出发》，第27、37页。

② 本段对甘怀真观点的介绍，参见甘怀真《秦汉的"天下"政体：以郊祀礼为中心》，《新史学》2005年第4期。

野系统的研究表明,在汉代星象分野中,与"天上"二十八星宿相对应的"天之下",乃是汉王朝直接支配的十三州或十三地。尽管曾蓝莹从天文学的角度,将"天下"确定为汉之十三州,她还是指出在十三分野系统之上,汉人又叠架出"天街分中外之境""五星出东方",以应对北疆匈奴、西疆羌人存在的事实。尽管如此,她还是强调"以'中国'作为'天下'的基本分野架构"并没有被动摇。①

以上所说的两种对于"天下"的认识,主要是就空间而言。如果差异仅停留在这个层面的话,那么,有关"天下"的两种认识未必产生冲突。假设当时人们的认知能力所达到的界限与今天研究者确定的有限空间相一致的话,那么,对于当时的人们来说,这个有限的空间就是普遍意义上的"世界"。在这种情况下,将"天下"视为有限空间,与将之看作无限延展的世界,这两种认识是能够统一的。但是,使得两种"天下"观不可调和的原因在于,他们从不同的"天下"认识出发,对其中政治统合组织的理解存在根本的分歧。从"天下"是无限延展的世界的认识中,推导出的是一个超越种族、国家的各异质社会的复合体。与此相反,将"天下"视为有确定界限的空间所得出的认识是一个同质的政治社会。

早期的中国研究者特别欢迎异质社会复合体的认识。这是因为,此种认识中蕴含的和平主义世界体系,被认为比在现代民族国家基础上建立的世界体系更具优越性。尤其在认识到后者导致了两次世界大战的情况下,这种优越性就更加明显。罗梦册《中国论》在与民族国家和帝国的对比中把握"天下国"的性质。既不同于民族国家采取一个民族自己管理自己的方式,也不同于"帝国"由一个民族统治其他民族的形式,"天下国"的特征在于:"一个民族领袖着其他的一些民族,共同掌握着国家的主权。"② 梁漱溟的《中国文化

---

① 参见曾蓝莹《星占、分野与疆界:从"五星出东方利中国"谈起》,载甘怀真主编《东亚历史上的天下与中国概念》,台湾大学出版中心2009年版,第182—198页。
② 罗梦册:《中国论》,第23—24页。

要义》一面强调中国人爱说"天下",缺乏对国际对抗性的认识;一面强调中国异质社会的统合是通过文化同一政策来推动,而非基于武力征服。①

与此相反,认为"天下"是一个封闭空间的学者,倾向于将其中的人类群体理解为同质社会。渡边信一郎在对"天下"的空间范围进行实证考察之后,径直将之运用于空间中人群实体状态的判断上,他说:"与天下相关的三种基本认识,又可分为两种类型。一种将天下理解为由同一语言圈、同一文化圈所构成的九州=中国这样的单一政治社会,这是今文经学系统的天下观念;一种将天下理解为包含中国与夷狄在内的复合型政治社会(帝国),这是古文经学系统的天下观念。"虽然渡边信一郎承认复合社会的存在,但是,他认为复合社会的观念,不可能产生在汉武帝之前,"包含了九州与四海、中国与夷狄的天下观念之所以被构想出来,必定是武帝时期以后的事情,其时现实地包摄了夷狄的版图成为可能了";并且单一政治社会的面貌才是"天下"决定性的侧面。②

甘怀真在他关于"天下"政体的研究中,没有讨论"天下"中的人群实体状态,不过,我们可以从他分析"天下"政体如何缔造起来这个侧面,看出他对这个问题的理解。甘怀真说:"新的'天下'体制(皇帝制度)的当务之急与困难是如何建构天子与人民的关系。"这就是说,"天下"体制的成立必须绕开各种中间环节,在君、民之间建立起直接的关系,形成"一君万民"的体制。甘怀真认为,西汉的郊祀礼正发挥了这样的作用。西汉儒者"藉由郊祀礼以建构'天—天子—民'的理据,将这套理论建诸于神圣的事实之上,进而创造天子与民的结合原理"③。显然,在甘怀真的理解中,"万民"具有一种同质性。

---

① 参见梁漱溟《中国文化要义》,上海人民出版社2005年版,第142、144、188、196—197页。
② 参见[日]渡边信一郎《中国古代的王权与天下秩序——从日中比较史的视角出发》,第63、70页。
③ 甘怀真:《秦汉的"天下"政体:以郊祀礼为中心》,《新史学》2005年第4期。

一边是无限延展的、异质社会的复合体，一边是有确定边界的、单一政治社会。双方都能举出充足的证据，来证明自己观点的有效性。那么，我们应当如何看待这样两个"天下"的存在呢？实际上，这两个"天下"观念的分歧，与秦始皇的一统有密切关联。下面仅就渡边信一郎的论点，简单分析一下这个问题。渡边信一郎单一政治社会的论点，建立在九州＝中国这个预设之上。但是，九州＝中国之成立却是有限制的。九州＝中国这一样态，与秦汉王朝的历史实态相符。但是，这一实态的出现，却是战国、秦汉时期历史进程的结果，而并非先于这一进程的历史事实。也就是说，我们不能根据秦汉帝国统治下九州呈现为同质化社会的样态，逆推为先秦时代的样态。因为，这一样态的出现是作为王朝缔造之结果而出现的。事实上，先前的历史研究，均表明在先秦时代，九州这个范围中，同样也是一个中国、夷狄共处的复合社会。这样说来，无论天下＝九州，还是天下＝九州＋四海，天下均应当被视为一个包含中国与夷狄的复合社会。但是，问题没有这么简单。秦始皇的兼并战争，将战国认识中的"天下"纳入实际支配中，所造成的结果是："天下"中夷狄消失了，这就是"天下＝九州＝中国"这一认识的基础所在。

平势隆郎从"中国"—"夷狄"在构造"天下"中所发挥的机能性作用这一视点出发，提出两个"天下"的假说，很有启发意义。平势隆郎指出，战国诸王一面统治中国、夏等有限领域，一面又意图成为天子君临天下，而这个"天下"是包含夷狄的。秦始皇一统天下，造成作为秦实际支配的"夏"这个特别地域，扩大到天下的领域。这样一种体制，又被刘邦建立的汉王朝所继承。汉武帝所做的，则是将"天下"扩大，同时使战国之天下（即秦始皇统一的天下）"中国"化。这样就在新的地基上重新复活了由"中国"—"夷狄"关系结构起来的"天下"。然而，汉武帝又不能否定高祖刘邦发表过统一天下的言论这个事实。这就造成了有大、小两个天下的存在。[①]

[①] ［日］平势隆郎：《东亚册封体制与龟趺碑》，载高明士编《东亚文化圈的形成与发展：政治法制篇》，华东师范大学出版社2008年版，第29—33页。

这就是说，秦始皇的一统，导致"中国"扩大了，使得王的实际支配领域与"天下"重合了。由此，创造出实际支配的单一社会的"天下"。这一"天下"为汉所继承，而成为此后王朝的基本形态。另外，在与匈奴、羌等新的周边异族的接触中，王朝的政治理论家们又重新发掘出战国时代由"中国"与"夷狄"关系构成的"天下"的观念，来理解和处理王朝与异族的交往。

通过以上的分析，不得不承认，正是单一的政治社会与无限扩展的普遍世界结合在一起构成的两面性，才是中国古代"天下"观念的真实性格。一方面，"天下"是一种政体，它以"天子治天下"为要件；另一方面，"天下"又是一个"世界"，它并不以天子的实际支配领域为边界。"德治"则发挥着弥合两面性间存在的张力的机能性作用，而成为天子（或者说王者）支配不可或缺的手段。

"天下政体"所具有的这个两面性，使得我们在理解中国古代王朝之特征时，不能只考虑其直接统辖的区域，而全然无视周边地区，将周边视为无足轻重的部分。有时候，恰恰是在处理这些周边藩属国问题的过程中，一个王朝的政治、军事、经济等制度被形塑出来，甚至中央王朝之命运，正是被发生在周边的事件所改变。如果不认识到中国政治体的这一特质，我们就无法理解，为何在16世纪末明朝不惜赌上国运，也要援助它周边的小国朝鲜。

朝鲜视野中的清朝

出于上述理由，本书试图从朝鲜的视角来审视清朝之统治在东亚世界中所呈现出的样态，以此丰富我们对清朝的认识。

在众多清朝的藩属国中，之所以选择朝鲜作为观测点，是由于朝鲜在明清朝贡体系中的重要地位。无论是在《大明会典》还是《大清会典》中，朝鲜都被列在藩属国的首位。[①] 通过对朝鲜的考察，最

[①] 参见万历朝修《大明会典》卷105，《续修四库全书·史部·政书类》第791册，上海古籍出版社2002年版，第74—75页；《大清会典》卷39，《续修四库全书·史部·政书类》第794册，上海古籍出版社2002年版，第372—378页。

能观察到"天下"政体的特色。另外，在明清之际，朝鲜也扮演着特殊的角色。清朝崛起于东北亚，与清朝比邻而居的朝鲜直接卷入了易代的历史进程，因此，比起那些置身事外的藩属国，朝鲜对易代有切身感受。

就本书所关注的问题而言，目前的研究多采取文化史的研究进路。这一倾向也多少是由"从周边看中国"这一视角决定的。"从周边看中国"虽然并没有走到要以区域消解国家的地步，不过，它对以政治疆域为界限的历史叙述必须进行修正这一点是持赞同态度的。这样，它会倾向于越过政治边界，关注使得东亚世界中诸国联系在一起的文化纽带。如此，文化史的进路，便首先进入研究者的视野之中。

与较早之前中外关系史的视角下，使用官方文书为主体材料，得出朝鲜是清朝的模范朝贡国的认识不同，采取"从周边看中国"视角的研究者倾向于使用更具有私人性质的材料，尤其是出使清朝的使臣所写下的游记，从中探寻朝鲜士人对清朝的直观体验，以揭示朝鲜对清朝的真实态度。葛兆光以朝鲜使臣的燕行文献为主体材料的系列论文[①]，展现了十七八世纪朝鲜士人眼中的清朝社会。从中呈现出来的，是一个朝鲜对中央王朝从绝对认同到不认同的过程。其中，《从"朝天"到"燕行"——17世纪中叶后东亚文化共同体的解体》一文，对朝鲜使臣游记的性质做了饶有兴味的讨论。从朝鲜使臣游记名称的变化，葛兆光发现了朝鲜对明、清两朝不同的态度。在明代时，朝鲜使臣所写的游记通常叫《朝天录》，"'朝天'这两个字中，不仅有政治上的臣服，经济上的朝贡，还有文化上的向心"；随着明清易代，"朝鲜人从心底里觉得，他们到中国来，就

[①] 葛兆光：《大明衣冠今何在》，《史学月刊》2005年第10期；《从"朝天"到"燕行"——17世纪中叶后东亚文化共同体的解体》，《中华文史论丛》2006年第1期；《明烛无端为谁烧——清代朝鲜贡使眼中的蓟州安、杨庙》，《书城》2006年第2期；《想象异域悲情——朝鲜使者关于季文兰题诗的两百年遐想》，《中国文化》2006年第1期；《寰中谁是中华——从17世纪以后中朝文化差异看退溪学的影响》，《天津社会科学》2008年第3期；《"不意于胡京复见汉威仪"——清代道光年间朝鲜使者对北京演戏的观察与想象》，《北京大学学报》（哲学社会科学版）2010年第1期。

不是来朝觐天子,而只是到燕都来出差,使者们的旅行记名称,也大多由'朝天'改成了'燕行'"。从朝鲜使臣这一心态的变化,葛兆光更敏锐地觉察到,17世纪发生的明清易代,对东亚世界造成了深远的影响。"所谓'东亚'原本在华夏文化基础上的认同的崩溃,那三百年间渐渐互不相识与相互鄙夷,体现着这个看似同一文明内部的巨大分裂。"①

夫马进对康熙八年至康熙九年出使清朝的闵鼎重与玉田县秀才王公濯之间的对话所做的个案分析②,从微观的层面,让我们感受到朝鲜对清朝的不认同。夫马进发现,王公濯对康熙皇帝给予积极的评价,让闵鼎重颇感失望,在回国之后,向显宗汇报情况时,闵刻意屏蔽掉清朝渐趋安定与臣民对康熙皇帝的正面评价。

孙卫国《大明旗号与小中华意识——朝鲜王朝尊周思明问题研究(1637—1800)》,详细描绘了在明朝覆灭后朝鲜国王、儒林、赴朝明遗民,通过建立大报坛、万东庙、大统庙进行的祭祀明朝的活动,以及朝鲜士人编纂明史、遗民传记、尊周录等史书,寄托其尊周思明的感情。③ 由此,孙卫国为我们展现了朝鲜不认同清朝的观念的物质载体。

徐东日《朝鲜朝使臣眼中的中国形象——以〈燕行录〉〈朝天录〉为中心》一书,同样以燕行文献为主体材料,考察了朝鲜使臣所描绘的清朝皇帝与满族人的形象。徐东日发现,清朝入主中原后,相当长的一段时间内,在朝鲜使臣的描述中,清朝皇帝和满族人的形象都是负面的。清朝皇帝总是显得"气象桀骜""气狭性暴""荒淫自恣"的胡皇,满族人也是"丑陋""残暴""顽劣"的。这种情况,直到18世纪下半叶才有所改观,满人的英勇尚武在朝鲜开始获

---

① 葛兆光:《从"朝天"到"燕行"——17世纪中叶后东亚文化共同体的解体》,《中华文史论丛》2006年第1期。

② [日]夫马进:《闵鼎重〈燕行日记〉中收录的〈王秀才问答〉》,载《朝鲜燕行使与朝鲜通信使——使节视野中的中国·日本》,伍跃译,上海古籍出版社2010年版,第32—46页。

③ 参见孙卫国《大明旗号与小中华意识——朝鲜王朝尊周思明问题研究(1637—1800)》,商务印书馆2007年版。

得正面的评价,乾隆皇帝也变成勤政仁慈的皇帝。① 从徐东日的研究来看,至少在乾隆中期(18世纪下半叶)以前,朝鲜尚没有形成对清朝的认同。

从上述的研究中,我们可以看到在相当长的一段时间内,清朝并没有建立起朝鲜对它的认同。造成这一现象的原因是什么呢?文化史进路的研究,基本将问题归因于朝鲜对明朝存在着深厚的感情,以及夷夏观念的作用。明朝对朝鲜有深恩厚意,这首先表现为洪武皇帝赐号之恩;壬辰之战,神宗皇帝举天下之兵援救朝鲜,更有再造之恩。如此,朝鲜对明朝形成了全面认同。"正因为如此,在明清易代之际,他们面对过去的蛮夷,但现实又极其强大的清国时,虽然有些畏惧,但心底总是有些不屑。"② 刁书仁《从"北伐论"到"北学论"——试论李氏朝鲜对清朝态度的转变》一文也指出"李朝君臣念念不忘对明朝的感情,对刚刚建立的清朝则思想上不予承认"。③

取代明朝而君临天下的清朝,由于其统治者是夷狄出身的满人,在夷夏大防的观念下,朝鲜士人对之心生鄙夷,这更加强了他们对明朝的情感。孙卫国在解释朝鲜尊周思明的思想时,举出三方面原因:第一,"感恩思报",即太祖赐号之恩与神宗再造之恩。第二,"华夷观的影响",即朝鲜视明朝为中华,朝鲜通过"慕华"而实现"以夷狄变华",而清朝则是夷狄。第三,"正统问题与现实危机",即朝鲜作为藩属国其正统来源于宗主国的册封。④ 由此指出:"自仁祖开始,孝宗、显宗、肃宗、英祖、正祖等皆以反清复明为己任……对清朝有刻骨的仇恨,对明朝有难以报答的恩情,在反清复明无望之际,为了寻求正统的来源、缓解内部的矛盾,并寻求心灵上的平衡,他们将那

---

① 参见徐东日《朝鲜朝使臣眼中的中国形象——以〈燕行录〉〈朝天录〉为中心》,第167—204、247—257页。
② 葛兆光:《从"朝天"到"燕行"——17世纪中叶后东亚文化共同体的解体》,《中华文史论丛》2006年第1期。
③ 刁书仁《从"北伐论"到"北学论"——试论李氏朝鲜对清朝态度的转变》,《中国边疆史地研究》2006年第4期。
④ 孙卫国:《大明旗号与小中华意识——朝鲜王朝尊周思明问题研究(1637—1800)》,第11页。

导 论

种思明的感情化作崇祀的行动。同时也为了克服国内的信仰危机，朝鲜不得不强调与明朝的关系。因为历来朝鲜作为中国的藩国，其正统性来源于宗主国中国的册封，但是秉持程朱理学'尊华攘夷'观念的朝鲜王朝，无法接受被视为夷狄的清朝的正统性，于是只能沿袭传统，强化与明朝的关系，才能解除其内在的危机……故而在明朝灭亡后，朝鲜大行尊周思明之举，既感明朝之恩，又表明是李朝而不是清朝才是明朝正统的合法继承者，这是朝鲜崇祀明朝皇帝、大讲尊周思明的内在原因。"①

将朝鲜对明朝的认同与对清朝的拒斥归因于情感因素，固然揭示出问题的一个方面，不过，它同时也引来了其他问题。尊明的情感为何持续如此之久，其背后的动力又是什么？实际经历过明清易代的朝鲜士人对明朝怀有深厚情感，自然是可以理解的。但是，此后两代、三代人为什么也对明朝存有感情呢？这一感情又为什么没有淡化呢？这些问题恐怕仅从情感的层面难以做出解释。

事实上，我们从中国内部的观察中就能发现情感解释的有限性。同样受儒家文化熏陶的汉人士大夫，北方士人在清朝入主没多久就认同了清朝的支配；更有抵抗精神的江南士人，也至迟在康熙中年就开始产生对清朝的认同感。这方面著名的例子就是江南遗民黄宗羲。这位曾经抵抗过清朝的明朝士大夫，令人难以置信地将胡虏的皇帝称为"圣天子"。

另外，基于情感因素的解释框架，也难以解释18世纪中后期的经验事实。如果明朝的恩情是朝鲜无法认同清朝的理由，那么，从逻辑上来说，随着清朝减免朝鲜岁贡、合并三节使臣、优待朝鲜贡使等德化政策的展开，清朝对朝鲜的恩情就日益累积，从而能够使朝鲜逐渐产生对清朝的认同。如孙卫国的研究就指出，在清朝德化政策的感化下，到乾隆时期，朝鲜对清朝的态度发生了改变，"乾隆以后的清朝皇帝终于赢得了朝鲜人的尊重，使得朝鲜人也将其当作皇帝看待。

---

① 孙卫国：《大明旗号与小中华意识——朝鲜王朝尊周思明问题研究（1637—1800）》，第11页。

而对嘉庆以后皇帝的态度,朝鲜似乎将之比作明朝皇帝"①。刁书仁则从北学论的兴起中看到了朝鲜对清朝态度的变化。

不过,这仅只是事实之一面。孙卫国还发现,朝鲜对清朝的恩情,怀有一种复杂的心态,一方面固然感激,另一方面则始终心存警惕,以为清朝之施恩,另有所图。即便在北学派那里,清朝之正统地位,也没有获得认可。如北学派之代表朴趾源始终将"皇明"视为"上国",并将清朝所施之恩,视为"惠",而在本质上与明朝所施之"恩"区别开来。葛兆光也注意到,即便是到了19世纪,习惯了清朝盛世气概的朝鲜使节,仍然没有对清朝认同,他们还是能从戏剧表演中看出别样的意味,把台上的戏服看成是"汉族人保存族群记忆的迂曲方式"。如此,戏院也不仅是娱乐场所,反倒成了缅怀前朝的纪念堂。② 为何触目可及、切切实实的恩情,始终敌不过一个已经消失百余年的政权所施予的、靠想象维持的恩情呢?18世纪朝鲜士人的复杂心态,恐怕也不是情感因素所能完全解释的。

至于夷夏观,其解释效力同样是有限的。程朱理学中确实有夷夏之防的观念,不过,程朱理学并没有脱离经典儒学中夷夏观念的文化主义立场。在文化主义立场下,夷夏差别在于文化,而非人种。同时,朱子学对"天理"的普遍性认识,更为夷狄之华化提供了形而上学的根据。朝鲜也正是凭着夷夏观的文化主义特征,以及朱子学的普遍主义,将自身转化为华夏,进而更将自身视为比中国更具有"中华"特质的"小中华"。同样,清朝也是凭借文化主义的夷夏观,实现身份的转变,而康乾盛世的到来,更为清朝的"去夷狄化"提供了物质基础。如此,夷夏观本身,就难以完全有效地解释朝鲜对清朝的不认同。其中仍然需要回答这样一个问题,朝鲜为何不能采纳文化主义的立场,将清朝视为正统?

如上所述,我们要对在清朝统治的漫长时期内,朝鲜始终对明朝

---

① 孙卫国:《大明旗号与小中华意识——朝鲜王朝尊周思明问题研究(1637—1800)》,第403页。

② 葛兆光:《"不意于胡京复见汉威仪"——清代道光年间朝鲜使者对北京演戏的观察与想象》,《北京大学学报》(哲学社会科学版)2010年第1期。

怀有感情，拒斥清朝，这一独特现象做出解释，就不能仅停留在文化史的层面上，发掘情感性因素。我们必须再往下走，深入朝鲜士人精神世界的底层，去看看究竟是什么样的思想，为朝鲜对明朝的情感提供了持久的动力。之所以要到思想的层面去寻求解答，是因为情感受到情境的左右，尽管强烈，但却短暂，场景一换，情感也随之改变。朝鲜对明朝的情感，不是宣泄式的情绪表达，它长久留存在朝鲜士人的内心深处，并且通过编纂史书、祭祀而将这种情感物化、制度化。如此精细持久，其背后必定经过了理性的思考与组织。

在笔者看来，为朝鲜认同明朝而不认同清朝的情感提供思想基础的，正是构成五百年朝鲜王国意识形态的朱子学。实际上，在葛兆光的论文中，已经注意到朝鲜对"中华"的理解与朱子学的关系。葛兆光发现，在清朝最兴盛的乾隆时代来到清朝的朝鲜使臣，"却从这个兴盛和平静的时代底下，看到了另一个已经不再'中华'了的帝国风景"[①]。为何鼎盛的乾隆时代不是"中华"呢？葛兆光解释说，在朝鲜士人眼中，清朝不再尊重朱子学，朱子《家礼》在清朝社会中也不再施行，这些都标示着中国在清朝的统治下已经日益夷狄化。而支撑朝鲜士人这一判断背后的根源，正在于朝鲜退溪学将朱子学视为"中华"之根基。[②] 本书准备顺着这一思路，继续深入，看看朱子学中什么样的逻辑为朝鲜的情感之认同与不认同提供了根据。在思想史的层面上，为朝鲜不认同清朝之正统性提供了一个解释。

概念说明

本书以"正统性"为研究对象。那么，"正统"这一范畴指涉的是什么呢？在中国古代政治学说中，"正统"包含三层含义，第一，"正统"指的是最佳的政治体制，即欧阳修所说的"夫居天下之正，合天下于一，斯正统可矣"。其在现实中的具体代表就是三代的统治。

---

① 葛兆光:《从"朝天"到"燕行"——17世纪中叶后东亚文化共同体的解体》，《中华文史论丛》2006年第1期。

② 葛兆光:《寰中谁是中华——从17世纪以后中朝文化差异看退溪学的影响》，《天津社会科学》2008年第3期。

第二，"正统"指被认为正当的政治体制。最佳的政治体制只有一个，其标准也是确定的。与此不同，"正当的"政治体制则是多种多样，应对不同的情境。如宋儒对正当的政治体制的衡量标准就与明儒不同。第三，"正统"亦指王位继承人的身份。① 前两层含义是在政治体建立的层面上界定"正统"，最后一层含义则是在既定政治体的框架内讨论统治者接班人的问题。本书所讨论的"正统"，主要就政治体之建立而言，其中，又集中在"正当的"政治体制而言，即政权如何将其统治正当化。就此而言，为了避免最佳与正当的混淆，本书在叙述中多半使用"正当性"这一概念。

在中文语境中，"正当性"与"合法性"没有明确的界限，两个词汇常常可以互换，在日常生活中"合法性"使用频率更高。可是，西学语境中，"正当性"（Legitimacy）与"合法性"（Legality）之间却有着明确的区别。应当说，"合法性"是"正当性"的一种表现形式。如卡尔·施米特所说："合法性只是从'正当'或者权威派生出来的。"② 所谓"正当性"，简单来说，是指统治者要求服从的理由，这个理由可以是上天授命、继承祖先、符合理性的规则制度等。"合法性"则是形式主义法学出现后，强调国家颁布的时政法律，并将遵循这一时政法律的行为视为具有合法律性的行为。③ 只是当资产阶级法治国家稳固其地位之后，"合法性"不再需要"正当性"作为其支撑。"在此（按：指议会制立法型国家下），'合法性'的意义和任务恰恰是，不仅把……正当性，而且把任何基于自身的更高的权威和当权机关（Obrigkeit）变成多余的，并予以否定。"④ 就本书所讨论的问题而言，西学语境中这个界分颇有裨益。有鉴于"合法性"所带有

---

① 有学者就认为，正统起源于古代宗法制度，即便后来宗法与国法合一，正统处理的核心问题也是皇位继承的问题。（参见雷戈《正朔、正统与正闰》，《史学月刊》2004年第6期。）

② [德]卡尔·施米特：《合法性与正当性》，李秋零译，载刘小枫编《政治的概念》，上海人民出版社2004年版，第196页。

③ 有关"正当性"与"合法性"的渊源，参见刘毅《"合法性"与"正当性"译词辨》，《博览群书》2007年第3期。

④ [德]卡尔·施米特：《合法性与正当性》，第196页。

的形式主义特征并不适合于描述中国古代将统治予以妥当化的方式，因此，本书不使用颇为流行的"合法性"一词，而改用不常见的"正当性"一词。

第一章　明清时期的正统论

17世纪中叶的明清交替给当时的东亚世界带来了天崩地裂般的震动。旧的天朝分崩离析，新的天朝正在构建，这个过渡时期中，权威缺位给人们内心带来困惑与震荡。清人夷狄的身份使得动荡的局面更加复杂化。夷狄是否能够成为君主，这不仅是中国士人需要面对的问题，也是接受中央王朝册封的东亚诸国必须思考的问题。因此，在对清朝建立以后朝鲜如何认识清朝之正统展开论述之前，本章先探讨在明朝、清朝、朝鲜三方正统观中，是否蕴含着使夷狄之统治得以正当化的理论根据。

第一节　天命的合理化：宋代以来正统论的世界图景

饶宗颐曾指出，"中国史学上之正统说，其理论之主要根据有二：一为采用邹衍之五德运转说，计其年次，以定正闰……宋儒则深辟其说……另一为依据《公羊传》加以推衍，皇甫湜'大一统所以正天下之位，一天下之心'。欧公继之，标'居正''一统'二义。由是统之意义，由时间转为空间，渐离公羊之本旨。然对后来影响至大"[①]。明清时期的正统论即属于以宋代欧阳修为发端的正统论这个脉络之中。

我们要认识明、清正统论，首先应当把握其所属的思想体系——

[①] 饶宗颐：《中国史学上之正统论》，上海远东出版社1996年版，第74—75页。

第一章　明清时期的正统论

宋以来之正统论，具有怎样的特质。要认识一种思想的特质，又必须把它放在与其他思想的对比之中，才会显现出来。因此，认识宋代以来正统论的特质，最好的办法莫过于将之与"五德终始说"进行比较。前引饶宗颐的叙述似乎暗示，"五德终始说"①倾向于从时间轴上确立王朝的正统性，而欧阳修之正统论则试图在空间中把握王朝统治的根据。这个认识虽然有其合理性，但时间与空间并非"五德终始说"与宋代以降正统论的分歧所在。实际上，贯穿中国古代正统论始终的是"天命"观，即将上天的授命视为王朝统治的正当性根据所在。这一点，是"五德终始说"和宋代以降正统论所共享的。将二者区别开来的真正理由是，它们对世界的想象产生了分歧，即两个学说在"天"的理解上出现了变化。由此，王朝统治正当性的根据也随之有所改变。

在"五德终始说"的思维框架下，我们会看到，当新王即将出现时，首先会有一些神秘的事物作为征兆；同时，新王依据五德更迭的秩序，按照自己所对应之德而制作与之相符合的制度，以呼应这一神秘事物。为什么新王必须依靠奇迹一类神秘力量来证明自己统治的正当性呢？为何必须有神秘力量的召唤，新王的统治才是正当的呢？这是因为，此时授命给新王的"天"，是具有人格的神。

关于"天"的这一人格属性，在天与上帝的对应关系中得到最为清晰的体现。《史记·封禅书》记载："周公既相成王，郊祀后稷以配天，宗祀文王于明堂以配上帝。"郑玄解释说："上帝者，天之别名也。"②汉武帝元封二年（前109），甘泉宫出现灵芝，武帝下诏说：

---

① "五德终始"向有二说，一为"五德相胜说"，一为"五德相生说"。主"相胜说"者，战国邹衍；主"相生"说者，西汉刘向、刘歆父子。从"五德终始说"历时嬗变角度看，自刘向、刘歆父子倡其"相生说"以来，"相生说"便压倒"相胜说"，成为东汉以降王朝论述德运的学说。"相胜说"以土为首德，以下木、金、火、水以新起之德运克服旧有之德运的方式依次更迭，终而复始。"相生说"则自木德始，五德照木、火、土、金、水顺序转换，新起德运系从旧有德运中生发而出。人世间王朝更迭与五德运转相对应，每一新起之王朝，必须采取与其德运相符合的服饰、制度。"五德终始说"对古代政治的影响，详见顾颉刚《五德终始说下的政治和历史》，《古史辨自序》，商务印书馆2011年版，第477—717页。

② 司马迁：《史记》卷28《封禅书》，中华书局1982年标点本，第1357页。

"上帝博临，不异下房，赐朕弘休。"颜师古同样将"上帝"解释为"天"①。这个具有人格的"天"，有行为能力，有自己的好恶②；他会积极行动，干预人间事务③；甚至有自己的住所"玉台"。这些事例都告诉我们，在唐宋之前，"天"乃是一个人格神，他拥有自己独立的意志，握有赏罚的权柄，能够直接干预人世间的活动。

由于"天"是神，其意志远远超越人类的理性，上天的意愿也绝非人类理智所能够理解。这样，当"天"展现其意志时，人们所看到的就是奇迹一类非理性的神秘事物。东汉初期的班彪在《王命论》以"神器有命，不可以智力求"④ 这一命题，最为清晰地表达出"上天授命"的这一非理性特征。他指出，人世间勇武、才智者多的是，如韩信、英布、项梁、项籍、王莽都是了不起的英雄人物，但是，他们最终都没有获得支配天下的资格。而刘邦所以能够统治天下，一方面他是上古圣神的后裔，另一方面神迹标示出他获得了上天的授命。这样，神迹所昭示的天命，压倒人的理智因素，成为新王支配之正当性的决定性根据。

东汉光武帝刘秀即皇帝位的故事，是神秘事物在英雄创建王朝的过程中那种左右历史进程的影响力的绝佳例证。《后汉书》记载，光武帝刘秀的部下前后有四次劝进。前三次诸将进言所根据的是刘秀集团的军事胜利、空间占有、文化势力等合理化因素。不过，这些都没有促使刘秀下定决心称帝。直到刘秀在长安读书时的同学彊华送来赤伏符，群臣第四次劝进说："受命之符，人应为大，万里合信，不议

---

① 班固：《汉书》卷6《武帝纪》，中华书局1962年标点本，第193页。

② 《后汉书》记载了这样一个故事：东汉灵帝的皇后宋皇后，遭中常侍王甫诬陷而被贬斥，忧郁而死。渤海王悝也同样被王甫诛杀。一日，灵帝梦见他的堂叔桓帝警告他："宋皇后有何罪过，而听用邪孽，使绝其命？勃海王悝既已自贬，又受诛毙。今宋氏及悝自诉于天，上帝震怒，罪在难救。"（范晔：《后汉书》卷10下《皇后纪第十下》，中华书局1965年标点本，第448页。）

③ 上天干预人间事务，在王朝革命中体现得最为清楚。如班固《两都赋》是这样描述刘秀建立东汉王朝的："上帝怀而降鉴，致命于圣皇。于是圣皇乃握乾符，阐坤珍，披皇图，稽帝文，……绍百王之荒屯，因造化之荡涤，体元立制，继天而作。"（范晔：《后汉书》卷40下《班彪列传第三十下》，第1360页。）

④ 班彪：《王命论》，班固《汉书》卷100上《叙传上》，第4208页。

第一章 明清时期的正统论

同情,周之白鱼,曷足比焉?今上无天子,海内淆乱,符瑞之应,昭然著闻,宜答天神,以塞群望。"① 终于,在得到上天授命的赤伏符、确认了天心之后,刘秀下定决心,践天子位。

刘秀称帝这个事例并非孤例,实际上,在宋代之前,新王朝的创建过程中,往往都有一个通过祥瑞等神迹确认天意的环节。汉魏之际,太史丞许芝上条陈《魏代汉见谶纬》说:

> 殿下即位,初践阼……黄龙数见,凤皇仍翔,麒麟皆臻,白虎效仁,前后献见于郊甸;甘露醴泉,奇兽神物,众瑞并出。斯皆帝王受命易姓之符也。昔黄帝受命,风后受河图;舜、禹有天下,凤皇翔,洛出书;汤之王,白鸟为符;文王为西伯,赤鸟衔丹书;武王伐殷,白鱼升舟;高祖始起,白蛇为征。巨迹瑞应,皆为圣人兴……昔武王伐殷,岁在鹑火,有周之分野也。高祖入秦,五星聚东井,有汉之分野也。今兹岁星在大梁,有魏之分野也。②

东晋、刘宋之际,"太史令骆达陈天文符瑞数十条",才一锤定音,刘裕接受禅让。③ 南齐萧道成在太史令陈文建奏言符命后,接受刘宋禅位。④ 南梁萧衍在"太史令蒋道秀陈天文符谶六十四条"后受齐禅。⑤ 北魏拓跋珪在得到天象指示后才改制、称帝。⑥ 北周孝闵帝受禅也是在"太史陈祥瑞"后。⑦

从这些事例中,我们大致可以得出宋以前王朝禅让的一般程序:

---

① 参见范晔《后汉书》卷1上《光武帝纪上》,第20—22页。
② 陈寿:《三国志·魏书》卷2《文帝纪》裴注引《献帝传》,中华书局1959年标点本,第64—65页。
③ 参见沈约《宋书》卷2《武帝纪中》,中华书局1974年标点本,第48页。
④ 参见萧子显《南齐书》卷1《高帝纪上》,中华书局1972年标点本,第203—204页。
⑤ 参见姚思廉《梁书》卷1《武帝纪上》,中华书局1973年标点本,第29页。
⑥ 参见魏收《魏书》卷105之3《天文志一之三》,中华书局1974年标点本,第2390页。
⑦ 参见令狐德棻《周书》卷3《孝闵帝纪》,中华书局1971年标点本,第45—46页。

前朝下禅位诏，群臣上表劝进，新王固辞至再，太史令陈天文符瑞，新王受禅。在这一程序中，神秘力量是促使王朝禅代得以完成的关键性一步。在这一步之后，新王朝的正当性就有了切实的保障。

"五德终始说"这一思维框架下对"天"的认识，在中唐时代受到挑战。柳宗元，这位中唐时代最具革命性的思想家，正是以"唐家正德受命于生人之意"这一著名的命题，成为中世"谁"授命王朝统治天下这个问题的最初提出者。

柳宗元在《天说》《贞符》等论文中，提出了一种对"天"的全新理解。《天说》以韩愈与柳宗元对话的形式展开论述。在文中，韩、柳围绕上天是否能赏罚善恶？为什么"残民者昌，祐民者殃"？这两个问题展开讨论。韩愈肯定上天能够赏罚善恶。可是，为什么人们常常会有好人没有好报这样一种认识？对于这个问题，韩愈通过将人类文明加以否定的方式给予回答，用虫子与蔬果的关系类比人类与自然的关系。果物因腐败而生虫，生虫又加速了果物的腐败速度，"虫之生而物益坏"；"其有能去之者，有功于物者也；繁而息之者，物之仇也"。同样地，人类开垦土地、修筑房屋、疏浚河流等行为，就如同虫子加速果物腐败一样，加速天地元气阴阳败坏。这样，促进人类繁衍的文明行为等于是在制造更多败坏天地元气阴阳的虫子。由此就推导出了韩愈的结论："有能残斯人使日薄岁削，祸元气阴阳者滋少，是则有功天地者也；繁而息之者，天地之仇也……有功者受赏必大矣，其祸焉者受罚亦必大矣。"①

柳宗元不同意韩愈的看法。在他看来，上天是否能够赏罚善恶这个问题本身就是一个伪命题。他说：

> 彼上而玄者，世谓之天；下而黄者，世谓之地；浑然而中处者，世谓之元气；寒而暑者，世谓之阴阳。是虽大，无异果蓏、痈痔、草木也。②

---

① 柳宗元：《天说》，《柳宗元集》卷16，中华书局1979年版，第442页。
② 柳宗元：《天说》，第442—443页。

第一章 明清时期的正统论

在此，柳宗元所表达的是一个独特的对"天"的认识。由于将"天"与果蓏、痈痔、草木等自然之物等同起来，柳宗元不承认天具备任何人格特征；由于天并不是一个人格主体，它就不可能做出任何决断。那种认为上天能够赏善罚恶的观念，无疑是荒谬的。"功者自功，祸者自祸，欲望其赏罚者大谬。"① 这样，柳宗元否定了天的人格性，将之视为纯粹的自然之物。

柳宗元的否定如此彻底、大胆，以至连天道与人道的关系也被否定掉。这一点，在他与刘禹锡的争论中，得到清晰的表达。正是由于担忧《天说》中蕴含的这个倾向，刘禹锡撰写了《天论》。在《天论》中，刘禹锡列举了两种对天的认识，他说：

> 世之言天者二道焉。拘于昭昭者，则曰："天与人实影响：祸必以罪降，福必以善来，穷阨而呼必可闻，隐痛而祈必可答，如有物的然以宰者。"故阴骘之说胜焉。泥于冥冥者，则曰："天与人实相异：霆震于畜木，未尝在罪；春滋乎堇荼，未尝择善；跖、蹻焉而遂，孔、颜焉而厄，是茫乎无有宰者。"故自然之说胜焉。②

照刘禹锡的看法，对"天"的两个处于对极的认知均失之偏颇。"阴骘之说"未能正确认识到天道与人道之间存在差别，"自然之说"则又走向另一个极端，全然否认天道与人道之间存在联系。柳宗元在《天说》中所表达的正是后一种认识，这种认识"非所以尽天人之际"。刘禹锡打算做的是在二者之间寻求平衡，一方面承认天的非人格性，另一方面又重新在天人之间建立新的关系。首先，刘禹锡特别区分天道与人道，说：

> 天之道在生植，其用在强弱；人之道在法制，其用在是非……

---

① 柳宗元：《天说》，第 443 页。
② 刘禹锡：《天论上》，《刘禹锡集》卷 5，中华书局 1990 年版，第 67 页。

> 天之所能，生万物也；人之所能者，治万物也……天恒执其所能以临乎下，非有预乎治乱云尔；人恒执其所能以抑乎天，非有预乎寒暑云尔。①

在他看来，天道与人道遵循不同的法则，价值诉求也不尽相同。天道的最高价值是实现万物最大限度的繁衍，在天道中发挥作用的规则是四季交替一类自然法则。人道的最高价值则属于是非、善恶等伦理范畴，它追求公正、秩序等价值，运行其间的法则是人类制定的法律、制度。

在区分清天道与人道之后，刘禹锡指出二者是以相胜的方式发生关系，人间的治与乱便是二者斗争的结果。

> 人能胜乎天者，法也。法大行，则是为公是，非为公非，天下之人蹈道必赏，违之必罚……法大驰则是非易位，赏恒在佞而罚恒在直，义不足以制其强，刑不足以胜其非，人之能胜天之具尽丧矣。②

在此，天与人在价值上所处的位置发生了逆转，原本属于天的范畴的善、公义，如今被认为是人所制定的法律、制度带来的；相反，在天道主宰下，才导致是非不分、善恶不明，才会产生恃强凌弱的结果。

柳宗元赞同刘禹锡对天道、人道所做出的区分，认为这是对他《天说》的一个注解。他所不能同意的是，刘禹锡在讨论"治乱"这一属于人道范畴的问题时，又重新将天道置入其中所体现出的不彻底性。他说："子所谓交胜者，若天恒为恶，人恒为善，人胜天则善者行。是又过德乎人，过罪乎天也……余则曰：生植与灾荒，皆天也；法制与悖乱，皆人也，二之而已。其事各行不相预，而凶丰理乱出

---

① 刘禹锡：《天论上》，第68—69页。
② 同上书，第68页。

第一章 明清时期的正统论

焉，究之矣。"①

既否定了天的人格性，又将天道从人道中排除出去，那么，受命于天的王朝统治的正当性又来自哪里？对于这个问题，柳宗元在《贞符》一文中，以描绘人类文明发生的历史过程的方式，展开他的思考。柳宗元首先否定了那种对原始状态的浪漫想象，以及将人类历史描述成一部堕落史的思考方法，他说："孰称古初朴蒙空侗而无争，厥流以讹，越乃奋夺斗怒振动，专肆为淫威？曰：是不知道。"② 在他看来，情况恰恰相反：

> 惟人之初，总总而生，林林而群。雪霜风雨雷雹暴于外，于是乃知架巢空穴，挽草木，取皮革；饥渴牝牡之欲驱其内，于是乃知噬禽兽，咀果谷，合偶而居。交焉而争，睽焉而斗。力大者搏，齿利者啮，爪刚者决，群众者轧，兵良者杀。披披藉藉，草野涂血。然后强有力者出而治之，往往为曹于险阻，用号令起，而君臣什伍之法立。德绍者嗣，道怠者夺。于是，有圣人焉曰黄帝，游其兵车，交贯乎其内，一统类，齐制量，然大公之道不克建。于是有圣人焉曰尧，置州牧四岳，持而纲之，立有德者有功有能者，参而维之，运臂率指，屈伸把握，莫不统率。尧年老，举圣人而禅焉，大公乃克建。由是观之，厥初罔匪极乱，而后稍可为也。③

从人类历史进程来看，君主之所以会出现，端赖于他能够结束混乱、建立秩序。这既是君主的本质所在，也是君主统治的正当性所在。由此，柳宗元从君主所发挥的社会机能的方向，寻找到王朝统治的妥当性根据。如果必须通过"受命"这个观念来理解君主统治的

---

① 柳宗元：《答刘禹锡天论书》，《柳宗元集》卷31，第816—817页。
② 柳宗元：《贞符》，《柳宗元集》卷1，第31页。
③ 柳宗元：《贞符》，第31页。柳宗元对从原始状态到文明产生的描述，无疑让我们想起了霍布斯。在霍布斯的描述中，为了结束自然状态下那种万人与万人之战的混乱状态，人们相互间缔结契约，放弃他们的自然权力，接受君主的统治。

正当性的话，那么，能够践行君主的社会机能，便是"受命"的证据，也就是"五德终始说"下的符瑞。柳宗元说"贞哉！惟兹德实受命之符，以奠永祀"；"受命不于天，于人；休符不于祥，于其仁"，所要表达的正是这个意思。①

从对"天命"这个新的理解出发，柳宗元重新解释了唐王朝统治的正当性。在他看来，经过数百年的动荡，到隋末，社会仿佛又堕入原始状态，"积大乱至于隋氏，环四海以为鼎，跨九垠以为炉，爨以毒燎，煽以虐焰，其人沸涌灼烂，号呼腾蹈，莫有救止"。唐王朝的开国君王，有如上古圣人一般，平息祸乱，剿除割据，使众人得重归于有秩序的生活。

    人乃并受休嘉，去隋氏，克归于唐……凡其所欲，不谒而获；凡其所恶，不祈而息。四夷稽服，不作兵革，不竭货力。丕扬于后嗣，用垂于帝式。十圣济厥治，孝仁平宽，惟祖之则。泽久而逾深，仁增而逾高。人之戴唐，永永无穷。②

这便是唐王朝统治正当性的根据所在。

通过否认天的人格性、否认天道与人道的关系，柳宗元把对王朝统治正当性的思考，转到了寻找合理化因素的轨道。后来的儒学家没有柳宗元走得那么远，他们多半是沿着刘禹锡的道路前行。但是，他们都接受了把"天"去人格化的观点。由此，产生出一种自然神论。宋儒的"天理"观便是这种自然神论的典型代表。在宋代道学家的认识中，"理"是运行于宇宙间的根本法则，它同时支配着构成人间秩序的五伦五常。③ 随着，天的自然化，"天命"也就跟着合理化了，王朝统治的妥当性根据，不再依赖于神秘召唤、奇迹等例外因素，而

---

① 柳宗元：《贞符》，第 31、35 页。
② 本段引文，见柳宗元《贞符》，第 33—35 页。
③ 参见余英时《朱熹的历史世界：宋代士大夫政治文化的研究》，生活·读书·新知三联书店 2011 年版，第 121—122 页。

是建立在合理的、恒常的规范上。① 宋代以后新的正统论，正是在这个基础上孕育而生的。

第二节　宋明正统论：从一统到居正

由于"天"被合理化，以宋代欧阳修为发端的新的正统论，就不再朝着神迹的方向寻找王朝统治的妥当性根据，而是将一个王朝的统治建立在合理性因素的地基上。

欧阳修在其"正统论"的系列论文中给"正统"下了一个标准定义：

> 夫居天下之正，合天下于一，斯正统可矣。②
> 《传》曰"君子大居正"，又曰"王者大一统"。正者，所以正天下之不正也；统者，所以合天下之不一也。③

但是，这个标准定义并非欧阳修正统论的要义所在。在对"正统"给出标准定义之后，欧阳修话锋一转，说：

> 由不正与不一，然后正统之论作。尧、舜之相传，三代之相代，或以至公，或以大义，皆得天下之正，合天下于一，是以君子不论也，其帝王之理得而始终之分明故也。④

也就是说，像二帝三王那样"正"与"统"两个条件均能满足

---

① 施米特在论述"自然神论"的特征时指出："自然神论（Deisums）乃是一种从世界上取消了奇迹的神学和形而上学。这种神学与形而上学不但反对通过直接干预造成非常状态而打破自然律（Naturgesetze）……而且也反对主权者对有效法律秩序的直接干预。"（[德] 施米特：《政治的神学：主权学说四论》，刘宗坤等译，载刘小枫编《政治的概念》，上海人民出版社2004年版，第24页。）
② 欧阳修：《明正统论》，《欧阳修全集》卷16，中华书局2001年点校本，第278页。
③ 欧阳修：《正统论上》，《欧阳修全集》卷16，中华书局2001年点校本，第267页。
④ 欧阳修：《原正统论》，《欧阳修全集》卷16，中华书局2001年点校本，第275页。

的王朝，不在正统论考虑的范畴之内。正统论真正关心的是，在"居正"与"一统"不相一致、只满足其中一个条件的情况下，究竟持何种立场来论定王朝统治的妥当性？以"居正"和"一统"为坐标，欧阳修将历代王朝区分为："居天下之正，合天下于一"，"始虽不得其正，卒能合天下于一"，"天下大乱……以大并小，以强兼弱，遂合天下于一"，"不幸而两立不能相并"，"终始不得其正，又不能合天下于一"五种形态。① 五种形态中，前三种均可视为正统，而后两者则不为正统。值得注意的是，前三者共同之处在于都能够实现"合天下于一"，而后两者均未能统一天下。从以上简单的对比不难看出，真正作为衡量王朝正统性根据的，是"一统"这个条件。

欧阳修对正统论的这个看法，为两宋儒者普遍接受。如司马光就说"夫统者，合于一之谓也"；又说"凡不能壹天下者，或在中国，或在方隅，所处虽不同，要之不得为真天子"②。朱熹，作为两宋儒学最高成就的代表，同样是从"合天下于一"的角度去思考正统。在被弟子问及什么是正统这个问题时，朱熹这样回答：

> 只天下为一，诸侯朝觐，狱讼皆归，便是得正统。其有正不正，又是随他做，如何恁地论。③

朱熹这样直截了当地将"正不正"的问题从正统论中排除出去。进而，朱熹又创造出"正统之始""正统之余"这两个概念，使这样一个以"合天下于一"为内容的正统观，能够适应历史的复杂性：

> 有始不得正统，而后方得者，是正统之始；有始得正统，而后不得者，是正统之余。如秦初犹未得正统，及始皇并天下，方

---

① 欧阳修：《正统论下》，《欧阳修全集》卷16，第269页。
② 司马光：《答郭纯长官书》，《司马光集》卷61，四川大学出版社2010年整理本，第1278—1279页。
③ 朱熹：《朱子语类》卷105，《朱子全书》第17册，上海古籍出版社、安徽教育出版社2002年版，第3458页。

始得正统。晋初亦未得正统，自泰康以后方始得正统。隋初亦未得正统，自灭陈后方得正统。如本朝，至太宗并了太原方是得正统。①

由于把正统与王朝的起讫相分离，正统论更能够体现出"合天下于一"这一点，这不能不说是朱熹的贡献。

朱熹这个正统观在其著作《资治通鉴纲目》（以下简称《纲目》）中得到充分的体现。《纲目》凡例中，将历代王朝依其性质分为七种，即正统、列国、篡贼、建国、僭国、无统、不成君小国。"凡正统，谓周、秦、汉、晋、隋、唐"，这里的划分标准，自不待言，依据的是一统疆域。列国，则是正统王朝的封国。至于建国指的是"仗义自王，或相王者"；僭国指的是"乘乱篡位，或据土者"。二者均是正统王朝不存在的情况下的国家形态。《纲目》的国家形态类别中，尤引人注目的是"篡贼"。朱熹将之定义为"篡位干统，而不及传世者"。这个判断并不是全然根据正不正的标准，朱熹同时也将统治的持久性列入了考虑范围。根据这个界定，理论上，如果一个篡位者能够统一天下，并且篡位者本人及其子孙成功避免了其政权被颠覆的可能性，我们就应当承认这个篡位者所建立的王朝具备正统性。②

由此看来，"合天下于一"才是贯穿两宋的这一新的、建立在合理化因素基础上的正统论的实质内容所在。而明代的儒学家正是在反对宋儒"合天下于一"的正统论的过程中，建立起自己的正统论的。

在叙述明代正统论之前，先介绍一下韦伯对政治伦理的认识。这对于理解宋明正统论的分歧所在很有启发。韦伯在讨论政治领域应当秉持怎样的伦理价值时，区分了心志伦理（Gesinnungsethik）和责任伦理（Verantwortungsethik）。韦伯说："一切具有伦理意义的行动，都可以归属到两种准则中的某一个之下；而这两种准则，在根本上互异，同时有着不可调和的冲突。这两种为人类行动提供伦理意义的准

---

① 朱熹：《朱子语类》卷105，第3458页。
② 朱熹：《资治通鉴纲目》凡例，《朱子全书》第11册，第3476—3477页。

则，分别是心志伦理和责任伦理。"① 这两种伦理之间的区别是什么？韦伯解释说：

> 一个行为的伦理价值，要从何得到决定？从其结果？或是从这个行为本身所具有的某种伦理上的内在价值？这也就是说，行动者对后果的责任，是否（以及在什么程度上）圣洁化了手段，或者是行动者本人的心意的价值，让行动者有理由拒绝接受对后果的责任，将这责任转卸给上帝，或是转卸给上帝所容许的世界的邪恶和愚蠢。②

也就是说，二者的区别是关注行为本身的伦理价值，还是由行为所带来的、可预见的后果在伦理上所具有的价值。如果一个人按心志伦理行事，他会倾向于关注他行为的动机、意图，而不太计较所带来的后果为何的问题。相反，如果他奉行责任伦理，左右他行动的便是这个行动所可能造成的后果。③

---

① ［德］韦伯：《政治作为一种志业》，载［德］韦伯《学术与政治》，钱永祥等译，广西师范大学出版社 2004 年版，第 259—260 页。
② 同上。
③ 这里，需要特别注意的是，行为与其后果的界分，并不是手段与目的的界分。原因很简单，因为目的本身就包含在动机与意图之中，仍是从主观的方向上去赋予行动意义，而后果则是从客观的方向上去进行这一工作。韦伯说："'目的'对于我们的考察来说是关于一种结果的设想，这种设想成了某一行动的原因。"（［德］韦伯：《社会科学认识和社会政策认识中的"客观性"》，《社会科学方法论》，韩水法等译，中央编译出版社 2005 年版，第 33 页。）因此，以心志伦理为行动准则的人，其手段与目的在道德层面上并不必然始终一致。例如，他很有可能为了实现其乌托邦理想，而采取在道德上具有负面价值的手段。相反，按责任伦理准则行事的人，也可能因为一个不道德的手段带来的灾难性后果，而对该手段持否定态度。这时，从外部看来，他遵循的是手段与目的在价值上必须一致，即善的手段产生善的后果，恶的手段产生恶的后果。这一点，从朱熹对王莽的评价上，能够清楚地看到。朱熹将王莽视为篡贼，而否定其具有正统性。从外观来看，朱熹是根据篡位的不道德性，而否定王莽的。但是，如果我们考虑到被朱熹视为正统的王朝中，晋和隋也是通过篡位而建立政权的，情况就不是如此了。朱熹对于"篡贼"的界定，真正关键的，与其说是篡位这一手段，毋宁说是"不及传世"这一点。也就是说，导致朱熹做出负面评价的，不是篡位这个行为本身，或者篡位者的主观意图，而是这个行为并没有带来天下太平的结果。

第一章 明清时期的正统论

从前面的分析中不难看出，宋儒的正统论倾向于以责任伦理为准则来评判行动。宋儒根据"合天下于一"这个可预见的行动后果，来论定王朝的正统性。因此，秦以诈力取天下，晋、隋、北宋以篡弑取天下，其取天下的动机、运用的手段，在道德上均属可虞，但是，就恢复秩序这一后果而言，他们的行为都被正当化了，他们的王朝也获得了正统的地位。这样看来，责任伦理明显带有功利主义的特征，很容易引起有强烈道德感的儒学家的不满。于是，他们转而寻求心志伦理的帮助，建立起一套与宋儒正统论对抗的正统论。这一新的正统论，在明初儒学家方孝孺（希直，1357—1402）那里得到了最清晰的表达：

> 所贵乎君者，岂谓其有天下哉？以其建道德之中，立仁义之极，操政教之原，有以过乎天下也。有以过乎天下，斯可以为正统。①

方孝孺在其系列论文《释统》中，详尽阐释了基于心志伦理的正统论。方孝孺是以批判朱熹的论点为出发点展开自己的论述。他批评朱熹说：

> 朱子之意曰：周、秦、汉、晋、隋、唐皆全有天下矣，固不得不与之以正统。苟如是，则仁者徒仁，暴者徒暴。以正为正，又以非正为正也而可乎？②

在方孝孺看来，以朱熹为代表的两宋正统论，最难以自圆其说之处在于"王莽问题"。如果仅就"有天下"为实质内容的正统论而言，王莽是符合这个标准的，应当承认其正统地位。但是，王莽不得为正统，乃是儒家学者的共识，不论是"五德终始说"，还是宋以后正统论的各个分支都不反对这个看法。

---

① 方孝孺：《释统中》，《逊志斋集》卷2，宁波出版社2000年点校本，第54页。
② 方孝孺：《释统中》，第54页。

在对朱熹《纲目》中所体现出的理论与经验事实相牴牾的情况做出批评之后，方孝孺接着讨论了正统论应该研究的问题是什么？方孝孺认为，"正统"是一个"名"的问题，而"有天下"则是一个"实"的问题。二者是不同领域的问题，不应当混淆。那么，正统论真正应当讨论的问题是什么？方孝孺以为"寓褒贬，正大分，申君臣之义，明仁暴之别，内夏外夷，扶天理而诛人伪"才是正统论的论域所在。也就是说，正统论处理的是规范性问题，设计一个能够将所有经验事实纳入其中的规范体系，通过这个规范体系的正常运行，引导人类社会进入一种有序状态。从这一点出发，方孝孺认为宋儒的正统论显然是不恰当的。这是因为，宋儒以责任伦理为导向的正统论所带有的功利主义倾向，可能削弱规范的制约性，甚至破坏规范。用方孝孺的话来说就是："使圣智夷乎暴桀，顺人者等乎逆弑也……概以正统加诸有天下之人，不亦长侥幸者之恶，而为圣君贤主之羞乎？"①

在此基础上，方孝孺从正面提出了他自己的"正统"见解："所贵乎君者，岂谓其有天下哉？以其建道德之中，立仁义之极，操政教之原，有以过乎天下也。有以过乎天下，斯可以为正统。"② 在此，统治者的正当性根据，是建立在道德完满这一主观层面上的。进而，方孝孺建立起一个严格的界分系列：

> 尝试论之曰：天下有正统一，变统三。三代，正统也。如汉、如唐、如宋，虽不敢及乎三代，然其主皆有恤民之心，则亦圣人之徒也，附之正统，亦孔子与齐桓、仁管仲之意欤！奚谓变统？取之不以正，如晋、宋、齐、梁之君，使全有天下，亦不可为正矣。守之不以仁义，戕虐乎生民，如秦与隋，使传数百年，亦不可为正统矣。夷狄而僭中国，女后而据天位，治如苻坚，才如武氏，亦不可继统矣。③

---

① 方孝孺：《释统上》，《逊志斋集》卷2，第53页。
② 方孝孺：《释统中》，第54页。
③ 方孝孺：《释统上》，第53—54页。

第一章 明清时期的正统论

方孝孺对历代王朝的界分，始终关注的是统治者取天下这一行为在道德层面所体现出的价值。三代更迭，在道德上最无可指责。汉、唐、宋虽不及三代，但其取天下的行为，在道德层面上仍然是正面的。至于秦、隋、晋、南朝、北朝、武则天等政权，由于取天下的行为在道德上所带有的负面价值，不得为正统，只能视为变统。之所以这些统治者建立政权的行为不道德，是因为他们违背了儒家三纲五常的伦理秩序，颠倒了君臣、男女、夷夏在等级秩序中的位置。方孝孺总结说：

> 有天下而不可比于正统者三：篡臣也，贼后也，夷狄也……彼篡臣、贼后者，乘其君之间，弑而夺其位，人伦亡矣，而可以主天下乎？苟从而主之，是率天下之民，无父无君也……夫犬马一旦据人之位，虽三尺之童，皆能愤怒号呼，持梃而逐之；悍婢、奸隶杀其主而夺其家，虽犬马犹能为之不平，而噬啮之。是何者？为其乱常也。三者之乱常，无异此矣。①

在此，不难看出，方孝孺所依持的是以心志伦理为准则来思考正统问题。这一思考立场也并非方孝孺一人的见解，事实上，有明一代儒学家，正是在方孝孺划定的这条行进路线上前行，并且使之愈趋严苛。

丘濬（仲深，1418—1495）在其著作《世史正纲》的序中谈及写作的意图时，是这样说的：既然已经有了朱子《纲目》，为什么还要写《世史正纲》？这是因为，朱子还对"一统"抱有相当的执着，而我现在要说的正统，则是以"正"为讨论的中心，"取其正而已，统否不暇计也"②。在讨论晋朝的正统时，丘濬就直接批判了朱熹的论点说：

---

① 方孝孺：《后正统论》，《逊志斋集》卷2，第58—59页。（夷狄与正统的关系，下文专门讨论，此不赘述。）

② 丘濬：《世史正纲》，《四库全书存目丛书》史部第6册，齐鲁出版社1996年版，第151页。

· 35 ·

> 徒以其能运智力而攘夺人之所有，礼法制以驱率人之必从，则谓之曰："彼能混四海九州于一统，致朝觐讼狱之皆归"，即以正统予之。但计其所见有，而不究其所从来，则是儒者作书以教天下后世之乱臣贼子，使之必为窃国之侯，而不窃方寸之钩以取诛。枭獍豺狼，接迹于天下矣。①

丘濬说的"正"，究竟指的是什么呢？实际上，就是儒家的等级秩序：

> 君臣之义，其体统在朝廷，君君臣臣，正也。君不君，臣不臣，则人纪隳。国不可以不正也。父子之亲，其传序在世及。父父子子，正也。父不父，子不子，则人道乖。家不可以不正也。②

这个等级是不可逾越的，"君必统夫臣，臣决不可萌非分之望"。除非在非常特殊的情况下，人才能改变其在等级秩序中的位置。具体而言，就是"臣非舜、禹之圣，决不可以言禅。君非桀、纣之暴，决不可以言伐"③。

章潢（本清，1527—1608）同样从批判朱熹的正统观入手，他说："朱子撰《纲目》，凡例曰：凡天下混一为正统……愚窃论之：天下混一可言统。统固有可以正言者，亦有不可以正言者。谓之曰统，如《易》言'统天'，孟子言'定于一'是也。统谓之正，必其得天下以正，又能统之以正，然后可以言正统也。"④ 又说："统也者，合天下而归诸一者也。合天下而归诸一，即谓之为正统欤？"⑤ 在此，章潢明确将"一统"放置到"正统"的边缘位置。那么，章

---

① 丘濬：《世史正纲》卷11，第290页。
② 丘濬：《世史正纲》序，第152页。
③ 同上书，第154页。
④ 章潢：《论周、秦、汉、晋、隋、唐正统》，《图书编》卷78，江苏广陵古籍刻印社1988年版，第18页。
⑤ 章潢：《总论历代之统》，《图书编》卷78，第23页。

第一章　明清时期的正统论

潢的"正天下"具体内容是什么？章潢说："孟子固言定一，必曰不嗜杀人者能一之。"既然不靠武力，那依靠什么力量来实现统一呢？很明显，只能依靠君主个人的道德感召力，将万物纳入一个伦理秩序中，获得妥当的安排。"非天子莫之中天地，为民物纲常之统；非圣人在天子之位，莫之立民物纲常之统"，其效果如"众星统于北辰，百川统于河海，丘垤统于华岳，飞走统于麟凤，万物统于一人"。①因此，摆放在章潢正统论中心位置的是君主个人的道德修养。在易代之际，王朝更迭的历史场景中，新王统治予以正当化的最为根本的道德准则是"尊君父"：

> 正天下必自正身始，正身必自正纲常始，正纲常必自尊君父、必自舜禹始。舜有尧之天下，不敢逼其子，所以尊尧也。尊尧，尊纲常也。禹有舜之天下，亦不敢逼其子，所以尊舜也。尊舜，尊纲常也。②

汤放桀，武王伐纣，这就是为什么说"汤有惭德"，"武未尽善"的原因所在。以此论说来分析经验事实，则汉得为正统，唐不为正统。其理由是："汉则近于必正……其得天下，盖取之于群贼群雄"；唐太宗则"有汤、武安天下之志，无仁义正天下之举，区区智谋之末，夫固纲常之蠹也"③。

徐奋鹏（自溟，1560—1642）赞同方孝孺的看法，说："岂以全有天下，令行海内者遂为正统乎哉？此逊志之论，较之晦翁义为尤长也……以广狭论，以久近论，皆非也……何谓正统？建道德之中，立仁义之极，操政教之原是也。"不过，徐奋鹏的正统观比方孝孺的更为严苛，汉、唐、宋的正统地位，在他看来也是可疑的。"汉以亭长兴，诛无道秦，庶几统其正者乎！唐虽除隋，功在宇宙，而犹然隋臣

---

① 章潢：《论周、秦、汉、晋、隋、唐正统》，第19页。
② 同上。
③ 同上。

也。宋艺祖受统于陈桥,几与曹、马埒耳。独我太祖高皇帝起自宇内风烟之中,迅扫胡腥再开天地。故宋龙门颂其功高万古,得国之正。则所以上承唐、虞、三代以来之正统者,惟我明而已。以此方之,则谓汉、唐、宋皆为闰位可也。"① 徐奋鹏的严苛标准下,三代而下,只有明朝才能算得上正统。

成书于明亡前一年(崇祯十六年,1643)的《纲目续麟》,作者张自勋(卓菴,生卒年不详)在凡例中,批评朱熹《纲目》将周、秦、汉、晋、隋、唐并称正统,说:"愚按秦、晋、隋,不可谓正统。凡例(按:朱熹《纲目》凡例)与周、汉、唐并称,非是。"又说:"混一止可谓大统,不可谓正统。正不在大。如以大统为正,则蜀汉偏安,宁得为正统乎?"②

由以上的引述,不难看出,有明一代的正统论,基本以心志伦理为准则,关注的是取天下的行为本身在道德上是否妥当。他们常常引述孟子的话"得百里之地而君之,皆能以朝诸侯、有天下;行一不义、杀一不辜而得天下,皆不为也",来表达他们此种思考方向。

第三节 明代正统论观照下的夷夏观

儒家思想体系中经典的夷夏观具有文化主义的特征,这一点最为清晰地体现在《春秋公羊传》这部被视为集中体现了儒家夷夏观念的经典当中。先来看《公羊传》中如何定义"中国"与"夷狄"。《春秋公羊传注疏》隐公七年,何休注云:

中国者,礼义之国也。③

---

① 本段引文,见徐奋鹏《古今正统辨》,转引自饶宗颐《中国史学上之正统论》,第160页。
② 本段引文,见张自勋《纲目续麟》凡例,《景印文渊阁四库全书》第323册,台湾商务印书馆股份有限公司2008年版,第4、11页。
③ 阮元校刻:《十三经注疏·春秋公羊传注疏》卷3,中华书局2009年版,第4794页下栏。

第一章 明清时期的正统论

僖公二十一年，传云：

　　公子目夷曰："楚，夷国也，强而无义，……"①

庄公二十四年，戎侵犯曹国，曹国大夫曹羁说："戎众以无义。"② 据此，《春秋公羊传》中，是以有无礼义，作为界分夷夏的标准。那么，这一作为界分标准的"礼义"是什么呢？简单地说，就是通常被称为"五伦"的儒家伦理秩序。用现代的语言来说，就是文明，"中国"是文明的国家，"夷狄"则是野蛮的国家。在《春秋公羊传》中，文明的准则具体表现为能否遵从周天子，在"国际"交往中能否严守礼义规范，在"国际"战争中能否遵守战争法则，等等。根据这样一种界分标准，从逻辑上讲，任何国家只要能够遵守礼义规范，它就应当被视为"中国"；相反，一个国家违背了这些规范，它就是"夷狄"。这样，"中国""夷狄"并非一个国家先天的、永久的身份，一个国家之被称为"中国"或是"夷狄"，视乎该国家的行为是否符合儒家礼义规范。不难看出，这一以文明为夷夏界分的标准中蕴含着相对性与可转化性，即一个原来是"夷狄"的国家可以因为其礼义化，而被视为"中国"；同时，原本是"中国"的国家，也可能因其行为失当，而失去"中国"的身份，沦为"夷狄"。

《公羊传》中有着大量"中国"退为"夷狄"的例子。如昭公二十三年的传文直接将"中国"称为"新夷狄"，就是典型例子。昭公二十三年七月"戊辰，吴败顿、胡、沈、蔡、陈、许之师于鸡父。胡子髡、沈子楹灭，获陈夏啮"。对于这段经文，《公羊传》解释道：

　　此偏战也，曷为以诈战之辞言之？不与夷狄之主中国也。然则曷为不使中国主之？中国亦新夷狄也。③

---

① 阮元校刻：《十三经注疏·春秋公羊传注疏》卷11，第4900页上栏。
② 阮元校刻：《十三经注疏·春秋公羊传注疏》卷8，第4859页上栏。
③ 阮元校刻：《十三经注疏·春秋公羊传注疏》卷24，第5056页下栏。

同样，也有"夷狄"进于"中国"的例子。鲁宣公十五年，"六月，癸卯，晋师灭赤狄潞氏，以潞子婴儿归"。赤狄显然是夷狄，而经文以爵位称其国君为"潞子"。《公羊传》解释说："潞何以称子？潞子之为善也，躬足以亡尔。虽然，君子不可不记也。离于夷狄，而未能合于中国，晋师伐之，中国不救，狄人不有，是以亡也。"何休解释说："疾夷狄之俗而去离之，故称子。"① 鲁僖公二十九年，"春，介葛卢来"。介是夷狄，何以称其国君之名呢？何休解释说："称名者，能慕中国，朝贤君，明当扶勉以礼义。"② 类似的例子，在经传中随处可见，它们都说明"夷狄"有进于"中国"的可能性。

在何休的"公羊三世说"之中，"夷狄"进于"中国"，就不仅仅是可能性，更是一种历史发展的必然趋势。本来，所传闻世、所闻世、所见世，只是历史编纂略古详今的一般法则，但是，何休赋予"三世"以特殊意义，使之成为一个连续的、逐步上升的进程。所谓"三世"，在何休的理解中，代表了善治的三个阶段。在这三个阶段中，王者治理的范围逐步扩大，最先是在其国内实现政治清明，随后着眼于诸夏世界，最终则是天下大治。它体现出儒家政治理想中由内即外的顺序感。在这个顺序中，唯有"天下远近小大若一"才是最终的目标，"其国""诸夏"均是达致终点的阶段性目标，具有过渡的性质。

源自儒家经典的相对化的夷夏观，到明代受到了挑战。明儒从地理、血缘等自然因素的角度理解"夷狄"与"中国"，构造出带有人种论色彩的夷夏观，断绝了"夷狄"进于"中国"的可能性，从而把二者间的关系绝对化。这样说，并不意味着之前不存在因统治者"夷狄"的出身而否认其正统地位的情况。实际上，这类事例的确能够在明代以前的历史中找到。如唐代皇甫湜《东晋元魏正闰论》一文，即主张东晋、南朝为正统，否定北魏的正统地位，所依据的正是"拓跋氏种实匈奴"这一因素。南宋张栻《经世纪年序》中说："由魏以降，

---

① 阮元校刻：《十三经注疏·春秋公羊传注疏》卷16，第4964页上栏。
② 阮元校刻：《十三经注疏·春秋公羊传注疏》卷12，第4912页下栏。

第一章 明清时期的正统论

南北分裂,如元魏、北齐、后周皆夷狄也,故统独系于江南。"① 但是,根据这些例证,我们是否就能说他们持有"夷夏"不能转化为"中国"的观念呢?要回答这个问题,我们还必须考察他们具体的论证过程。张栻除了上述论断之外,并没有更多阐释,因此,我们无从得知他对"夷狄"与"中国"的认识。所幸皇甫湜对他的论点有详细的论证,使我们有机会了解其判断所依持的逻辑。皇甫湜说:

> 所以为中国者,以礼义也;所以为夷狄者,无礼义也,岂系于地哉?杞用夷礼,杞即夷矣。子居九夷,夷不陋矣。……晋之南渡,人物攸归,礼乐咸在,风流善政,史实存焉。魏氏恣其强暴,虐此中夏,斩伐之地,鸡犬无余。驱士女为肉篱,委之戕杀。指衣冠为刍狗,逞其屠刈。种落繁炽,历年滋多。此而帝之,则天下之士,有蹈海而死,天下之人,有登山而饿。忍食其粟而立于朝哉?②

由此可以看出,皇甫湜的结论虽然与其同时代的大多数人的认识相反,但是,他用以得出这一结论的论证逻辑,却与其时代保持一致。他同样是以礼义作为界分"夷夏"的标准。从这个"夷夏"可以转化的出发点,他认为北魏还没有掌握礼义,不能进于"中国",更不能称为正统。

真正认为"夷夏"之间绝对异质、不存在转化的可能性的认识,要等到明代才出现。明初大儒方孝孺以"夷狄而僭中国……治如苻坚……亦不可继统矣"③ 这个论断,否定了夷狄成为正统的可能性。他之所以做出这样的论断,倒不见得是出于将"夷夏"之区别视为自然因素所造成的认识。事实上,方孝孺仍然是从文明论的角度来认识"夷狄"与"中国"。他说:

---

① 张栻:《经世纪年序》,转引自饶宗颐《中国史学上正统论》,第116页。
② 皇甫湜:《东晋元魏正闰论》,转引自饶宗颐《中国史学上正统论》,第86页。
③ 方孝孺:《释统上》,第54页。

夫中国之为贵者，以有君臣之等，礼义之教，异乎夷狄也。无君臣则入于夷狄，入夷狄则与禽兽几矣。①

又说：

夫所贵乎中国者，以其有人伦也，以其有礼文之美、衣冠之制，可以入先王之道也。……彼夷狄者，侄母烝杂，父子相攘，无人伦上下之等也，无衣冠礼文之美也。②

方孝孺否认夷狄可为正统的真正原因，是他担心夷狄可为正统的认识在长远上可能造成的后果：有了承认夷狄可为正统的先例，在长远的将来，周边夷狄会据此先例而生僭越之心，从而导致儒家等级秩序崩溃。他说：

苟以夷狄之主而进于中国，则无厌之虏何以惩畏？安知其不复为中国害乎？如是则生民之祸大矣，斯固仁者之所不忍也。③

如此看来，方孝孺之否定夷狄可为正统，更多是出于情感上的担忧，而非理性的思考。正由于他认识"中国"与"夷狄"的方法没有改变，因此，虽然他否认了夷狄为正统的可能性，但没有否定夷狄进于中国的可能性。他说："曰：荆舒以南，《春秋》之所夷狄，独可为正统乎？曰：非也。自秦以来，袭礼义而为中国者，二千年矣。人伦明而风俗美，乌得与夷狄比乎？"④

尽管方孝孺并没有改变对"中国""夷狄"的认识方法，但是，他否定夷狄可为正统，毕竟向否定"夷狄"可以进于"中国"迈出了一步。管见所及，第一个把"夷狄""中国"与自然因素联系起来

---

① 方孝孺：《后正统论》，第 57 页。
② 同上书，第 58—59 页。
③ 同上书，第 58 页。
④ 同上书，第 60 页。

第一章　明清时期的正统论

的明代儒者，是方孝孺的好友胡翰（仲申，1307—1381）。胡翰在《正纪》一文中，从"天纪""地纪""人纪"三个角度思考正统问题，其中"地纪"所处理的就是夷夏问题，"何谓地纪？中国之与夷狄，内外之辩也"。胡翰的独特之处在于，他以一种之前没有过的方式描述"中国"与"夷狄"。他说：

> 自三危、积石、负终南地络之阴，抵太华，而北逾大河，并太行，抵恒山之右，循塞垣至于濊貊、胡鲜，是谓北纪，胡门也。自岷山、嶓冢、负地络之阳，并商山抵上洛，而南逾江汉，至于荆衡，循岭徼至于百粤，是谓南纪，越门也。其间包有冀、兖、青、徐、荆、扬、豫、梁、雍之地；上党，天下之脊也；弘农分陕，两河之会也。其外四夷居之，风气不同，习俗亦异。虞有三苗之叛，周有昆夷之患，虽有圣人，不能使之同仁，从有族类可也。①

"中国"与"夷狄"首先是一种地理上的区分，北至长城一线，南至长江一线，处于其间的九州即中国；在此之外的地区则是四夷。以这个地理因素为出发点，两个地区形成了不同的"风气"，又由于"风气"之不同造成"习俗"的差异。这就是说，人的差异乃是基于自然因素的差异，有了人种论的色彩。由于差异是自然因素所导致的，这就意味着双方是不可转化的。这一点胡翰虽然没有言明，但是，逻辑链条再往前走一步，很容易推导出"王化"之不可能。"虽有圣人，不能使之同仁"所表达的就是这个意思。胡翰的论证所能推导出的合理的政策，便是"以中国治中国，以夷狄治夷狄"。历代王朝所追求的促进夷狄地区文明化的种种作为，在此就失去了全部价值。"后世务勤远略，欲以冠带治之，始失天下之大势矣"；"擒颉利，降伊吾，平党项，西通吐蕃、回纥，南至谢元深"，这本来是唐太宗"王者"的最佳证据，现在也被视为"好须臾之名，亡

---

① 胡翰：《正纪》，《胡仲子集》卷1，商务印书馆1935年版，第3页。

将来之患"①。不过，胡翰从地理方向思考"中国"与"夷狄"，并没有在逻辑上彻底堵死"夷狄"进于"中国"的道路。原因在于，他没有考虑人口流动性的问题：假设生于夷狄之地的人群，迁移到中原文明地区，根据地理因素导致"风气"差异，进而造成"习俗"不同，那么，现在这群人受中原地理因素的影响，就应当形成中原的"习俗"——中国礼义。这样，从胡翰的逻辑中仍然有可能推导出"夷狄"进于"中国"的见解。

成书于成化十七年（1481）的《世史正纲》，作者丘濬开始从人种方向思考夷夏的差别。丘濬在序中说：

> 天地之所以生生者，物也。物之动者有三焉，人也，夷狄也，禽兽也。天生人，而于人之中命一人以为君，以为人类主，阐教以立人极，修政以安人生。然必其生安，然后其极可立也。彼其所以为生人害，而使之不得安者谁欤？夷狄也，禽兽也。为生人主，必攘夷狄，必驱猛兽，使吾一世之民，各遂其生，而不罹其害焉。②

丘濬将"物之动者"分为三个类别：人、夷狄、禽兽。这个区分在丘濬看来是最为根本的区分，它先于所有其他的区别。这一人种上的区分甚至先于天道与地道，他说："天位乎上，地位乎下，而人居乎其中，人必得其所以为人，然后天地得其所以为天地。是则人之为人，天地赖焉以有立者也。"③ 在人种上有了"人"和"夷狄"的区分之后，上天赋予他们各自不同的秉性。由此，"人"有了君主、政教的文明要素；而夷狄的本性则是杀人，"彼夷狄如虎狼，杀人固其本性"④。这样，在先前被认为是因与王者距离远近所造成的"王化"在时间上的差别，现在被理解为基于人种这一自然因素上的差别。

---

① 胡翰：《正纪》，第 4 页。
② 丘濬：《世史正纲》序，第 152—153 页。
③ 丘濬：《世史正纲》卷 31，第 600 页。
④ 本段以下部分引文，见丘濬《世史正纲》卷 30、卷 32，第 595、625、631 页。

第一章 明清时期的正统论

"中国为阳,夷狄为阴";"阳之类,中国也,君子也,天理也;阴之类,夷狄也,小人也,人欲也"。这是将"中国""夷狄"之区别自然化最直接的表达。

带有人种论倾向的夷夏观,在逻辑上的后果便是"夷狄"与"中国"不可能相互转化。因为,"礼义"这一本来作为界分夷夏的标准,现在只是表象,其背后还有更为深刻的人种上的差别。"帝者中国所自立,上受天命,而下应民心者也。"正说明凝结在"帝"这一词汇中的文明制度只属于被视为"中国"的这一人群。舜东夷人、文王西夷人,这一出自儒家经典《孟子》的认识,一向为夷夏相对论者所乐道。对此,丘濬首先从人种上进行了反驳,他说:"噫!舜与尧同祖,文王乃后稷之后。"后稷、尧、舜与文王存在血缘上的关系,他们都是同一种族的人,都是"中国"人。在此,尧、舜、文王的圣人地位,首先是由他们的出身所保证的。为了使论证更为稳固,丘濬进而指出,"夫其所谓负夏、鸣条、岐周、毕郢之地,皆在九州之中,特居中国之边境耳。固非疆界之外,荒漠不毛之地也"①。更从地理上保证,圣人只可能出自生活在"中国"之地的"中国"之人。

丘濬以元朝的例证,从经验事实的层面证明夷狄不可能中国化的观点。元至正六年(1346),"赐贺惟一以蒙古姓名曰太平,以为御史大夫"。对这个事件,丘濬评论说:

> 元故事,正官非国人不以授。故赐贺惟一以胡姓,而后以为御史大夫。呜呼!唐以华姓赐夷狄,盖縻之也,君子犹讥其乱中国之族。元以夷狄之姓名赐华人,岂非欲率中国之人而尽为夷种乎?②

至正九年(1349),"脱脱奏事:内庭以左丞韩元善参知政事,韩镛皆汉人,使退避"。丘濬说:

---

① 本段引文,见丘濬《世史正纲》卷27、卷31,第556、601页。
② 丘濬:《世史正纲》卷32,第622页。

元制，凡事关军机，则屏出汉人，不使预闻。是其心恒以夷自居，而疑汉人也。自元得中国，至是几百年矣，而彼我疑之心犹存，是盖未尝一日以华自居也。①

至正十五年（1355），"教授郑咺请禁国俗，不许妻诸母及兄妻。不报"。丘濬说：

元主中国至是七十六年，又十有四年元亡矣。而胡俗之妻其继母、庶母、伯叔母及嫂，终元之世，未尝或改也。②

赐夷狄之姓名、不信任汉官、不改胡俗这一系列事例，在丘濬看来，都说明了夷狄即便身处中国，也不可能遵从中国之礼义，也就是说夷狄不可能中国化。

由于认为夷夏不存在转化的可能性，丘濬理想的世界秩序，就不再是儒家经典中的"夷狄进于爵"，而是像胡翰一样，认为中国夷狄分而治之：

以《春秋》之法，华华、夷夷，天地之常经，古今之大限也。夷而居夷之地，正也，亦其分也。夷而侵中国之地，则非正矣。③

王者所应当履行的职责是：

为生人主，必攘夷狄，必驱猛兽，使吾一世之民，各遂其生，而不罹其害焉。④

天生圣人以为一世之主，必使华夷各止其所而安其分，则人

---

① 丘濬：《世史正纲》卷32，第622—623页。
② 同上书，第625页。
③ 丘濬：《世史正纲》卷27，第553页。
④ 丘濬：《世史正纲》序，第152—153页。

第一章 明清时期的正统论

道立,而天理明,地利得矣。不然,则纷纷扰扰,相争相夺,竞地之利,昧天之理,而人道于是乎不立矣。圣人有见乎此,故其致治保邦,拳拳以蛮夷猾夏为忧,著书立言,谆谆以内夏外夷为戒,非徒一世计,所以为万世之大计也。①

在此,"内诸夏而外夷狄""王者不治夷狄"这些经典中只是在所传闻世、所闻世奉行的原则,成了终极原则。相反,"夷狄进于爵"这一原先的终极目标,现在却成了导致混乱的根源。因为,在夷夏不可相互转化的预设下,将中国的文明传授给夷狄,夷狄只会掌握先进的技术,而全然不关心其中蕴含的文明的规范,结果夷狄有了更强的能力来释放他们野蛮的天性。他说:

呜呼!夷狄不能为中国害也。所以为中国害者,中国之人也。是故,匈奴之为汉害者,以中行说也;西夏之为宋害者,以张元、吴昊也。方契丹之初起也,阿保机之为人,性虽悍鸷,而无远大之谋,心虽变诈,而无经久之计。一旦得刘守光所使之韩延徽,教之以建牙开府,筑城郭,立市里,以处汉人;使各有配偶,垦艺荒田,用中国之法,以变夷狄之习。凡吾中国自古以来所以立国者,因事教之。俾其假中国之法,侵中国之地,用中国之人,为中国之害,遂贻中国无穷之祸患。向使吾中国之关隘有禁,而吾之人无由以至其地,中国之人才无遗,而吾之人不假以为用。彼肆其鸷猛之力,桀骜之智,虽能为吾近边一时之害,不旋踵而息灭矣。岂能侵入持久,以得志于吾中国哉?②
蒙古初起,本无远图,其后皆中国人教之以害中国耳。③

这样,为了实现夷夏分治这一理想的世界秩序,所应当采取的合

---

① 丘濬:《世史正纲》卷31,第600页。
② 丘濬:《世史正纲》卷22,第473页。
③ 丘濬:《世史正纲》卷29,第584页。

理政策就是闭关,他说:"是以善于防患者,恒于无事之时,未然之始,严谨边关之出入,收拾遗逸之人才。"①

将这个带有人种论色彩的夷夏观运用于历史认识时,丘濬就形成了一套独特的、以夷夏消长为基轴的历史观,他说:"有华夏纯全之世,汉唐是也。有华夏割据之世,三国是也。有华夷分裂之世,南北朝及宋南渡是也。有华夷混乱之世,东晋及五代是也。若夫胡元入主中国,则又为夷狄纯全之世焉。噫!世道至此坏乱极矣!"这个历史观中,夷狄之为患,愈来愈严重。"呜呼!自春秋以来,夷狄之祸,盖三变矣。始也,吴楚之类,以中国之人,居夷狄之地,以僭中国之分,一变也。中也,渊、勒之徒,以夷狄之人,生中国之地,以为中国之害,再变也。至是,契丹则是以夷狄之人,生夷狄之地,以戎中国之人,岂非三变乎!其祸愈流耳愈远,愈远而愈大。"②

比丘濬晚了七十年的杨慎(升庵,1488—1559)写有《广正统论》,进一步阐发方孝孺夷狄不得为正统的观念。杨慎发现如果不推翻"夷狄行中国礼则中国之"这个命题的话,"夷狄不得为正统"的观念就无法站住脚。因此,他选择王通为对手。王通在《元经》中以"居先王之国,受先王之道,子先王之民"来论证北魏为正统。杨慎所要做的便是证明夷狄即便居先王之国、子先王之民,也不可能受先王之道,即"夷狄不可能进于中国"。实际上,杨慎并没有做出任何论证,他只是把他认为是自明的道理简单地陈述了出来,他说:

> 华夷之轻重,以地亦以人。中国帝王,人地俱重;蛮夷荒服,人地俱轻;人重而地轻,则有若箕子之在朝鲜;人轻而地重,则有若陆浑之在伊、洛。③

---

① 丘濬:《世史正纲》卷22,第473页。
② 本段引文,见丘濬《世史正纲》卷31、卷22,第600、473页。
③ 杨慎:《广正统论》,《升庵全集》卷5,商务印书馆1937年版,第70页。

第一章　明清时期的正统论

　　杨慎的论断，是在预设了"中国"与"夷狄"在"人"与"地"两个方向上的固定性而做出的。杨慎并没有对这一前提假设做出任何论证，而只是简单地将这一论断与如下事实并列在一起："元魏之惨杀，史所载有不忍观者，生民何庇乎？元魏居先王之国，子先王之民，何尝受先王之道乎？"使得他的论断，更显示出一种不证自明的特征。据此，杨慎同样否定了"王化"的可能性，进而认为所谓"王化"只能带来负面效应。"如使猾夏者遂称帝王，则用夏变夷者，将亦从之夷乎！"① 在此简单地叙述杨慎的看法是想说明，从人种和地理因素思考夷夏问题，在明代中叶，已经被人们接受，并被视为无须证明的前提假设。

　　明代的夷夏观在《心史·古今正统大论》中达到逻辑的顶点。关于《心史》的真伪问题，自该书在明末被发现以来，一直存在争论，至今未能定谳。② 钟焓《〈心史·大义略叙〉成书时代新考》一文，利用异域史料与《心史》相比较的方法，来讨论其真伪问题。钟焓比较发现《大义略叙》中存在"能和蒙古民俗及域外史料互相发明同时又失载于其他汉文史籍的内容"③。因此，他断定这些内容"绝非文化面貌与蒙古人迥异的汉人所能杜撰"。也就是说，它不可能出自明清之际的江南遗民之手。钟焓虽然倾向于相信《心史》全书的真实性，但是，在下结论时，还是采取了审慎的态度，说："至少《心史》中的《大义略叙》这一部分内容可确定为宋末元初人的作品。"钟焓的研究方法与审慎态度，是有启发意义的。他让我们看到，在从文献学和外部研究已经无法确认文献真伪的情况下，我们可以从内证入手，从文献的思想内容去判断它的产生时代。同时，从总体上

---

　　① 本段以下部分引文，见杨慎《广正统论》，第70页。
　　② 该问题最近一次争论是在20世纪80年代，主要在陈福康与姜纬堂之间展开。要了解《心史》真伪问题之研究史，可以参考二者的论文：姜纬堂《辩〈心史〉非郑所南遗作》，《文史》第18辑，1983年；《再辩〈心史〉非郑所南遗作——答陈福康同志》，《学术月刊》1987年第4期；陈福康《论郑思肖〈心史〉绝非伪托——与姜纬堂先生商榷》，《学术月刊》1985年第10期。
　　③ 本段以下部分引文，见钟焓《〈心史·大义略叙〉成书时代新考》，《中国史研究》2007年第1期。

去确认《心史》的真伪是困难的,需要将之分解,一篇一篇地确认其产生时代。因为,它们很可能不是写作于同一个时期。在对《心史》中所有重要篇章都逐一确认过之后,才有可能讨论其成书时代的问题。

当然,《心史》真伪并非本书所关注的问题。之所以在此简单提及这一问题,是因为根据本章先前的讨论,笔者对《心史·古今正统大论》是出自宋末元初士人之手持怀疑的态度。理由如下:从思想观念的发展来看,像《古今正统大论》那样能够成熟地从地理、人种方向去思考夷夏问题的论文应当是胡翰、丘濬之后才会出现,即它很有可能是明代嘉靖以后的作品。另外,《古今正统大论》讨论正统问题时,集中在夷狄、篡弑、女后三点上:"夷狄行中国之事曰'僭',人臣篡人君之位曰'逆',斯二者,天理必诛。王莽、曹操为汉臣,逆也;普六茹坚(按:即杨坚)乃夷狄,吕后、武后乃妇人,五代八姓乃夷狄盗贼之徒,俱僭也,非天明命。"① 这同样体现的是方孝孺之后明代士人的问题意识。因此,笔者认为从思想内容和论证手法两方面来看,《古今正统大论》一文更像是明代中叶以后的作品。

下面就来看看《古今正统大论》一文是如何讨论夷夏问题的:

> 况四裔之外,素有一种孽气,生为夷狄,如毛人国、猩猩国、狗国、女人国等,其类极异,决非中国人之种类,开辟以后即有之,谓黄帝之后,夏后氏之后则非也。②

尽管这段论述是具体针对北魏为"黄帝后"而言的,但是,考虑到中国史籍中叙述夷狄均会将其追溯到上古圣神,这段论述同样具有普遍意义。我们来看一下其论证手法。夷狄之地的地理因素会产生一种"孽气","孽气"又生出了夷狄。由于这种情况是自天地开辟以来就一直存在,因此,夷狄与中国绝非同一种族。可以看出,《古今

---

① 《心史》,《郑思肖集》,上海古籍出版社1991年点校本,第134页。
② 《心史》,第133页。

第一章　明清时期的正统论

正统大论》这一从地理因素推导出人种差异的方法，比丘濬的论述更为严密。丘濬以人种区别为最根本区别，但没有说明这一区别是如何造成的。《古今正统大论》的论述让我们看到了人种差别背后的原因。

由于将夷夏差别视为自然差别，《古今正统大论》同样否认夷狄进于中国的可能性，并将之视为对"夷狄"和"中国"来说都是一场灾难：

> 臣行君事、夷狄行中国事，古今天下之不祥，莫大于是。夷狄行中国事，非夷狄之福，实夷狄之妖孽。譬如牛马，一旦解人语，衣其毛尾，裳其四蹄，三尺之童见之，但曰牛马之妖，不敢称之曰人，实大怪也。①

同样地，关于理想秩序，所得出的也是分而治之的构想。"宁若即夷狄而行夷狄之事，以天其天也。君臣华夷，古今天下之大分也，宁可紊哉！"②

在这个夷夏认识观的基础上，《古今正统大论》提出了一个"圣人、中国、正统"三位一体的正统论。"圣人、正统、中国，本一也……唯圣人始可以合天下、中国、正统而一之。""中国之事，系乎正统；正统之治，出于圣人。""中国"是正统的必要条件，而人种论的夷夏观又杜绝了夷狄进于中国的可能性，这等于从根本上否认夷狄王朝成为正统王朝的可能性。《古今正统大论》最终得出的正统王朝系谱，就只有"三皇、五帝、三代、西汉、东汉、蜀汉、大宋而已"。隋、唐均因其夷狄的身份而被剔除在外。"普六茹坚……本夷狄也"；"李唐……实夷狄之裔"③。

---

① 《心史》，第132页。值得注意的是，《古今正统大论》中以"牛马"和"三尺之童"来比喻夷狄进于中国的情况，方孝孺《后正统论》中叙述同一情况也使用了犬马与三尺之童的比喻。这一相似性，恐怕并非出于偶然。

② 《心史》，第132—133页。

③ 同上书，第132—135页。

这样，我们可以看到，明代心志伦理为基础的正统论，强调得天下的动机、方式，坚持取天下必须保证不逾越儒家社会等级。由于"中国"—"夷狄"同样被设定为一种等级关系。因此，明代正统论观照下的夷夏观，倾向于以人种、地理等自然因素来区别夷夏，这就否定了文化主义的夷夏观中夷夏关系所存在的辩证性。其结果，夷狄通过文明化进于中国，成为正统的可能性，就完全被从正统论中排除出去。

第四节　朝鲜正统论：以血缘世系为中心

正如一些学者所指出的那样，朝鲜并不特别关心正统问题，这是因为，朝鲜王国的正统是由中国王朝所赋予的。[①]尽管我们很少能看到涉及朝代更迭之正统问题的讨论，不过，朝鲜却存在大量有关王位继承之正统的讨论。也就是说，朝鲜士人观念体系中，正统问题很少涉及政治体成立的正当性根据这个层面，而是在既定政治体的框架下，与统治者之继承人相关的继位的正当性根据。[②]尽管继承人之正统与政权之正统是两个层次上的正统，不过，考虑到二者之间存在着关联性，我们可以通过分析朝鲜对继承者正统问题的认识，从中总结出一些基本原则，进而间接推测朝鲜对于政权之正统问题的认识。这样，我们可以多少对朝鲜的正统观形成一个基本认识。

明清交替时期，中国正经历着一个正统转换的时期。新的王朝刚刚取得对天下的实际支配，正着手建设自身的正统性，努力将自己镶嵌进中国正统王朝的谱系。与此同时，朝鲜也以其自身的方式——"礼讼"，经历着一场正统危机。仁祖、孝宗，这两位明清之际相继执政的朝鲜国王，均非王位的第一顺位继承人。仁祖是宣祖大王庶子

[①] 参见孙卫国《大明旗号与小中华意识——朝鲜王朝尊周思明问题研究（1637—1800）》，第23—24页。

[②] 在某种程度上，这有点类似于现代国家中政府在宪法框架下的正当性问题。现代国家在建国后，即制定宪法，此后组织的历届政府，就以宪法为其正当性的根据。

第一章　明清时期的正统论

定远君之子，在1623年一场宫廷政变之后，光海君遭到废黜，仁祖被拥立为新的国王。孝宗本是仁祖大王的第二子凤林大君，要不是昭显世子在1645年突然去世，他也不会成为世子，又继仁祖之后当上国王。这样，围绕着仁祖生父的地位发生了"追崇元宗"的争论；显、肃时期，围绕孝宗名分的争论，更酿成两次大规模的礼讼，引起政局动荡。由于有关孝宗身份的争论比较深入，接下来的论述将以之为例。

己亥年（1659），孝宗逝世，在讨论孝宗丧礼的时候，针对仁祖王妃慈懿大妃究竟应该为孝宗服斩（三年），还是服朞（一年）的问题，朝中官员之间发生了分歧。[①] 其时，宋时烈（尤庵，1607—1689）与宋浚吉（明甫，1606—1672）主张"大行虽承正统，实是次嫡，当为朞年服矣"。对此，尹鑴（希仲，1617—1680）表示反对，他透过延阳君李时白（敦诗，1581—1660）将他的意见传达给领相郑太和（囿春，1602—1673）。尹鑴根据《仪礼·丧服·斩衰章》"父为长子"条贾公彦疏"第一子死也，则取適妻所生第二长者立之，亦名长子"，主张昭显世子为长子，孝宗为次嫡，昭显死后孝宗入承大统，即为长子，"今日大妃当为长子三年服"[②]。其观点得到尹善道（约而，1587—1671）和时任掌令的许穆（文甫，1595—1682）的支持。对此，宋时烈反驳说："贾疏只言第一子死，而不言第一子无后而死，则此恐是未成人而死者也"[③]；"恐指第一长子死于殇年或废疾，而其父不为三年，然后立第二子，则亦名为长子而三年者也。若其第一长子当传重而死，而其父为三年，则虽立第二嫡承统，亦谓之庶子而不得三年者也"[④]。也就是说，宋时烈认为，贾公彦所说的是在第一子还没有成年、没有被立为家族继承人的情况下，

[①] 关于"己亥礼讼"更详细的分析可参见彭林《中国礼学在古代朝鲜的播迁》"第八章朝鲜时代的礼讼"，北京大学出版社2005年版，第250—257页。

[②] 宋畴锡：《构祸事迹》，《凤谷集》卷3，《韩国文集丛刊续》第49册，景仁文化社2007年版，第273—274页。（为免与人混淆，李氏朝鲜士人汉文文献均不标注国别。）

[③] 宋时烈：《大王大妃服制议（庚子三月二十三日）》，《宋子大全》卷26，《韩国文集丛刊》第108册，景仁文化社1993年版，第552页。

[④] 宋时烈：《练服变改及许穆图说破议（庚子四月）》，《宋子大全》卷26，第553页。

◆ 17—18世纪朝鲜士人眼中的清朝

嫡妻所生的第二子被立为继承人，才能享有第一子成为继承人时的"长子"身份。这样，昭显是在被立为世子之后才去世的，孝宗代替昭显成为世子，就不能被视为"长子"。

那么，孝宗究竟是以什么样的身份入承大统的呢？宋时烈指出，经书中除了正体继承外，还有提到四种非正体继承人的情况：

> 一是正而不体，谓嫡孙承重也；二是体而不正，谓庶子为后也；三是正体不得传重，嫡子废疾是也；四是传重而非正体，庶孙为后是也。①

宋时烈认为，孝宗继位属于四种之中的第二种，即"庶子为后"。孝宗乃仁祖王妃仁列王妃所生，何以被视为庶子呢？宋时烈解释说："夫所谓庶子者，固谓妾子也。然自次嫡以下，则虽人君母弟，亦谓之庶子。故疏曰：庶子，妾子之号，嫡子第二者，同名庶子也。然则孝宗大王不害为仁祖大王之庶子也。庶非贱称也，乃众字之义也。"②这样，无论嫡妻还是妾所生之子，只要不是嫡长子，就统一被视为"庶子"。

孝宗以"庶子"身份入承大统，是否影响其为正统地位呢？宋时烈认为，服制上孝宗虽然属于庶子，但就国家宗统而言，既已入承大统就是"適子"，其正统是无可置疑的。宋时烈的认识是建立在他将服制与宗统分为二事的基础上。他说："孝宗大王既入承大统，则服虽降，而其于大统之尊，少无所损也……服与统，自是二事也。服之降，是明嫡之义也。统之移，是尊君之道也。"③并以武王继位被称为"圣庶夺嫡"来支持自己的观点：

---

① 宋时烈：《与李择之（丙午二月）》，《宋子大全》卷71，《韩国文集丛刊》第110册，景仁文化社1993年版，第389页。
② 宋时烈：《大王大妃服制议（庚子三月二十三日）》，第551页。
③ 宋时烈：《杂著·礼说》，《宋子大全》卷134，《韩国文集丛刊》第112册，景仁文化社1993年版，第474页。

· 54 ·

第一章 明清时期的正统论

盖圣庶夺嫡之说，为古今大经大训。谓之夺，则自与本然长子有异，故服可降。而既夺而为適，则即適统在兹矣。武王之统，谁敢谓之非適哉？且如旁枝达为直干，实程子正义之说。此既为直干，则其不可复为旁枝也明矣。而已绝之正干，虽更有萌蘖，不复为正干，可知矣。然程子必着旁字者，其意在此。①

宋时烈的观点，后来又在他的同学兼政治上的盟友李惟泰（泰之，1607—1684）那里得到进一步阐发。李惟泰从文字学的考察中发现"嫡"具有两层含义，并以此作为宋时烈服制、宗统二分的根据所在。他指出，"嫡""適"二字虽然可以通用，但二字在先秦时期"字实不同，义亦有异"。具体而言，"从女从商者，嫡妾之嫡也。从商从之者，正適之適也。《韵会》曰：正长曰適，众曰庶。正室曰嫡，随嫁曰媵。嫡出曰嫡子，妾子曰庶子。"这样，标示出身的嫡庶与继承宗统的正適实际上是两回事，运用不同的规则，"夫適统者，以主器传重而言也。长少者，以兄弟伦序而言也。故宗统谓之適统，而不谓之长统也。然则宋英宗谓之適子者是也，若谓之长是不可也。宁宗谓之世適者是也，若谓之长適不可也"②。

并且，李惟泰认为将宗统与服制二分正是周公创制宗法的精义所在。李惟泰认为，周公创制宗法是为了应对周初的局势。武王在灭商之后不久就去世，成王继位时尚年幼，周公摄政。此时，"管叔、蔡叔据夏、殷兄弟继立故事，以为流言。而管叔自以周公之兄，亦有觊觎之心矣"③。为了杜绝众兄弟觊觎王位的野心，周公制定礼法，以嫡妻所生第一子为"正適"，是为王位的唯一合法继承人。为了使这唯一合法的继承人与其他兄弟分别出来，于是，"父为长子服三年"，

---

① 宋时烈：《答李季周（辛酉八月二日）别纸》，《宋子大全》卷50，《韩国文集丛刊》第109册，景仁文化社1993年版，第493页。
② 李惟泰：《礼辩》，《草庐集》卷7，《韩国文集丛刊》第118册，景仁文化社1993年版，第173、175页。
③ 李惟泰：《礼辩》，第160页。

"妻所生第二子以下皆为庶子"等机制应运而生。①

既然宗法之创立，是为了保证"长子"的唯一合法继承人地位，防止其兄弟的觊觎之心，而为长子服三年之丧是作为确立长子特殊地位的一个环节；那么，当"长子"无法继承王位，而由其兄弟继位时，不行三年之丧，自是题中应有之义。

> 周公严立宗法，適適传重者，天地之常经也。適子或適子之子有他故废之，而立庶子为后者，圣人之大权也。经固可以守也，权而得中亦经也。若有经而无权，则周之季、历不得继太王之统矣，武王亦不得夺伯邑考之適矣。然泰伯之不立，伯邑考之见夺，又非天地之常经也……立庶子为后者，变也，非常也。然以兄弟之伦言之，则第一为长，第二其次也。以继体言之，则以庶子而升为適者亦適也……虽適也，非本色也，父母为之服期，依本服也，不复为之加崇……长子也，众子也，其传重一也，其为宗庙主同也，而其所以为服则异，亦别嫌防微之意也。②

在宗统上认可庶子入承大统后取得"適子"身份，是出于根据实际情况行权的考虑。但是，为了防止特例转化为常态，危及整个宗法体系，又要在服制上保留其本来的身份。

必须承认，从学理上而言，宋时烈、李惟泰一方的主张逻辑更为严密，更能体现儒家礼法制度的精神。一方面，根据实际，承认继承者在宗统上的"適子"身份；另一方面，又从服制上坚持继承人由出身而获得的身份，确保宗法制度的精神能够前后一贯。但是，在学理上更站得住脚的论点，在现实中却可能导致混乱。这是因为，朝鲜社会是一个静态的身份等级制社会，由出身带来的身份，对一个人在

---

① 李惟泰反复论说加崇长子以防其余众子之义："加崇长子之服三年，以别于众子，而众子同名妾子者，恐有争之之端也。其所以防微之意，岂独在于妾之所生，而其于嫡妻之所生第二以下，不复为之别乎？是故，凡言庶子者，通嫡妻所生第二以下及妾之所生而言之也。"（李惟泰：《礼辩》，第161页。）

② 李惟泰：《礼辩》，第159页。

第一章　明清时期的正统论

社会中所处地位具有决定性影响（关于身份等级制度，在第四章有详细的讨论，此处不拟展开）。这就意味着，在一般朝鲜士人的观念中，以服制标示出来的一个人的天然身份，与宗统赋予的身份必须是一致的。

尹镌、许穆一方正是出于这方面的考虑，而强调宗统与服制是合一的。"今镌、穆辈必曰：服降则统不在此"①；"帝王当以即位者为统，而孝宗大王既主宗社，不得不为之三年云尔"②；"礼无为长子三年之文则已，有则凡继体为君者，无论適庶长幼，其父母当服三年"③。言下之意，如果在服制上慈懿大妃当为孝宗服庶子之服，那么，孝宗作为王位继承者的正统地位就是可疑的。尹、许等人的上述言论是与当时的现实情况相挂钩的，并非单纯的危言耸听。

在现实政治中，孝宗因服制导致正统危机，存在一个具体的动因，那就是昭显世子并非无后而死。事实上，昭显死时，仁祖大王考虑立孝宗为世子，即遭到群臣的反对。仁祖二十三年（1645）④闰六月二日，仁祖召集大臣商讨另立世子事宜，与会者有领议政金鎏（冠玉，1571—1648）、左议政洪瑞凤（辉世，1572—1645）、领中枢府事沈悦（学而，1569—1646）等十六位大臣。仁祖首先表达了自己身有宿疾，元子年纪尚幼，当此多事之秋，"幼冲之主恐不能担当大器，予欲于大君中择立尔"⑤。此论一出，立刻引来群臣反对之声。左议政洪瑞凤首先说："考诸往牒，太子不在，继以太孙，此乃不易之常经。反常行权，恐非国家之福。"领中枢府事沈悦、判中枢府事李敬舆（直夫，1585—1657）、工曹判书李时白等多数官员都赞同洪瑞凤的主张。李敬舆还指出，元孙作为昭显世子的继承人，已是朝野的共识，轻易改动，恐引起动荡，"大抵能守常经，则虽属艰虞，而

---

① 宋时烈：《杂著·礼说》，第476页。
② 宋时烈：《大王大妃服制议（庚子三月二十三日）》，第552页。
③ 李惟泰：《礼辩·丙辰说》，《草庐集》卷7，第160页。
④ 本书纪年，以清朝为叙事主体时采用清朝纪年，以朝鲜为叙事主体时采用朝鲜纪年。
⑤ 《朝鲜仁祖实录》卷46，"仁祖二十三年闰六月二日"条。

犹可以保国。若遽用权道，则群情不服而多致患难。今者举国之系望于元孙已久，若闻此言，则中外人心，必皆波荡，甚可惧也"。礼曹判书李植（汝固，1584—1647）、右参赞金堉（伯厚，1580—1658）等出任元孙师傅的官员，还指出"元孙幼冲，别无失德矣"；"进讲之时，可见其英发矣"。言下之意，元孙并无失德之行，无端废黜，恐致人心惊惑。就连一向支持仁祖的领议政金鎏，也以"殿下遽出此言，臣等罔知所达"，委婉地表达了不赞同的态度。最后，在没有得到群臣支持的情况下，仁祖以君主的权威，做出决断——"以凤林大君为世子"。尽管以君主的权威做出了决断，不过，反对的声音并未就此停止。后来，李时白还是上疏请求立昭显之子为世孙，因此而遭到仁祖放逐。①

正因为孝宗被立为世子，是出于仁祖个人的决断，而非依据礼法规则推定，所以，在郑太和听到宋时烈四种非正体继承人的说法时，立刻觉察到此说可能酿成祸端，"摇手止之，曰：使昭显无后，则正而不体等说，可以明言矣……今昭显之子存焉，则正而不体等说，恐为后日无限不好之根本也"②。最终，在"己亥议礼"中，郑太和以朝鲜国制服期年之说为根据，议定慈懿大妃为孝宗丧当服朞年。

尽管郑太和的处理方式化解了危机，但问题并没有解决，而只是被搁置起来。十五年后，孝宗王妃仁宣王后去世，使得问题再一次暴露出来。显宗十五年（1674），仁宣王后去世，朝廷最初议定慈懿大妃当为仁宣王后服朞，后又改为服九个月的大功。此举引发了大丘幼学都慎征上疏。都慎征以为，根据朝鲜国制"长子与长妇之服，俱为期年之制"，为仁宣王后服大功，等于不认可仁宣王后"长妇"的身份。这个问题，还会影响到显宗的身份，都慎征说：

况曾以国制长子之服，为期年于己亥，而反以国制众庶妇之

---

① 参见宋畤锡《构祸事迹》，第275页。
② 宋时烈：《与李择之（丙午二月）》，《宋子大全》卷71，《韩国文集丛刊》第110册，第389页。

第一章　明清时期的正统论

服，为无害于礼经，则其义有关于日后者。何则，殿下之于大王大妃，若曰众庶妇之诞生，则便是众庶孙也。大王大妃，千秋有限，他日殿下，为大王大妃地者，敢不以嫡长孙之传重者自处乎？自古及今，其果有承大统之重，为宗社之主，而不得为嫡长者乎？①

这样，仁宣王后的服制，引发了连锁反应，仁宣王后为众庶妇，则孝宗必然是庶子，连带着仁宣王后之子显宗也变成众庶孙。进而，更可能引发这样一个问题：如果显宗不得为嫡孙，那么，谁是嫡孙呢？自然，人们会联想到昭显之子才是正统所在。

从李惟泰反复论辩昭显及其子的地位来看，上述这个联想，在当时应该是普遍存在着的。李惟泰说："今昭显旧居世子之位，统则已绝矣。孝庙以昭显之弟，升为适子，直继仁祖之统，则凡宗统所系名称、位号，皆归于孝庙矣。故昭显则只当为旧世子而已。"至于昭显之子，"今昭显世子之丧，仁祖大王为长子服三年之后，昭显之子以他故废，则与无子同，统已绝矣。孝宗大王以仁祖大王之次子，受仁祖大王之命，上继宗统，则适在于孝宗大王也"。②

尽管这样反复论辩，但对将出身与地位紧密联系在一起的朝鲜社会来说，这些论述是缺乏说服力。于是，宋时烈、李惟泰等人遭到了潮水般的攻击。由柳命天（士元，1633—1705）起草的弘文馆奏疏说：

时烈当议礼之初，创出四种之说，力排三年之制，必以宗嫡之统，不归之于孝庙。夫孝庙以仁庙次长，由储位主宗祧已十年，则礼所谓立次长亦名长子，即我孝庙之谓，而可谓无二尊无二统者也。时烈至以檀弓兑子游衰之说证之，乃敢讥仁庙贬孝庙，而隐然以宗嫡之统，归之于不当归之地。③

---

① 《朝鲜显宗实录》卷22，"显宗十五年七月六日"条。
② 本段引文，见李惟泰《礼辩》，第176、167页。
③ 柳命天：《玉堂札子》，《退堂先生文集》卷2，《韩国文集丛刊续》第40册，景仁文化社2007年版，第473页。

· 59 ·

17—18世纪朝鲜士人眼中的清朝

由李沃（文若，1641—1698）起草的为司宪府、司谏院合上奏疏，则指责宋时烈贬损君父："领中枢府事宋时烈，当己亥大丧之日……必欲牵合于四种体而不正之条，致令大王大妃不服当服三年之服，降服庶子期年之制。于是人情大骇，公议继作。而时烈自是谬见，终不回惑，其献议有曰：孝宗大王不害为仁祖大王之庶子。又曰：次长皆名长子服斩，则嫡统不严。肆然下语，任意杜撰，不自觉其为贬损君父之归"；并在《春秋传》中为嫡庶与正、不正的对应关系找到根据，"时烈所执，常在于不正之庶子，未得妾庶之明文云。而《春秋传》曰：猛虽正而无宠，朝虽宠而不正。猛乃周景王太子寿之同母弟也，朝即周景王之庶子也。其所谓正与不正，岂非为嫡与妾庶之明文乎！"① 随后，显宗及其继任者肃宗开始将宋时烈为领袖的西人派驱逐出朝廷，宋时烈也在肃宗初期遭到流放。

从上述围绕孝宗身份发生的礼讼，我们可以看出，尽管争论双方存在意见分歧，但是，他们对正统的认识却是一致的。在朝鲜士人的观念中，王位继承之正统，应当是嫡长子代代相传的继承模式，也就是所谓的"適適相承"。如上引李惟泰所言"周公严立宗法，適適传重者，天地之常经也"。当嫡长子无法继承宗统时，由旁枝入承，无论入承者身份为何，也要在他与先王之间拟制出一种父子关系，以保证继承是以父子代代相传的方式进行：

> 入承者之于先王，虽非父子，而继世一事，无异父子，故先王为昭，则入承者无论祖孙叔侄，自当为穆。先王为穆，则入承者亦无论祖孙叔侄，自当为昭。昭穆非父子之道乎？②

这样，在朝鲜对正统的认识中带有一种强调血缘世系的倾向。

如此，在涉及朝代更迭之正统问题上，朝鲜也倾向于沿着血缘世

---

① 李沃：《两司合启》，《博泉先生文集》卷3，《韩国文集丛刊续》第44册，景仁文化社2007年版，第243页。
② 沈潮：《上南塘（己未）》，《静坐窝集》卷3，《韩国文集丛刊续》第73册，景仁文化社2009年版，第121页。

第一章 明清时期的正统论

系的方向考虑问题。例如,以刘备与汉朝的血缘关系而论定三国时蜀为正统:

> 昭烈以中山之裔,盖世之英,正位蜀汉,灵承帝统,其名则正也,其言则顺也。虽以三尺孩童,皆知汉家之贵胄,刘氏之嫡传。①

又如,明清之际,清朝与南明政权之间,他们自然认可南明为正统所在。孝宗时,宋时烈在《己丑封事》中说:"弘光皇帝建号南方,大统有在。"② 一位大臣的上疏也说:"窃闻今日一脉正统,偏寄南方。"③ 降至正祖朝,知经筵事李秉鼎对郑昌顺所编《史略》中将南明政权弘光以下皆以"王"称之,表示不满,上疏说:"弘光帝以后,相继承统,天命未去者乎。"④

出于对出身的重视,在动机与后果二者之间,朝鲜士人也倾向于重视前者在正统中的作用,即他们对正统的认识偏向于心智伦理。如俞棨(武仲,1607—1664)就认为武王伐纣的动机决定了周朝的正统地位,他说:

> 观微子受封,箕子陈范,可知周道之无私。两贤之志,盖曰:殷之亡,纣也,非周也。吾无仇周焉耳。若武王有一毫争天下之心,则箕范不过为严尤匈奴之策,而微子亦隋家之陈叔达而已。圣人曷取之哉!⑤

18 世纪末的成海应(1760—1839)在《正统论》一文中,论定

---

① 张璡:《温公不以蜀汉为正统论》,《茅庵集》卷 3,《韩国文集丛刊续》第 41 册,景仁文化社 2007 年版,第 545 页。
② 宋时烈:《己丑封事》,《宋子大全》卷 5,《韩国文集丛刊》第 108 册,第 200 页。
③ 《朝鲜孝宗实录》卷 19,"孝宗八年八月十六日"条。
④ 《朝鲜正祖实录》卷 54,"正祖二十四年闰四月二十九日"条。
⑤ 俞棨:《读书琐说》,《市南集》卷 16,《韩国文集丛刊》第 117 册,景仁文化社 1993 年版,第 249 页。

中国历代王朝之正统，以为三代以下，唯有汉、唐、宋、明四朝能算得上正统。其中，唐、宋有篡夺之嫌，因此，"得天下而无疵议，人代之如三代之盛，唯汉与明"。如此，魏、晋、南朝皆因篡夺，而被视为"不正"①。

第五节 "大一统"：清代的正统论

有明一代构造起来的正统论，以心志伦理为基础，重视取天下之行为本身在道德上的妥当性。在这个原则下，篡臣、女主、夷狄为君被视为不正当的，因为他们僭越了君—臣、男—女、中国—夷狄这三组被视为不可逾越的等级关系。这样，以夷狄身份入主中原的清朝，在其建立自身正统性的过程中，就面临着重重困难。那么，清朝政权是如何破解明朝正统论所设下的障碍，并建立起自身统治天下的妥当性呢？这是本章接下来要讨论的问题。

自古得天下之正莫如我朝

清朝首先从"取天下以正"这一心志伦理的原则中，为其统治寻找到正当性根据。康熙五十六年（1717）十一月辛未，康熙皇帝在乾清宫召集诸王子及大臣，发布上谕，其中有如下一段对清朝建立之正当性的叙述：

> 自古得天下之正，莫如我朝。太祖、太宗初无取天下之心，尝兵及京城，诸大臣咸奏云当取，太宗皇帝曰：明与我国素非和好，今取之甚易，但念中国之主不忍取也。后流贼李自成攻破京城，崇祯自缢，臣民相率来迎，乃翦灭闯寇，入承大统。昔项羽起兵攻秦，后天下卒归于汉。其初，汉高祖一泗上亭长耳。元末，陈友谅等并起，后天下卒归于明。其初，明太祖一皇觉寺僧

---

① 详见成海应《正统论》，《研经斋本集》卷32，《韩国文集丛刊》第274册，景仁文化社1993年版，第222—223页。

第一章　明清时期的正统论

耳。我朝承席先烈，应天顺人，抚有区宇。以此见乱臣贼子，无非为真主驱除耳。①

在明代的正统观下，从一个王朝内部直接将之推翻，建立新王朝，是毫无正当性根据的。因为，普天之下莫非王臣，王朝治下的所有人都是统治者的臣子。这就意味着，直接推翻一个王朝等于是以臣弑君，属于篡臣。如此，"取天下以正"就只剩下一条路：在旧王朝已经土崩瓦解、天下无主的局势下，英雄征服其他政治势力，重新建立统一政权。康熙皇帝有效地利用了这一逻辑来描述清朝的建立。

实际上，在清朝入关之初，就是顺着这个思路展开王朝建设的。1644年，刚刚进入北京的多尔衮在写给南明政权扬州督军史可法的书信中提到：清军入关是为明朝报仇，讨伐逆贼。② 因此，入关之后，为崇祯皇帝发丧，对明朝宗室、官员礼遇有加。以此显示清朝并非有心要取明朝的天下。正是这些历史事实，为"自古得天下之正莫如我朝"的叙述提供了现实基础。

这个"取天下以正"的叙述，后来被历代清朝皇帝不断地重述。雍正时，针对曾静事件发布的上谕中，雍正皇帝说道：

> 前明之亡国，亡于流寇李自成之手，与我朝毫无干涉。自有明之季，政教不修，纲纪废弛，内则盗贼纷起，李自成等扰乱残虐，沦陷京师，外则边警时闻，各处蒙古外藩，皆为劲敌。是蹂躏中国，消耗明之元气，非独本朝也。况我太祖创业以来，并无取明之天下之心。太宗皇帝曾勒兵入关徇地，直到山东临清，周视京城，纵猎南苑，数日乃归。明朝并不能一矢加遗。彼时若欲取明之天下，岂不易如反掌？盖我祖宗列圣惟冀息兵安民，解仇

---

① 《清圣祖实录》卷275，中华书局1985年版，第695页。
② 有关多尔衮、史可法之间往复书信更详细的讨论，参见杨念群《何处是江南？——清朝正统观的确立与士林精神世界的变异》，生活·读书·新知三联书店2010年版，第230—234页。

释忿。屡欲与明朝和好，而明之君臣总置之不问。迨李自成已陷北京，明愍帝殉国而死，明祚已绝，明位已移，始请兵我朝，来除寇乱。太宗皇帝命将兴师，兵至山海关，一战而胜。李自成二十万之众，望风逃窜，席卷长驱，是以我世祖皇帝君临万邦，廓清群寇，救亿万臣民于水火之中，为明朝报仇雪耻，是我朝深有德于前明，显然著明可白万世者也。我朝得国较之汤武征诛，更为名正言顺，何明亡之有恨乎？①

乾隆时期，在下令编辑《满洲源流考》的上谕中，乾隆皇帝也说：

当闯贼扰乱，明社既移之后，吴三桂迎迓王师入关，为之报仇杀贼。然后，我世祖章皇帝定鼎燕京，统一寰宇。是得天下之堂堂正正，孰有如我本朝者乎！②

尽管明清之际历史的实际进程，使得清朝比较顺利地使用心志伦理的正统观，以此作为建立清朝的正统性叙述。不过，如果不能破除明代正统观中夷狄不得为正统的观念，清朝的"自古得天下之正莫如我朝"的正统性叙述，在逻辑的出发点上就站不住脚。因此，清朝政权必须破解明代心智伦理的正统观中暗含的种族逻辑。在此问题上，雍正皇帝作出了突出的贡献。

在批驳曾静悖逆思想的上谕中，雍正皇帝首先就诉诸儒家有德者为君主的观念，以此作为清朝统治之正当性的根据所在。他说：

盖生民之道，惟有德者可为天下君。此天下一家，万物一体，自古迄今，万世不易之常经。非寻常之类聚群分，乡曲疆域之私衷浅见所可妄为同异者也。《书》曰："皇天无亲，惟德是

---

① 《大义觉迷录》卷1，文海出版社1969年版，第126—128页。
② 《清高宗实录》卷1039，中华书局1986年版，第919—920页。

第一章 明清时期的正统论

辅。"盖德足以君天下，则天锡佑之以为天下君。未闻不以德为感乎，而第择其为何地之人而辅之之理。又曰："抚我则后，虐我则仇。"此民心向背之至情。未闻亿兆之归心有不论德而但择地之理。又曰："顺天者昌，逆天者亡。"惟有德者，乃能顺天。天之所与，又岂因何地之人而有所区别乎？①

可以看出，这段论述是运用儒家普遍主义的观念来瓦解种族化的夷夏观。由于"天理"是普遍的，亘古不变，放之四海皆准；这就意味着，在逻辑上，有德的圣人可能来自天下的任何地方，他既可能出现在天下的中心，也可能是来自天下的边缘。上天是护佑圣人做天下的君主，是由于其"德足以君天下"，并非因为他出生在某一特殊地域。如此，在"有德者"与"中国"之间画上等号（如果"中国"是一个地域概念的话），在理论上是没有任何根据的。

事实上，雍正皇帝也确实是以"理一"的观念，来作为其圣人可以来自白山黑水论断的形而上学根据。曾静秉持着明代正统观从原理上将"中国""夷狄"区别开的认识，"天生人物，理一分殊，中土得正，而阴阳合德者为人；四塞倾险，而邪僻者为夷狄"②。对此，雍正皇帝从正统朱子学的立场指出，人是秉阴阳二气之灵秀者而生，至多只有清浊之别，岂因地域不同而禀气不同；并指责曾静的观念在逻辑上会导致"两个天地"，威胁宋明理学中天地间中有"一理""一气"的基本原则。③

在原理上，以儒家普遍主义破除种族化的夷夏观之后，接下来需要论证这样一个问题：为什么清朝皇帝是有德者？前面有关清朝得天下之方式的叙述中，反复强调太祖、太宗无取天下之心，自然是一方面。另外，雍正皇帝还指出，清朝得天下并非出于武力征伐，而是天下归心：

---

① 《大义觉迷录》卷1，第1—2页。
② 同上书，第108页。
③ 参见《大义觉迷录》卷1，第108—109页。

> 本朝之得天下，非徒事兵力也。太祖高皇帝开创之初，甲兵仅十三人，后合九姓之师，败明四路之众。至世祖章皇帝入京师时，兵亦不过十万，夫以十万之众，而服十五省之天下，岂人力所能强哉？实道德感乎，为皇天眷顾，民心率从，天与人归。是以一至京师，而明之臣民，咸为我朝效力驰驱。①

更为重要的是，雍正皇帝通过对比明清两朝皇帝治理天下的成绩，来显示清朝皇帝比明朝皇帝更有资格被称为有德者。"本朝定鼎以来，世祖十八年建极开基，圣祖六十一年深仁厚泽。朕即位以后，早夜忧劳，无刻不以闾阎为念，是以上天眷佑，雨旸时若，奸宄不兴，寰宇享升平之福。在昔汉、唐、宋极治之时，不过承平二三十年，未有久安长治如今日者。百姓自龆龀之年，至于白首，不见兵革，父母妻子家室完聚，此非朝廷清明庶绩咸熙之所致乎？"② 反观明朝，"明代自嘉靖以后，君臣失德，盗贼四起，生民涂炭，疆圉靡宁。其时之天地，可不谓之闭塞乎"？这样，一番对比下，清朝皇帝有德者的形象，也就确凿无疑了。

这样，通过改造明代的正统观，突出"惟有德者可为天下君"的观念，消解明朝正统论中的夷夏观，由此建立起"自古得天之正莫如我朝"的正统性叙述。

中外一统：以德治为内核的疆域一统观

杨念群《何处是江南？——清朝正统观的确立与士林精神世界的变异》一书中指出，自宋代以来，士人在将本朝与前代进行比较时，疆域一统越来越成为重要的指标。这一趋势，到清代发展到顶峰。清朝正是将疆域拓展置于正统观的首要位置，以"大一统"的叙述消解明代强调种族区隔的正统论表述。③ 这一认识，无疑揭示出了清代

---

① 《大义觉迷录》卷1，第82—83页。
② 同上书，第85—86页。
③ 参见杨念群《何处是江南？——清朝正统观的确立与士林精神世界的变异》，第237—241、261—264页。

第一章 明清时期的正统论

正统观最为独特的面相。此处，只打算再强调一点，清代"大一统"的正统观绝非从一个维度倒向另一个维度，即从道德倒向功利。清代的"大一统"是具有整合性的，它将儒家的德治主义理想整合到疆域观中，以此瓦解明代正统观中带有区隔意识的夷夏观。下面我们来看看，清朝是如何做到这一点的。

雍正皇帝从儒家普遍主义立场出发批驳明代正统观，将有德者与"中国"这个地域画上等号，同时指出：夷夏区隔"将使中国之君，以为既生中国，自享令名，不必修德行仁以臻郅隆之治。而外国入承大统之君，以为纵能夙夜励精，勤求治理，究无望于载籍之褒扬，而为善之心因而自怠。则内地苍生，其苦无有底止矣。其为人心世道之害，可胜言哉"[①]。由于夷夏观把统治者与特定地域联系在一起，君主将自身统治的正当性根据确立在出身这一点上，导致他们不再关心其统治时期的作为。如此，夷夏观中的区隔意识反倒成为儒家德治理想难以实现的罪魁祸首：

> 汉、唐、宋、明之世，幅员未广，西北诸处，皆为劲敌，边警时闻，烽烟不息。中原之民，悉索敝赋，疲于奔命，亦危且苦矣。[②]

由于天下分此疆彼界，相互纷争，在此局势下，根本不可能有太平盛世出现。这样，疆域之一统就成为儒家德治得以实施的前提，并且疆域之广狭，与德治实施程度之间是成正比的。德治展开的过程，与消除疆域界限、族群融合的过程，是同一历史进程的两个面相：

> 自古中国一统之世，幅员不能广远。其中有不向化者，则斥之为夷狄。如三代以上之有苗、荆楚、猃狁，即今湖南、湖北、

---

① 《大义觉迷录》卷1，第18—19页。
② 同上书，第86—87页。

◆ 17—18 世纪朝鲜士人眼中的清朝

山西之地也。在今日而目为夷狄可乎？①

在这个观念下，雍正皇帝就构造出一个中外一统、华夷一统的"大一统"叙述，以此作为清朝远超前代的根据所在。雍正七年（1729）七月发布的上谕中，雍正皇帝提出了他的中外一统论，他说：

> 孔子、孟子深见春秋、战国诸侯战争之流弊，其言已启一统之先几矣。至秦始皇统合六国，制天下以郡县，自汉以来，遂为定制。盖三代以前，诸侯分有土地，天子不得而私，故以封建为公。秦汉之后，土地属之天子，一封建便多私心，故以郡县为公。唐柳宗元谓公天下自秦始，宋苏轼谓封建者争之端，皆确有所见而云然也。且中国之郡县，亦犹各蒙古之有部落耳。历代以来，各蒙古自为雄长，亦互相战争。至元太祖之世，始成一统。历前明二百余年，我太祖高皇帝开基东土，遐迩率服，而各蒙古又复望风归顺，咸禀正朔，以迄于今。是中国之一统，始于秦。塞外之一统，始于元，而极盛于我朝。自古中外一家，幅员极广，未有如我朝者也。②

清朝由于实现了亘古未有的中外一统，由此消除了困扰中国历代王朝的北方游牧民族与南方农耕民族相互敌对的局面，为儒家德治理想的展开创造出条件。通过把疆域的统一与拓展同德治联系起来，清朝皇帝在中国王朝谱系中确立起自己的位置，把自己视为中国历代王朝中最为正统的王朝。

那么，这个华夷一统的局面是如何实现的呢？雍正皇帝指出，正是依靠的"德"，而非武力，清朝才实现了这一前所未有的统一：

> 自古圣人感人之道，惟有一诚，若存笼络防范之见，即非诚

---

① 《大义觉迷录》卷1，第9—10页。
② 《清世宗实录》卷83，中华书局1985年版，第99页。

第一章 明清时期的正统论

也。我以不诚待之，人亦以不诚应之，此一定之情理。是以明代之君，先有猜疑百姓之心，而不能视为一体，又何以得心悦诚服之效！先有畏惧蒙古之意，而不能视为一家，又何以成中外一统之规！虽当时蒙古之人，亦有入中国者，然皆闲散不足数之辈耳。若因此遂谓蒙古之人臣服于中国，则当时中国之人，亦有入蒙古者，是中国亦曾臣服于蒙古矣。至于我朝兴自东海，本非蒙古，向使明代之君果能以至诚之道，统御万方，使我朝倾心归往，则我朝入中国而代之，亦无解于篡窃之名矣。……明代久已非我朝之敌，彼自失天下于流民，上天眷佑我朝为中国主。世祖君临万邦，圣祖重熙累洽，合蒙古、中国一统之盛，并东南极边番彝诸部俱归版图，是从古中国之疆域，至今日而开廓。凡属生民皆当庆幸者，尚何中外，华夷之可言哉！①

这样，一方面清朝因"有德"而能够实现疆域的空前拓展，另一方面疆域的拓展又体现出清朝的"有德"，并为其德治奠定基础。有德与疆域拓展，这两个观念相互支持，共同构造出一个以德治为内核的疆域一统观。这个观念，以夷夏融合为儒家德治之基础，在其观照下，讲究夷夏区隔，夷狄不得为正统的意识，再无容身之处。

---

① 《大义觉迷录》卷2，第256—259页。

第二章　从"丁卯之役"到"丙子之役"

　　在清朝入主中原之前，曾两次对朝鲜用兵。第一次发生在皇太极继承汗位的第一年，该年为丁卯年，清朝称之为"丁卯之役"，朝鲜史书则称之为"丁卯虏乱"。天聪元年（1627）正月初八，由大贝勒阿敏做主帅，率领济尔哈朗、阿济格、杜度、岳讬、硕讬等小贝勒，出征朝鲜。此次军事行动出乎预料的顺利，金兵接连攻下义州、宣川、定州、凌汉山城、安州等城，正月二十六日就抵达了平壤。面对大军压境，朝鲜前方诸城望风自溃，在汉城府的朝廷，全部精力也只是纠缠于去邠、分朝、退守南汉山城等消极防御的策略，全然没有与金军正面交锋的勇气。双方最终在三月初达成和约，先后在江都、平壤举行盟誓，约为"兄弟之国"。第二次发生在十年之后的丙子、丁丑之交（1636—1637），清朝称之为"丙子之役"，朝鲜称之为"丙子胡乱"。丙子年，皇太极改号称帝，以朝鲜背盟为由，亲征朝鲜。对于此次入侵，朝鲜方面虽然事先有所准备，但它在军事上的作为并没有比十年前表现得更好。由于清军推进速度过快，本来准备再次逃往江都的仁祖，担心途中被清军截获，只得仓皇躲入南汉山城。十二月下旬，清军进围南汉山城。困处孤城的仁祖李倧，不得不选择奉表称臣，于丁丑年正月三十日出城，往三田渡觐见皇太极。自此，朝鲜被纳入清朝的政治框架之中。

　　关于这两次用兵的意图，前人从物质层面角度，已经有很多研究。从经济层面来看，金国落后的经济条件，已经无法满足其急剧膨胀的国家势力的需求。金与明的战争，又使它失去与明朝之间的边境贸易，不能再从明朝方面获得生产与生活所需的经济资源。自然灾害

第二章 从"丁卯之役"到"丙子之役"

带来的饥荒,更是雪上加霜。这些因素促使金通过"东抢"的途径,获取生产与生活的必要经济资源。在军事上,东征能够瓦解朝鲜与明朝的军事联盟,解决盘踞皮岛一带的毛文龙所带来的威胁,稳固后方,使后金可以专意西向,对付明朝。在政治上,皇太极执政初期,四大贝勒共同理政,皇太极试图借战争提高汗的威信,转移内部矛盾。① 这些因素促成了金国第一次东征朝鲜。虽然丁卯之役以双方约为"兄弟之国"而告终,但是和约的订立并未带来安宁,在随后的交往中,双方仍然分歧重重,摩擦不断。丁卯之役后,逃人刷还、边境开市、越界采参、岁币等问题,在金国与朝鲜之间不断引发争端。正是这些问题上的不可调和,引发了之后的战争。②

毫无疑问,物质利益与现实利害关系确实是金国丁卯、丙子两次用兵朝鲜的重要动因。但是,如果我们过分专注于物质层面的探究,其他一些对事件发生同样有影响的因素就会被忽视。例如,崇德改号称帝过程中,有一个颇耐人寻味的细节。在 1635 年 12 月接受群臣劝进时,皇太极说了如下一番话:

> 内外诸贝勒大臣,合辞劝进,似难固让。朝鲜乃兄弟之国,应与共议……当遣使往朝鲜,以此事闻之。③

尽管多数研究者注意到这个细节,但在得出"太宗这一举措的动

---

① 此方面的研究,参见徐凯《论"丁卯虏乱"与"丙子胡乱"——兼评皇太极两次用兵朝鲜的战略》,《当代韩国》1994 年第 3 期;李尚洪《后金朝鲜"丁卯之役"原因浅析》,《吉林师范学院学报》1995 年第 1 期;刁书仁《论清朝与朝鲜宗藩关系的形成与确立》,《扬州大学学报》(人文社会科学版) 2003 年第 1 期;宋慧娟《1627—1636 年间后金(清)与朝鲜关系演变新探》,《东江学刊》2003 年第 4 期;魏志江、潘清《关于"丁卯胡乱"与清鲜初期交涉的几个问题》,《学习与探索》2007 年第 1 期;石少颖《和约背后的制衡——对"丁卯之役"及金鲜谈判的再探讨》,《历史教学》2012 年第 14 期。

② 参见林红《"兄弟之盟"下后金与朝鲜贸易初探》,《山东大学学报》(哲学社会科学版) 2000 年第 3 期;王臻《"丁卯之役"的交涉及战后金鲜的矛盾冲突探析》,《韩国研究论丛》2008 年第 1 期;晁中辰:《由"兄弟之国"到"君臣之义"——清入关前与朝鲜关系的演变》,《明清论丛》第 12 辑,2012 年。

③ 《清太宗实录》卷 26,天聪九年十二月甲辰,中华书局 1985 年版,第 343 页。

· 71 ·

机很明显,他要朝鲜参加劝进,增加他即位大典的光彩"① 这个初步结论之后,就将关注点转移到物质因素的探求。然而,这样一个结论并没有解决问题,反而引来更多的问题,朝鲜究竟能给皇太极的即位大典增添怎样的光彩?皇太极为何必要与朝鲜一战?为什么清朝不遵循传统王朝建立的轨迹,先定鼎中原,再知会周边国家,与之建立册封关系?这些问题并非仅考察物质因素就能完满解答,必须对历史当事人的观念领域进行一番探求,才能获得全面的解释。

也许有人会说,这些问题所涉及的只是价值、意义的问题,而17世纪上半叶的东北亚完全受到力量、利益左右,价值、意义不过是历史的表象。"当国际政治处在无政府的时代,所谓邦交只是利害和实力的表现活动。国际间强凌弱,众暴寡,没有和平,更无所谓正义。明末的东北亚正是如此。这时维持国际秩序的明朝已经失去了控制力,中国、蒙古、后金、朝鲜等,正以力相竞。"② "以力相竞",物质因素是历史的根本动力,这种看法固然不错。但是,如果视物质因素为历史的唯一动力,则有将历史简单化的嫌疑。事实上,17世纪上半叶的东北亚并非处于国际的"无政府"状态。明朝的控制力虽然衰退,但这并不代表基于儒家政治思想的、有关何为正当的国家行为的观念不再起作用。金—清政权在发动对明、对朝鲜的战争时均要告天,金—清政权对盟誓的重视,往来书信围绕"名分"的激烈争论。这些事实反映出,正当性观念对当时东北亚国家行动的约束性。例如,天聪元年(1627)七月,皇太极写给朝鲜国王李倧的书信中,就特别强调他并不是以力压人,他说:

> 各国都说,我们的胜利,是以力讨伐而夺得的。但我们并非以武力侵略,只因他国欺凌我们,才将我们之是处,诉之于天,以行讨伐,我们未曾以力攻伐无罪之国。③

---

① 张存武:《清代中韩关系论文集》,台湾商务印书馆1987年版,第7页。
② 同上书,第5页。
③ 张葳编译:《旧满洲档·太宗朝》(一),台北故宫博物院1977年版,第192—193页。

第二章 从"丁卯之役"到"丙子之役"

　　同时也要注意到，人们要为自己的行为辩护，寻找正当性理据，乃是源自人之天性，并不存在纯然的恣意妄为。因此，意义、价值并非纯属意识形态，有时候它也能反过来制约人的行为，进而影响物质力量所发挥的作用。

　　或许有人会说这类问题是假设性问题，它们并未发生，不属于历史学考虑的范畴。不过，如果我们仔细阅读史料就会发现，这些问题并非纯粹虚构出来的。事实上，在天聪七年（1633）六月间，皇太极召集诸贝勒、大臣，商议"征讨明国及朝鲜、察哈尔三者，用兵何先"。与会者多数主张专意征明，待对明朝取得决定性胜利之后，朝鲜、察哈尔自然归附。[①] 这个讨论提示我们，历史蕴含着很多可能性。从我们后设的视角，历史似乎必然如此发展，但在历史行动者那里，摆在他们面前的则有多种选择。在我们看来征朝能够带来的好处自不必说，不过，不能忘记，入关占据明朝京畿地区在当事人那里同样也能带来种种好处。因此，左右历史发展的除了我们后设视角所发现的那些物质因素外，历史行动者主观的认识同样不容小觑。历史行动者的价值观、主观意愿等观念层面的因素，和物质因素一道，左右着当事人行为的方向，最终决定着何种可能性转化为现实。

　　另一方面，有关金——清政权与朝鲜之间交往的讨论，研究者几乎都把研究视角局限于二者的双边关系当中，或多或少忽视了这一双边关系背后更为广阔的历史背景，即以明朝为天下共主的东亚国际秩序。与基于"主权对等"的现代国际关系不同，前现代的东亚国际关系是围绕中央王朝与周边诸王国缔结的封贡关系而展开的。在这一

[①] 济尔哈朗主张："臣思朝鲜不遵我约，当反其贡物，姑与之互市，不必往征。至于明，乃吾敌国，宜举兵深入其境，焚其庐舍，取其财物，因粮于敌，此制胜之策也。"多尔衮说："今春宜整顿兵马，乘谷熟之时，入边围困燕京，截其援兵，残毁其屯堡诸物，为久驻之计，可坐而待其毙也。"多铎说："惟先图其大者，则其余自灭……至已和之朝鲜，又何必计财物之多寡，遂与之绝耶？如蒙天佑得其大者，随我所求而自至矣。如大者不得，徒与朝鲜较多寡，相责让，何益之有？"萨哈廉说："明与察哈尔、朝鲜三国，若论其缓急，当宽朝鲜，拒察哈尔，而专征明国。"杨古利说："朝鲜、察哈尔，且置度外，山海关外宁远、锦州亦且缓图，但宜深入腹里，腹里既得，朝鲜皆吾手足，察哈尔自尔归顺，不则远通矣。"楞额礼说："至于朝鲜，姑与和好，惟急图明国，则朝鲜自为我有也。"（《清太宗实录》卷14，天聪七年六月戊寅，第194—198页。）

国际体系中，任何国家之间的相互往来都是以它们各自与中央王朝的宗藩关系为前提的。同时，我们也应当注意到，明清易代不同于过往的朝代更迭，它以东亚国际关系的改变为前提条件。在为自身谋取天下共主地位的征途中，清朝不是直接针对明朝，而是与明朝北边的蒙古诸部结盟，将朝鲜这一明朝在东北亚最重要的藩属国纳入自己的王朝框架中，以此消解明朝作为天下共主的地位，确立自己领有天下的正当性。

因此，仅从物质因素的层面来理解"丁卯之役""丙子之役"发生的原因，理解朝鲜在皇太极那里、在金—清政权那里具有的价值，是远远不够的。我们还必须从观念层面对之做出进一步考察，才能更清楚地认识事件所具有的意义。本章打算在观念的层面，探究金国与朝鲜各自如何理解"丁卯之役"后所缔结的"兄弟之盟"，"丁卯之役"后十年间的交往中双方围绕着哪些问题纷争不断，并从支配之正当性的角度，将"崇德改制"与"丙子之役"两个事件联系起来考察，探究其间的关联性。此外，本章将采取双重视角，从朝鲜的角度，探究崇德改制蕴含的意味；从金—清政权的角度，考察朝鲜在其谋求支配天下的正当性中具有怎样的价值。两个角度的探究相互启发，以期有裨于丰富我们对清朝兴起的认识，加深对17世纪中叶所发生的那场历史巨变的理解。

第一节 "丁卯之役"与"兄弟之盟"

"江都盟誓"与"平壤盟誓"

丁卯年金国与朝鲜订立的议和实际上是由两份和约组成，即"江都盟誓"与"平壤盟誓"。天聪元年、朝鲜仁祖五年（1627）三月初三日，经过将近一个月的双方使者往复谈判，金国使臣与朝鲜大臣在江都举行盟誓。之后，三月十八日，金国大贝勒阿敏又在平壤与由宗室冒充的朝鲜王弟举行盟誓。至此，金国与朝鲜约为兄弟之国，结束了丁卯年的战争。

为什么会有两份和约的存在呢？这两个和约究竟有怎样的差别

第二章 从"丁卯之役"到"丙子之役"

呢？先前的研究，多半从金国主帅阿敏个人动机的角度，认为江都盟誓没有提及经济利益，未能满足阿敏对财富的渴求；"江都盟誓"由众小贝勒一力促成，无形中损害了阿敏的权威；阿敏以"平壤盟约"推卸其在"江都盟誓"后继续纵兵抢掠的责任。[①] 也有学者从和约所体现的两国关系的角度分析，认为前者是基于国家安全考虑，而订立的平等的互不侵犯条约；后者则是金国强加给朝鲜的不平等条约，金国意欲通过该条约建立与朝鲜的半宗藩关系。两个条约的差别在于，前者平等，而后者不平等。[②]

"平壤盟誓"确实有阿敏的个人意图在其中，但是，该条约同时也是为金国所认可，并在丁卯之后以此作为其行动根据。因此，除了个人动机，我们还必须从政治观念的角度来说明这个条约所反映出来的诉求究竟是什么。其次，无论将双方打算建立的关系理解为平等或者不平等，二者都逃不脱套用《威斯特伐利亚条约》后西欧建立起的国际交往规范的嫌疑。平等与不平等，均是以奠基于主权平等原则基础上的交往规范而做出的价值判断。然而，这种认识框架并不适用于对东亚国家间交往的理解。东亚诸国之间的国际交往，是以"天下"为背景进行的，他们的行为方式深刻地受到"天下秩序"的影响。一方面，他们并不存在主权平等的观念，其关系始终是在君臣、父子、兄弟这样的框架中展开；另一方面，金国与朝鲜的交往也绝非仅在两国之间展开，他们的关系始终受到他们各自与天下共主明朝的关系的深刻影响。因此，我们要理解"兄弟之国"的实质内涵，把它放入"天下秩序"的框架，才是更为妥当的做法。正如本章接下

[①] 参见石少颖《和约背后的制衡——对"丁卯之役"及金鲜谈判的再探讨》，《历史教学》2012年第14期；徐凯《论"丁卯胡乱"与"丙子胡乱"——兼评皇太极两次用兵朝鲜的战略》，《当代韩国》1994年第3期。

[②] 如宋慧娟认为丁卯年建立的"兄弟之盟"属于不平等关系。见宋慧娟《1627—1636年间后金（清）与朝鲜关系演变新探》，《东江学刊》2003年第4期。魏志江、潘清则认为丁卯议和后的双边关系，可视为较为平等的兄弟之盟（魏志江、潘清：《关于"丁卯胡乱"与清鲜初期交涉的几个问题》，《学习与探索》2007年第1期）。刘家驹、石少颖等研究者认为，盟誓在形式上是平等的，但双方关系在实质上却是不平等的（刘家驹：《清朝初期的中韩关系》，文史哲出版社1986年版，第28页；石少颖：《和约背后的制衡——对"丁卯之役"及金鲜谈判的再探讨》，《历史教学》2012年第14期）。

来将要指出的，丁卯"兄弟之盟"双方分歧的焦点即在于如何处理与明朝的关系，也正是这一分歧最终导致了1636年战争再次爆发，而并非岁币、刷还等物质原因（这些原因在当时朝鲜士大夫的理解中是可以化解的）。

先来看看，"江都盟誓"与"平壤盟誓"在文本上的区别。三月初三日夜，朝鲜国王仁祖李倧焚香，行告天礼，左副承旨李明汉（天章，1595—1645）宣读朝方誓文：

> 朝鲜国，以今丁卯年甲辰月庚午日，与金国立誓。我两国已讲定和好，今后两国各遵约誓，各守封疆。若我国与金国计仇，违背和好，兴兵侵伐，则皇天降祸。若金国因起不良之心，违背和好，兴兵侵伐，则亦皇天降祸。两国君臣，各守善心，共享太平。皇天后土，岳渎神祇，监听此誓。①

告天礼毕，仁祖还宫。朝鲜大臣吴允谦（汝益，1559—1636）、金鎏、李贵（玉汝，1556—1632）、李廷龟（圣征，1564—1635）、申景禛（君受，1575—1643）、申景裕（子宽，1581—1633）、许完（子固，1569—1637）、黄履中等八人，与金国代表纳穆泰、达尔哈、和硕图、顾三台、拖博辉、车尔格、喀克笃礼、博尔晋八人，刑白马、乌牛盟誓。李行远（士致，1592—1648）宣读朝鲜誓文：

> 朝鲜国三国老、六尚书某等，今与大金国八大臣南木太、大儿汉、何世兔、孤山太、托不害、且二革、康都里、薄二计等，宰白马、乌牛立誓。今后同心同意，若与金国计仇，存一毫不善之心，如此血出骨暴。若金国大臣仍起不良之心，亦血出骨白，现天就死。二国大臣，各行公道，毫无欺罔。欢饮此酒，乐食此肉，皇天保佑，获福万万。

---

① 《承政院日记》"仁祖五年三月初三日"条。该誓文亦载《朝鲜仁祖实录》卷15 "仁祖五年三月初三日"条，个别字句略有不同。

第二章 从"丁卯之役"到"丙子之役"

纳穆泰等宣读金国誓文：

> 朝鲜国王今与大金国二王子立誓。两国已讲和美，今后同心合意。若与金国计仇，整理兵马，新建城堡，存心不善，皇天降祸。若二王子仍起不良之心，亦皇天降祸。若两国二王，同心同德，公道偕处，皇天保佑，获福万万。①

三月十八日，大贝勒阿敏同以宗室李傅冒充的王弟，在平壤再次举行盟誓。这次盟誓的誓文如下：

> 如果朝鲜国王李倧将应送金国汗之礼物背约不送，对金国派来的使者，不像对明的使者一样恭敬，对金心怀恶意，巩固城郭，整顿兵马，并将金所获得的已剃发的人，如逃来朝鲜，就据为己有而不给回。王曾说过："与其和远方的明往来，不如和近处的金国往来。"如果违背上述之言，则将向天地控告，而讨伐朝鲜国。天地以朝鲜王为非，殃必及之，寿命不到就死了。如朝鲜国王不违背誓言而相处时，金国的阿敏贝勒启衅讨伐的话，则必遭殃而死。我们两国遵守誓言而相处，天地必眷佑，而让我们世远年久地过太平的日子。②

从文本来看，"江都盟誓"是一个非常模糊的和约，整个文本只在强调双方必须"和好"，至于"和好"的前提是什么，则只字未提。如果一定要说"江都盟誓"体现了任何确定的含义的话，除了表达了双方均有意停战之外，恐怕就没有任何更多的东西了。这样一个文本写作的方式，无疑使得这个文本有了最大的灵活度，双方能够根据自己的需要，对之做出任何解释。"平壤盟誓"可以看作在"江

---

① 《朝鲜仁祖实录》卷15，"仁祖五年三月初三日"条。
② 张葳编译：《旧满洲档·太宗朝》（一），第179页；同文亦载于《清太宗实录》卷2，第39—40页。

都盟誓"留下的空白内,填入金国方面实现和平的前提条件。金国提出的前提条件,除了朝鲜不得增强军事力量外,最核心的问题就是对明问题,即金国要求在朝鲜获得与明朝同等的待遇。"江都盟誓"与"平壤盟誓"内容差异所提供的线索提示我们,要理解朝鲜与金国的分歧,应当从双方对议和的前提条件的不同理解这个角度入手。

金国与朝鲜的不同前提

丁卯年(1627)正月二十七日,驻扎中和的阿敏,收到朝鲜送来的国书。这份国书是两天前从王京汉城发出,由姜璘、朴𩆜[①]充任使者送达的。国书称:

> 贵国无故兴兵,忽入我内地。我两国原无仇隙,自古以来,欺弱陵卑,谓之不义,无故戕害人民,是为逆天。若果有罪,义当遣使先问,然后声讨。今亟返兵,以议和好可也。[②]

朝鲜指责金国无故兴兵,乃是不义之战。阿敏随即作书,列出金国兴兵的七大理由,遣阿本、董纳密与朝鲜来使,于次日一同送往汉城。随后,阿敏又派遣扎弩、巴克什科贝再携一书,对朝鲜国书所言逐条驳斥。阿敏所列举的七条理由中,四条与明朝有关,其要点则是在金国与明朝的战争中朝鲜发兵助明;朝鲜资助毛文龙,使其能够不断骚扰金国。同时,阿敏强调金国此次出兵是得到上天庇佑,并许诺一旦达成议和,金国随即撤兵。"夫曲直自有定论,上天岂无照临。凡此积怨启衅,职汝之由,岂能逃于天鉴耶?我惟理直,故得蒙天眷佑。尔若引咎自责,修好求宁,可速遣亲信之人来议。既成,我即旋

---

① 姜、朴二人的父亲是姜弘立、朴兰英。1619年朝鲜助明讨伐金国,正是以姜弘立为元帅、朴兰英为参将统兵出征的。二人兵败被俘。正月二十二日,平安监司尹瑄的奏报中称:姜弘立奴子彦伊与金国士兵前来送书,朝鲜宫廷才得知,此次金国征朝,姜弘立、朴兰英二人亦随军出征。于是,决定派遣姜璘、朴𩆜为使臣。这一安排,正是想通过父子间的私下接触,了解金国此次用兵的真实意图。

② 《清太宗实录》卷2,第36页;亦载于《旧满洲档·清太宗朝》(一),第172—173页。

第二章 从"丁卯之役"到"丙子之役"

师，我非为土地、人民兴师至此也。"①

阿敏的答书称，金国此次兴兵的目的，并不是为了获得土地和人口。那么，其首要目标是什么呢？这一点可以从答书中提出的议和条件看出金国对朝鲜用兵的真实诉求。阿敏在二十八日的答书中提出的议和条件如下：

> 大金国二王子答书于朝鲜国王：两国和好，共言美事。贵国实心要和，不必仍事南朝，绝其交往，而我国为兄，贵国为弟。若南朝嗔怒，有我邻国相近，何惧之有？果如此议，我两国告天誓盟，永为兄弟之国，共享太平。事完之后，赏格在贵国裁处，可差担当国事大臣，速决完事。不然，途道往返，羁迟不便，毋视我为不信也。②

在这个议和条件中，阿敏首次提出了金国与朝鲜结为"兄弟之国"的构想。阿敏提出"兄弟之国"的构想的前提是，朝鲜与明朝断绝往来，与金国共享太平。这就意味着，金国的"兄弟之国"，实际指向的是明朝的天下共主地位，通过解除朝鲜对明朝的臣服关系，从而否定明朝皇帝作为天子的正当性。二月初七，姜璘、朴𥃲带回的书信同样强调与明断绝关系是两国议和的前提，信中说："我向说，贵国与南朝断绝，我方讲和，今见来文，照旧书天启年月。既如此，怎么讲得好？我起兵，原是为南朝而起。事若完，即去；若事不完，我至王京驻下，耕种一年，也不回去。"③

金国纠缠于朝鲜国书中使用"天启"年号的问题，表达的也是同一诉求。在金国军中谈判的姜绂（1555—1634）发回的奏报称，刘海（即刘兴祚）在看过朝鲜国书后，表示不满，说："看来文书内，有不妥处，似难讲和也。又'天启'二字，亦不妥当，以'聪'字

---

① 《清太宗实录》卷2，第36—37页；亦载于《旧满洲档·清太宗朝》（一），第173—174页。
② 《朝鲜仁祖实录》卷15，"仁祖五年二月二日"条。
③ 参见《朝鲜仁祖实录》卷15，"仁祖五年二月七日"条。

易'启'字何如?"阿敏见到国书中"天启"年号,勃然大怒,退回国书,并斥责刘兴祚办事不力,说:"吾非天朝属国,何以用此'天启'二字?初既分付刘差,以斥绝天朝,去其年号。然后,受质子、成约誓,今乃如此,刘副将必受重罚,不从我命令。今当罪之。"①责令刘兴祚前往江华岛传信。阿敏在信中说道:

> 昨接来札,内书"天启"年号,极难达于我汗皇。我今日勉强,原为贵国同心于南朝,故此举兵,今见来书,亦如旧规。看来,贵国拿"天启"来压我,我非天启所属之国也。若无国号,写我"天聪"年号,结为唇齿之邦。我国有事,尔来救我;尔国有事,我国救尔,永不失信。若还书"天启"字样,即令弟回还。两国区处,请尊裁之。②

从朝鲜一方来看,对明的关系同样是双方和谈的关键所在。朝鲜君臣在得知金国议和条件后,对于入质、岁币等问题尚可容忍,但对于与明朝断绝关系则坚决反对。二月初五,朝鲜派晋昌君姜絪携国书送往金军帐下。其书中说道:

> 两国相好,必须诚心相接,真实无伪,然后方为可久之道。如有一毫未安于心,而徒以口舌,外为应响,则不但不穀有自欺之愧,天地神明,实所共临。兹敢尽吐所怀:我国臣事皇朝,二百余年,名分已定,敢有异意?我国虽弱小,素以礼义著称。如使一朝而负皇朝,则贵国亦将以我国何如也?事大交邻,自有其道。今我和贵国者,所以交邻也;事皇朝者,所以事大也。斯二者,并行而不相悖矣。惟当各守封疆,两尽道理,相安相乐,世世不绝,此固不穀之至愿,而上天之所喜也。③

---

① 《朝鲜仁祖实录》卷15,"仁祖五年二月九日"条、"仁祖五年二月二十一日"条。
② 《朝鲜仁祖实录》卷15,"仁祖五年二月二十一日"条。
③ 《朝鲜仁祖实录》卷15,"仁祖五年二月初五日"条(着重号为笔者所加)。

第二章 从"丁卯之役"到"丙子之役"

此封答书奠定了朝鲜处理其与金国关系的基调。朝鲜试图以"事大"与"交邻"将对明朝、对金国的关系分成两个领域,对明属于"事大",对金则属于"交邻"。也就是说,与金国的议和,并不妨碍朝鲜奉明朝为天子。这正是朝鲜对"兄弟之国"的实质意义的理解。金国与朝鲜的关系,是在奉明朝为天下共主的基础上建立的兄弟关系。这种兄弟关系中确实包含着某种对等互助的意味。因此,朝鲜对和谈的诉求也集中在两国互不侵犯上。其发往金军的国书称:"自今以往,两国兵马,更不过鸭绿江一步地,各守封疆,各遵禁约,安民息兵,父子夫妇,各相保存。有渝盟约,天地神明,即降罪罚。"①

基于上述认识,朝鲜大臣对于废弃"天启"年号的要求,普遍持反对态度。刘兴祚提议,以揭帖的形式代替国书,可避开书写年号的问题。他说:"天朝揭帖则本不书年月,如广宁袁巡抚所送揭帖例为之,则'天启'二字,自然不书。"即便是这一折中方案,朝鲜大臣对其中表现出的暧昧态度也颇有疑虑。右议政吴允谦说:"渠既发拒绝天朝之言,何可因其言,而不书年号乎?""今则非如金帛、土地,乃毁灭纲常,决不可从。"两司(司宪府、司谏院)的奏疏中说:"斥绝天朝之言,既发于贼口,今之再来,专为争此一款,则大义所在,岂可容忍?""贼差初以去正朔为辞,接待宰臣坚执不许。又以揭帖之规为请,其意实在于去'天启'二字也。曲从其请,以揭帖为名,而不书年号,则是亦去正朔也。君臣之分,天经地义,截然不可犯。宁以国毙,岂忍为此?请还收改书之命。"但是,若不放弃天启年号,则和谈可能中断,战端再起。这是朝鲜无法承受的局面。最终,领相尹昉(天命,1563—1640)提出了一个权宜之策,他说:"如不得已,则当于揭帖中,具言不可背天朝之意,可也。"② 这样做,一方面以揭帖的形式避开了年号问题,另一方面也声张了朝鲜尊奉明朝的意志。于是,二十三日的国书说:

---

① 《朝鲜仁祖实录》卷15,"仁祖五年二月十五日"条。
② 《朝鲜仁祖实录》卷15,"仁祖五年二月二十一日"条、"二月二十二日"条。

> 二差来，得书深慰。和事已得停当。自今以往，惟当各守信约，无相背负，使彼此生灵，共享安乐，甚好甚好。我国臣事皇朝二百余年，受恩深重，义不可负。前书已尽此意，今不容他说，惟贵国谅悉。不书年号，从揭帖式也。①

从分析金与朝鲜对于"兄弟之盟"实质含义的理解中不难看出，二者之间的理解存在着不可弥合的裂缝。在金国一边，企图以"兄弟之盟"消解明朝天下共主的地位，将朝鲜组织进其自身的天下秩序的框架中"共享太平"。至于朝鲜方面，则将"兄弟之盟"放在"交邻"的逻辑中来理解，以区别于其处理与明朝关系的"事大"逻辑。这样，在朝鲜的理解中，与金国的"兄弟之盟"，并不能妨碍它与明朝的君臣—父子关系。

名分之争：丁卯至丙子间双方的根本分歧

丁卯议和后，金国、朝鲜双方仍然按照各自的理解去叙述、书写丁卯年所发生的事情。皇太极在天聪元年（1627）五月写给朝鲜国王的国书中说道：

> 天下诸国，皆天之所命而建立之者。明国之主，独以己为天子，视各国之主，皆在其下。种种欺陵，实不能堪，故昭告于天，兴兵征讨……惟我两国，式好无尤，因尔以兵助明来侵，又纳我逃民，故我命将往征。王能识天意，克自悔过，于我国领兵大贝勒前，以礼纳款，复遣王弟来觐，既智且贤，故能速成和好，国家受福。②

这样，丁卯议和正是在明朝无资格再充当天下共主的形势下结成的关系。然而，朝鲜则仍然沿着固有"交邻"的逻辑去叙述同一事

---

① 《朝鲜仁祖实录》卷15，"仁祖五年二月二十三日"条。
② 《清太宗实录》卷3，天聪元年五月庚午，第45—46页。

第二章 从"丁卯之役"到"丙子之役"

件。朝鲜国王在回书中说:

> 天下无孑然独处之国。四境之外,必有邻封,交则为兴,而两国共享安宁之福;争则为敌,而生民胥被屠戮之祸。上天孔仁,其好恶必有在矣。我与贵国,各守疆域,无相侵伐,历年于兹。往日之事,彼此得失,悉置不论。惟自今伊始,永坚和好,以体上天爱民之心,乃至愿也。①

并且朝鲜将其与金国的一切交往活动都纳入"交邻"的轨道上。多少带有征粮性质的边境买粮,朝鲜则将之描述为邻国间的互助。天聪元年(1627)冬,金国以新附蒙古人口众多,均需赡养为由,要朝鲜将原给毛文龙的接济粮饷转给金国,并派英俄尔岱、霸奇兰前往商议边境买粮一事。朝鲜最终根据"救灾恤邻,古之道也。今者贵国阻饥,请籴敝邦,宁坐视不救乎"的理由,答应助粮三千石。② 天聪七年(1633)五月,孔有德、耿仲明来投,于镇江登岸,辎重、战舰悉留江岸。皇太极派兵守之,并遣英俄尔岱、代松阿前往朝鲜,要求朝鲜就近助粮。对于这一要求,朝鲜回书说:"此乃邻国,道理当然,固不烦贵国之嘱。"至于明显带有朝贡性质的呈献方物,朝鲜同样以"两国相交,信使往来,各以土物相遗,礼也"③的方式,为之涂上了一层"交邻"的色彩。

尽管如此,对于丁卯"兄弟之盟"的不同理解,还是在双方之间不断造成摩擦与冲突。冲突首先发生在"逃人刷还"问题上。天聪元年(1627)七月,在给朝鲜国王的信中,皇太极这样说道:

> 当攻城陷阵之时,我师岂独无死伤者乎?今以血战所获之

---

① 《清太宗实录》卷3,天聪元年七月甲戌,第51页;亦载于《旧满洲档·太宗朝》(一),第191页。
② 《朝鲜仁祖实录》卷18,"仁祖六年一月初四日"条。
③ 参见《清太宗实录》卷15,天聪七年八月庚申,第201页;卷13,天聪七年正月辛丑,第180页。

俘，脱逃而去，尔乃收而庇之，谓不忍再视其离散。尔试思昔日来侵我国，屠戮我民，其父子兄弟，岂无离散者乎？辽东之民，久经分给将士，谊关主仆。一旦仆弃其主，窜归尔国，岂得不谓之离散乎？①

在金国看来，它所获得的朝鲜人口，是在战争中俘虏的。由于其战争的正义性，包括俘虏在内的战利品是上天所赐予的。因此，金国对这些人有着无可争议的所有权。在此逻辑下，这批人中的逃回者，就应当送还金国。

朝鲜则认为，两国既然已经和好，被掳之人自然应该归回本国。况且朝鲜自视文明程度远高于金国，朝鲜被掳之人逃回，自然有如脱离苦海一般，再将之送回，显然于情于理均不妥当。面对金国刷还逃人的要求，朝鲜接待官员回答说："两国相和之后，我人益复思归，有如投林之鸟。我国亦何知其某地、某人之某日逃还也？设使知之，两国之和，实为民生，安可绑送逃还之人乎？""恋父母、冒万死逃还之人，则欲令刷送，此岂相和之意也？"主和派大臣金鎏、李贵、李廷龟等人建议，刷还一部分逃人，以应付金国，避免引发冲突。金鎏建议："虽不尽刷，而刷送七八人，则可解金汗之怒。"李贵也以为犯不上为一二人而再起兵端，说："事关存亡，既已许和，何可因此而生衅？"此种论调，引来不少大臣上疏反对。洪瑞凤说："悉怛谋以吐蕃来降，而时相与李德裕有隙，遂令缚送，诛之境上，当时亦称其冤酷。况我人逃还者，何忍更投于虎口乎？"行副提学郑经世（景任，1563—1633）说："何可欲免目前之患，而忍令刷送乎？"吏部判书张维（持国，1587—1638）上札说："刷还之事，诚所不忍。此虏狡谲叵测，意欲无穷。今兹既从其欲，安知继而至者，不有难于此者，而其可一一曲从乎？虽只送一二人，与送千百人无以异也。民

---

① 《清太宗实录》卷3，天聪元年七月癸未，第52页；亦载于《旧满洲档·太宗朝》，第191页。

第二章 从"丁卯之役"到"丙子之役"

心既去,则国之危亡,岂待虏马之南牧乎?"①

围绕使节问题的争执,更是无处不在。前往朝鲜的金国使节,有着巨大的压力。他们必须单凭自己一身之言行来证明金国懂得礼仪,应当享有与之相匹配的待遇。然而,面对朝鲜这样一个自视为"小中华"的国家,要完成这一任务无疑是极为困难的。金国使节极力使自己表现出懂得礼节的样子。仁祖六年(1628)十二月抵达汉城的金国使节一行,希望朝鲜国王能够赐宴,为此他们愿意学习中华礼仪。英俄尔岱(朝鲜实录中称为"龙骨大")对随行人员说:"君等于礼貌,时不从俺所为,以致错误见笑之弊,今可预习。"② 于是,闭门学习礼仪。这一心理上的紧张,并不因后来"丙子之役"两国结成君臣关系而缓解。丙子之后,取代明朝位置的清朝使节,更要使自己表现出一个天朝使节应有的风范,模仿起明朝使节的行为,甚至连汉江观鱼也一并学了去。③

巨大的心理压力造成的结果是,金国的使者表现得斤斤计较,他们对于下榻之处、礼物馈赠、接待官员品级等细节都极为在意,处处在与明朝使臣较劲。仁祖六年(1628)十一月,金国专门负责朝鲜事务的英俄尔岱,以天气寒冷为由,提出让原本下榻于汉城府的金国使节改居明朝使臣下榻的太平馆、南别宫两处地方。奏报此一要求的尹璛(元玉,1581—?)说:"观其辞色,则自处一欲如华使之例矣。"十二月,英俄尔岱一行抵达王京汉城,至慕华馆,接待官员未及时出迎,英俄尔岱等勃然大怒。④ 仁祖七年(1629)金国使臣一行中有朴仲男一名,原系朝鲜人,要求下马宴时与其他金国使臣一样,设交椅接待。对于这一要求,都承旨金尚宪(权度,1570—1652)等主张决不可答应,金尚宪说:

---

① 本段引文,见《朝鲜仁祖实录》卷17,"仁祖五年八月十四日"条、"仁祖五年八月十九日"条;卷18,"仁祖六年六月二十三日"条、"仁祖六年六月二十六日"条。
② 《朝鲜仁祖实录》卷19,"仁祖六年十二月初三日"条。
③ 《朝鲜仁祖实录》卷39,"仁祖十七年七月初一日"条载:"清使出游汉江";卷44,"仁祖二十一年三月二十八日"条载:"清使出游汉江,观鱼而还。盖欲仿汉使故例也。"
④ 《朝鲜仁祖实录》卷19,"仁祖六年十一月二十七日"条、"十二月初二日"条。

臣等窃闻，在祖宗朝，我国人之入中朝者，奉使而来，不敢抗礼，多有降屈之仪。况仲男为邻国之所差遣者乎？若反覆开谕，坚示我国决不听许之意，则渠虽禽兽，不无顺从之理矣。凡事，防之于未然，犹恐后弊之难杜。此一节，若不力争，则将来悖愕之事，必有甚于此者。①

据此，朝鲜礼宾寺官员向金国使者强争，最终议定在下马宴为朴仲男别设方席。仁祖八年（1630），再次出使的朴仲男向平安兵使柳斐抱怨朝鲜在礼物馈赠上厚此薄彼，说："南朝使者来，则供馈、赠遗甚厚。其时亲见者，多在吾阵中，吾无所不知。而今接吾辈，还同隶人。"②

仁祖十年（1632）九月底，刚从沈阳回来的秋信使朴兰英（馨伯，1575—1636）带回了皇太极对朝鲜接待金国使臣礼仪不满的消息。皇太极通过英俄尔岱向朴兰英传话：

朝鲜以父母待南朝，故南朝使臣出去时，朝鲜大小官皆下马相接。我国之于朝鲜，是兄弟之国，彼此使臣往来时，不过马上相揖以接而已。我差往来时，一路四大官不为出接云。今后又如是，则我差当自还来来，此意启达。③

该年出使朝鲜的金国使臣所道里、沙屹者、朴仲男三人秉承皇太极的意思，要求沿途接待礼仪按照明朝使臣来访的标准，由平安监司、平安兵使、黄海兵使、开城留守四大官出城迎接，并在沿途八处地方设宴款待使节。朝鲜以"监、兵使遍巡道内，迎候等事，乃地方官之任也"为由，仅派佐贰小吏出迎，这已经让所道里大为不满。等到安州，朝鲜又以"父子之国，与兄弟之国，其礼不同"，没有像接

---

① 《朝鲜仁祖实录》卷20，"仁祖七年二月二十四日"条。
② 《朝鲜仁祖实录》卷22，"仁祖八年三月初四日"条。
③ 《朝鲜仁祖实录》卷27，"仁祖十年九月二十七日"条。

第二章 从"丁卯之役"到"丙子之役"

待明朝使节那样,设宴款待。所道里再也压制不住胸中怒火,"咆勃不已",停留下来,不再向汉城进发。①

金国的这类举动反倒使得朝鲜方面更加不满。同时,朝鲜也越来越发觉,金国远比经书中那些不知礼义的夷狄要难以应付得多。他们不仅懂得礼义名分,更有对礼义名分的诉求。这让朝鲜君臣越发感到其中蕴含着的危险。在朴仲男要求交椅一事上,转任右参赞的金尚宪就看出金国并非一般夷狄可比。他说:

> 仲男以禽兽自处,而行禽兽之事,则我以禽兽视之,而不则可也。今乃不然,汗之所言,渠之所望,皆在于礼貌之尊卑,则是果禽兽者乎?我实畏之,不敢逆其指,而外为大言,谓以禽兽待之云,则固不可使闻于他人。虽虏与仲男,其谓我国有人乎?虏见我国惟言是从,益长其慢侮之心,每以不可行者来责,亦将以禽兽云,而必从无违乎?夫待敌国之道,有可从、有不可从者。岁币之增减,关市之许否,随其时势,或可以勉从,若齐之尽东其亩,鲁之百牢犒飨,邾之倍殡北向,此岂可从之事乎?虽兵至城下,事决存亡,犹以伏剑决死争之,不以虚礼为轻也。凡事防之于微,所以虑其终,挫之于细,所以杜其大。昔在南宋之日,国势未振,虏人所言不敢少忤。其时割地不已,必至再拜,再拜不已,必至称臣之语,千古为恨。宋之臣子,亦岂无一人有尊主之心哉?直以初不能强争,以至于约之渐而行之既久,又复恬然不知为羞辱。前事之明鉴,后世之所当戒者也。我国家兵力,未必大踰于邻敌,而其所以维持保守,以有礼义名分也。今并与区区所自保者,不能守之,则虽有仓廪、府库、宫室、百官之富,与亡国无异也。胡铨所谓不战而气自索者,不幸近之,臣不胜痛心焉。仲男既坐于殿下之前,待之以客礼,则今虽竭东海之波,

---

① 《朝鲜仁祖实录》卷27,"仁祖十年十月三十日"条、"十一月初六日"条、"十一月十三日"条;李肯翊:《燃藜室记述(选录)》"仁祖朝",载潘喆、李鸿彬、孙方明编《清入关前史料选辑》(一),中国人民大学出版社1984年版,第469页。

未足以洗其耻……殿下何不深思反顾，痛自惩创，大奋发、大变革，决于心、誓于神乎？中兴万世之业，必自今日始，而岂以千里畏人哉？倘或不然，而徒以含容逊顺，为保国之长计，则国势驳驳然入于左衽之域矣。如仲男客遇之礼，将毫末之微耳。①

从金尚宪的奏疏中可以看出，在朝鲜士人的观念世界中占据中心位置的是礼义，而非岁币、关市等物质因素。如果后金只是一味贪婪，那么，朝鲜与后金之间的关系或许还有融通、妥协的余地。但是，随着后金在礼义、名分上的要求越来越高，金朝关系就愈加紧张。于是，斥和的言论就渐渐占据朝野舆论的中心位置。仁祖十年（1632）冬，礼曹参议李埈（叔平，1560—1635）上疏说：

虏使将至，意甚不逊，胁之以馆待丰厚，劫之以岁币增数。其曰必须优待者，急于目下偷安，而不思他日之患，有大于今日也。添以金、缯，其志未满，更要名分，勒令必从。岂可觊一时之少安，召无涯之后患也？正宜持重以裁之，略示挫抑之意也……本国山川最险，自古因险而为守，故汉史称之曰："东人善守。"以隋、唐百万之军，而见挫于一隅之偏师。廷臣之见，或不出此，乃以此贼之得志于辽左平旷之地，便谓之其强无敌云，则岂不谬哉？自古功业之成，莫不由于志气之先立。此志既立，何向不济？亦望圣明，先立其志，赫然斯怒，激励士卒，且责群心之慢，以振颓纲，则精神所动，国势自重矣。②

就连一直倾向于议和的备边司中，也渐渐有了备兵绝和的言论。仁祖十一年（1633）一月，备局启奏称：

国家之与虏羁縻，为生灵计也。今者狼心无厌，求索百端，

---

① 《朝鲜仁祖实录》卷21，"仁祖七年八月初二十三日"条。
② 《朝鲜仁祖实录》卷27，"仁祖十年十一月十三日"条。

第二章 从"丁卯之役"到"丙子之役"

两度送物，并被却还，胁我增币，不啻十倍，竭一国之力，无以充其欲。甚至贻书侮慢，无所不至，一则曰待以华使，一则曰借兵助船，诚非臣子所忍闻。大义所在，他不暇顾。故自上遂定大计，遣人致诘而告绝。若使此虏，稍有性情，自知愧屈，犹可许其自新。而犬羊之性，难责以义理，则边上之衅，自此始矣。我国地方数千里，人民甚众，祖宗休泽，沦浃肌髓，苟能各励忠义，与国同仇，则何此贼之足畏哉？①

从丁卯议和之后朝鲜与金国的交往中不难看出，双方的摩擦虽然表面上是围绕着物质因素展开的，但是，如果这些问题不直接触及名分问题，朝鲜最终均会让步。真正触动朝鲜君臣神经的是，金国要求取得与明朝同等的地位。金国对名分的主张，越过了朝鲜的忍耐底线。随着1636年沈阳改制运动的消息传来，朝鲜上下普遍弥漫着一股要与金国决一死战的情绪。双方围绕着名分的分歧，先前因并不直接指向明朝，还能在"事大"与"交邻"的架构中获得缓和。至此，金国挑明要取明朝而代之，再无调和的余地。这样，对于双方而言，所剩下的选择就只有战争一条道路了。由此看来，使双方不得不兵戎相见的，不是物质因素，而是观念上的分歧。

第二节　崇德改号与"丙子之役"

1636年皇太极改国号为"大清"，群臣上尊号"宽温仁圣皇帝"。此一事件乃金—清国家发展史上具有划时代意义的重大事件。对此，市村瓒次郎、稻叶君山、孟森、朱希祖、蔡美彪、黄彰健等前辈学者已有大量研究。这些研究大多采取语言学的解释路径，集中于"金""清"两字的含义辨析。由此形成的解释，基本上逃不出"金国"（aisin gurun）国号的狭隘性和"金""清"在语言学上有承续关系这两种看法。前者认为，"金国"国号仅象征女真民族复兴，与皇太极

---

① 《朝鲜仁祖实录》卷28，"仁祖十一年一月二十九日"条。

政权治下臣民囊括女真、汉、蒙古等多个民族的局面越来越不相称；且以"金国"为国号容易勾起宋金故事，激起汉人的抵触情绪。① 后者认为，汉文"清"乃满语"金"之谐音，二者仅汉字之变化，于满文则未改。② 尽管这些研究为我们理解1636年所发生的事件奠定了坚实基础，但是，过于依赖文字学的解释路径，会造成改"金"为"清"只是在玩文字游戏的错觉，反而会模糊掉1636年改国号、上尊号的实质意义。

当然，前辈学者也指出"大清"国号中包含着一统天下的意味。朱希祖《后金国汗姓氏考》说："余以为清太宗欲去金之国号……从积极方面言之，盖欲统一中国，必铲除以地方或种族为标帜之色彩……清太宗之称'清'……盖彼欲师蒙古之统一中国，而泯灭外族并吞之色彩也。"③ 蔡美彪指出"崇德"年号为金—清政权的首次建号（之前的天命、天聪仅以汗号系年，非真正年号），"宽温仁圣皇帝"的尊号不再是满文"汗"的对译，而"由汉人文臣注入了传

---

① 参见叶红、胡阿祥《大清国号述论》，《中国历史地理论丛》2000年第4期，第65—77页。避宋金故事讳的看法，由稻叶君山首倡。在《清朝全史》第18章"太宗改国号"中，他说："因十二世纪之初，汉种曾受女真（前金）之祸患也。太宗与明议和，前后互十数次不成。明人多以宋金前事为鉴，以太宗之颖敏，有不推想及此者乎？天聪五年，彼亲寄明将军祖大寿书中有曰：'尔国君臣，惟以宋朝故事为鉴，亦无一言复我。然尔明主非宋之苗裔，朕亦非金之子孙。彼一时，此一时，天时人心，各有不同。尔大国岂无智慧之时流，何不能因时制宜乎？'即此可以为证"（稻叶君山：《清朝全史》，但焘译，上海社会科学出版社2006年版，第58页）。

② 此种看法，最早由清末金梁提出，其在《光宣小记》中提出："清与金为一音之转。清本女真，国姓爱新，爱新译音义皆为金。故清初国号曰大金，亦曰后金。后以宋金世仇，或多疑虑，太宗崇德元年，遂改国号曰大清。字面虽易，在满音原无异。此时盖以决人定中原之策矣。"并举出沈阳抚近门额款识作为证据。该款识汉文部分"大金"，与之相对应的满文部分正是有清一代满文"大清"之字样。（《光宣小记》"大清"条、"后金"条，载章伯锋、顾亚主编《近代稗海》第11辑，四川人民出版社1988年版，第281、329页。）金梁此说后来为孟森采纳。日人市村瓒次郎明治四十二年发表的《清朝国号考》一文，从另一角度推论出相似看法。市村瓒次郎认为，金、清二字的发音在北京人中能够分辨清楚，于女真人则容易混淆。国号由金改为清，"仅止于字形的变更，旧有的发音完全没有变化……只是选择与其字音相近的好字"（［日］市村瓒次郎：《清朝国号考》，《东洋协会调查部学术报告》1909年7月，第144—146页）。

③ 朱希祖：《后金国汗姓氏考》，中研院辑《庆祝蔡元培先生六十五岁论文集——历史语言研究所集刊外编第一种》（上册），"中研院"史语所1933年版，第20页。

第二章 从"丁卯之役"到"丙子之役"

统的儒家观念和统治思想";由此认为,皇太极建号称帝"显示取代明朝的意向"①。但这些看法多是建立在以文字学证据为基础的推测上,而没有从政治观念与历史实践的角度进行深入讨论。本节将从朝鲜君臣对崇德改号的反应,在更为实证的层面上,揭示1636年改国号的实质意义。"大清"不能仅仅理解为一国之号(虽然其时清政权实际支配的疆域仍极有限),它正是皇太极要取代明朝成为新的天下共主的政治表达。

"覆载之间,宁有二天子哉":朝鲜君臣对改号称帝的认识

仁祖十四年(1636)二月,金国使节英俄尔岱、马福塔率领蒙古使节前往朝鲜。此行主要目的是向朝鲜国王呈递金国与蒙古诸贝勒的书信,敦请朝鲜国王与诸贝勒一道劝进。十六日,义州府尹李浚给朝廷奏报说,英俄尔岱告诉他:"我国既获大元,又得玉玺。西鞑诸王子,愿上大号,欲与贵国议处。兹送差人,不可独送,故俺亦偕来。"② 此一消息传到汉城,朝鲜举国哗然。当金国使节于二月二十三日③来到汉城时,汉城早已笼罩在斩使绝和的氛围中。因此,使团的接待比以前简慢许多。英俄尔岱出示金国贝勒与蒙古贝勒给朝鲜国王的两封书信,要接待官员转呈仁祖。接待官员以"人臣无致书君上之规,邻国君臣,一体相敬,何敢抗礼通书乎"为由,拒绝呈递。二十五日,"太学生金寿弘等一百三十八人及幼学李亨基上疏,请斩虏使、焚虏书,以明大义"④。二十六日,英俄尔岱等人往吊朝鲜仁穆大妃之丧。原本许在殿上致祭,现在也改到殿外禁川桥上设一空幄,让金国使臣前往致祭。当祭祀时,帷幄被风轻轻吹开,英俄尔岱等人只见帷幄之内空无一物,"始觉见欺,辄有怒意"。再看帐幄之后,

---

① 蔡美彪:《大清国建号前的国号、族名与纪年》,《历史研究》1987年第3期。
② 《朝鲜仁祖实录》卷32,"仁祖十四年二月十六日"条。
③ 金国使节抵达汉城的日期,依据《承政院日记》"仁祖十四年二月二十三日"条载:"胡差龙骨大、马夫大、溺哈口等三将,率从胡一百九十六名,内西鞑一百四十四名、从胡五十二名入京。"《实录》记载入京日期为二月二十四日。
④ 参见《朝鲜仁祖实录》卷32,"仁祖十四年二月二十四日"条、"仁祖十四年二月二十五日"条。

隐隐约约闪出刀光,英俄尔岱等人"疑其藏兵,颠倒出去"。原来,是日正值都监炮手在王宫后苑练习,且致祭之时恰巧宿卫禁军换班,闻有胡虏在王宫,各持兵器隐于帷帐之后。退出王宫的金使惊魂未定,又想起连日有传闻朝鲜欲斩使绝和,"益生疑惧之心,破关步出,散入闾家,夺马而走。道路观者,莫不惊骇,闾巷儿童,争相投石,京城为之震动"①。

是什么原因使得金国意欲称帝的消息引起如此剧烈的反应?这一点,可以从首倡斥和之论的洪翼汉(伯升,1586—1637)的奏疏中略窥一二。二月二十一日,时任掌令的洪翼汉上疏说:

> 臣闻今者龙胡之来,即金汗称帝事也。臣坠地之初,只闻有大明天子耳,此言奚为而至哉?丁卯初,贼臣弘立,引寇猝至,乘舆播越。乞和之举,虽出于不获已,而一向摧颓,以至如此,可胜痛哉!苟于其时,先枭弘立之首,首明君臣之分。然后,请交邻之道,约兄弟之义。则戎狄虽豺狼,岂无感耸之心!而计不出此,唯以得弘立为幸,而俯首听命焉。彼虏之欲左衽我国俗,臣妾我君臣者,实由是耳。我国素以礼义闻天下,称之小中华,而列圣相承,事大一心,恪且勤矣。今乃服事胡虏,偷安仅存,纵延晷刻,其于祖宗何?其于天下何?其于后世何?……臣愚以为,戮其使而取其书、函其首,奏闻于皇朝,责其背兄弟之约,僭天子之号,明言礼义之大,悉陈邻国之道,则我之说益申,我之势益张矣。恳乞殿下,奋发自励,益振大勇,亟执虏使之在馆者,列于藁街,显加天下之诛。②

次年,朝鲜被迫归顺清朝后,洪翼汉以首倡斥和,被捉拿送往沈阳,不屈被杀。其绝笔说得更加明白。他说:

---

① 参见罗万甲《丙子录》,载潘喆、李鸿彬、孙方明编《清入关前史料选辑》(二),中国人民大学出版社1989年版,第452—453页。
② 《朝鲜仁祖实录》卷32,"仁祖十四年二月二十一日"条。

第二章 从"丁卯之役"到"丙子之役"

> 大明朝鲜国累臣洪翼汉,斥和事意,历历可陈,而但语音不相惯晓,敢以文字控白。夫四海之内,皆可为兄弟,而天下无两父之子矣。朝鲜本以礼义相尚,谏臣唯以直截为风。故上年春,适授言责之任,闻金国将渝盟称帝,心以为若果渝盟,则是悖兄弟也;若果称帝,则是二天子也。门庭之内,宁有悖兄弟哉?覆载之间,宁有二天子哉?况金国之于朝鲜,新有交邻之约,而先背之;大明之于朝鲜,旧有字小之恩,而深结之。则忘深结之大恩,守先背之空约,于理甚不近,于义甚不当,故首建此议。欲守礼义者,是臣职耳,岂有他哉?但臣子分义,当尽忠孝而已……此外更无所言,惟愿速死,惟愿速死云。①

让洪翼汉至为忧心的是,金国称帝所带来的国家间关系的变动。金国称帝,并非其一国自身之事,而是关乎整个天下的大事。丁卯年以来结成的兄弟之盟,朝鲜还能够以事大、交邻的逻辑,使之勉强能够塞入朝鲜认识中的以明朝为天子的天下秩序中。但是,此次称帝直接指向的便是明朝天下共主的地位。皇太极的诉求已经不再是南朝—北朝的天下格局,而是要取代明朝天下共主的地位。洪翼汉敏锐地觉察到,一旦认可了金国的伪号,接下来必然发生的事情就是,金国将以新的天下共主的姿态,与朝鲜缔结君臣关系。

洪翼汉的看法并非只是他一人之见。实际上,当时朝鲜君臣普遍持有这样的看法。就在洪翼汉上疏的当日,玉堂(弘文馆)所上札子也说:

> 今者虏使龙骨大等赍慢书,称以尊号定夺,此言奚为至哉?臣等窃不胜痛哭焉。丁卯之难,惨被蹂躏,羁縻之举,出于下策。竭生民之膏血,饰行人之玉帛,卑辞乞怜者,十年于兹矣。彼既欲僭窃伪号,则必不待我以邻国,将臣妾我也,属国我也。其于相议定夺等语,情态已可知矣。岂忍以堂堂礼义之邦,俛首

---

① 《朝鲜仁祖实录》卷34,"仁祖十五年三月十五日"条。

犬羊之虏，竟遭不测之辱，重为祖宗之羞乎？殿下虽未能焚其书、斩其使，以作三军之气。岂至于亲接贼使，以听不道之言乎？宜以严辞峻语，显示斥绝之意，痛折僭逆之端，使彼虏得知我国之所秉守，不可以干纪乱常之事，有所犯焉，则虽以国毙，可以有辞于天下后世也。①

基于对形势的这一判断，朝鲜君臣感到与金国一战在所难免。司谏院启奏说："虏使径出，危机已形。备御之策，比前尤急"；大臣尹昉说："虏使发怒而去，我国终必被兵，当讲备御之道。"② 三月初一，仁祖下谕朝鲜八道，通报朝廷决意与金国一战，在所不惜，号召举国一致抗敌。其文曰：

我国卒致丁卯之变，不得已权许羁縻，而溪壑无厌，恐喝日甚，此诚我国家前所未有之差耻也。含垢忍痛，思将一有所奋，以湔此辱者，岂有极哉？今者此虏，益肆猖獗，敢以僭号之说，托以通议，遽以书来，此岂我国君臣所忍闻者乎？不量强弱存亡之势，一以正义断决，却书不受。胡差等累日要请，终不得接辞，至于发怒而去。都人士女，虽知兵革之祸，迫在朝夕，而反以斥绝为快。况八路若闻朝廷有此正大之举，危迫之机，则亦必闻风激发，誓死同仇。岂以远近贵贱而有间哉？忠义之士，各效策略；勇敢之人，自愿从征。期于共济艰难，以报国恩。③

五月，仁祖再下教旨，重申绝不妥协的意志，说："金虏僭号之后，慢侮我国，比年益甚。我以数千里封疆，岂可一向畏缩，坐受其辱哉？……当今之计，莫如厚养士卒，使民俱有偕作之心，申明军律，以示退必孥戮之意。"④

---

① 《朝鲜仁祖实录》卷32，"仁祖十四年二月二十一日"条。
② 《朝鲜仁祖实录》卷32，"仁祖十四年二月二十七日"条、"二月二十九日"条。
③ 《朝鲜仁祖实录》卷32，"仁祖十四年三月初一日"条。
④ 《朝鲜仁祖实录》卷32。

第二章 从"丁卯之役"到"丙子之役"

当然,其时亦有少数大臣主张,皇太极称帝乃其自身之事,只要不改变丁卯年结成的兄弟之盟,不让朝鲜称臣,就不必斥其僭号、与之绝和。汉城府判尹崔鸣吉(子谦,1586—1647)主张:"不必称臣,但与之依前日称兄弟,而不与之相绝为当";"我之所虑者,只在名分上。而今无片言只辞,发于酬酢之际,彼亦自知其有害于和事故也。以此言之,依旧是丁卯讲和之金汗。在我之道,固当坦然处之。何必更生枝节,引惹时月,使人心长怀疑恐,虏情未免怪讶乎?"① 时任兵曹判书兼体察副使的李圣求(子异,1584—1644)以务实态度指出,朝鲜并无与金国一战的实力,不可自启兵端,他说:"声罪致讨,力既不能,则自我先绝,非长策也。加我臣妾,义不可受,则贺以求悦,非所论也。……鸭江以南,无藩篱御贼之固。当存羁縻,以纾目前,务加绸缪,以备阴雨。"② 不过,这种试图搁置冲突的想法,此时已不再可能奏效,双方在名分上的主张已经到了必须做出决断的时刻,朝鲜不可能在默认金国僭称帝号的情况下,又拒斥金国企图强加给它的臣属之位。

弘文馆校理赵䌹(季彦,1587—?)从李朝立国之根本指出,此时已经没有任何妥协的余地,否则必将动摇国本。通过追述李朝建国的历史,赵䌹指出李朝之国本在于"尊中国、攘夷狄"。李朝统治的正当性完全立足于对明朝的尊奉上。"我国人民,自乃祖乃父,熟闻圣祖之王业,其心以为:'非尊周之大义,何以有此国乎?'"因此,"当今日僭号之后,复假缓兵之名,再寻和好之约,则人之不言而敢怒者,将何如也?夫诸侯之国,而与僭号之贼通使,则臣未知此使何名也?诸侯之国,而与僭号之贼通书,则臣未知此书何名也?"修撰吴达济(季辉,1609—1637)、李㴾(1609—1639)上札说:"狡虏猖獗,益肆恐喝。肆然僭号,敢来试我。凡有血气,孰不痛心?"并指出朝鲜首先绝和的必要性,"夫为国之道,不思自强,专务姑息,

---

① 《朝鲜仁祖实录》卷33,"仁祖十四年十一月十五日"条。
② 尹鑴:《大匡辅国崇禄大夫、议政府领议政、兼领经筵弘文馆、艺文馆、春秋馆、观象监、世子师李公谥状》,《白湖集》卷20,《韩国文集丛刊》第123册,景仁文化社1993年版,第353页。

不顾义理，而甘心耻辱。则上事皇朝，何以有辞？下临臣庶，何以劝忠？……天下之大义，我不先绝，何足以为义？……噫！僭逆之虏，固当自我先绝，有何可愧之事，而必欲如是辨明乎？"副校理尹集（成伯，1606—1637）说："天朝之于我国，乃父母也。奴贼之于我国，父母之仇雠也。为人子者，其可与父母之仇雠约为兄弟，而置父母于相忘之域乎？"① 弘文馆诸大臣的言论都在告诉我们，皇太极1636年的一系列行动，已经危及大明所建立起的天下秩序，天崩地裂就在顷刻。朝鲜与清朝在名分层面上的冲突，已经不再是通过物质利益的让步、妥协、牺牲所能够缓和的了。

下面我们再对朝鲜对清朝国号的认识略加分疏，以更深入理解1636年改制运动的意义。日本学者渡边信一郎认为，崇德元年定国号为大清乃是一国之号。至于蒋良琪《东华录》卷三"崇德元年四月"条载"定有天下之号曰清"，乃是以乾隆时候的现实而事后追认的，非当时之历史实态。② 照渡边信一郎的说法，则1636年的活动便只是一个地区性事件，不关涉整个天下之秩序的变动。那么，朝鲜对清朝国号是否也持同一看法呢？

仁祖大王李倧与大臣崔鸣吉确实想朝着渡边信一郎的方向去理解金国改号一事。仁祖十四年（1636）九月庚申日经筵结束后，君臣二人之间有一番对话。崔鸣吉听闻仁祖有在国书中使用"清国汗"字样的意向，于是向仁祖求证，他问道："闻夏间筵席，自上有当书清国汗之教，未知诚然乎？"并提议："彼既改国号，则当从其所改而书之。自今以后，永为恒式，以'清国'书送可矣。"对崔鸣吉的建议，仁祖表示同意，说："予意亦以为书'清'字无妨。"③

但是，君臣二人的这一看法，却引来了群臣的反对。司谏院启奏说："谋国之道，必先明大义，不可回谲……彼以'清国'为号者，

---

① 本段引文，见《朝鲜仁祖实录》卷33，"仁祖十四年九月二十二日"条、"仁祖十四年九月二十三日"条、"仁祖十四年十一月初八日"条。
② ［日］渡边信一郎：《中国古代的王权与天下秩序——从日中比较史的视角出发》，第5页。
③ 《朝鲜仁祖实录》卷33，"仁祖十四年九月十九日"条。

第二章 从"丁卯之役"到"丙子之役"

实非偶然之称也。彼僭伪号,我因以称之,则是与其僭也。浸浸之弊,何所不至?鸣吉当公论方张之日,不顾大义,敢以不忍闻之说,仰溷于冕旒之下,其纵恣无忌,固已极矣。"弘文馆副校理尹集上疏对朝廷有议和书"清国"的意向表示失望,说:"往日圣明,赫然奋发,据义斥绝,布告中外,转奏天朝,环东土数千里,举欣欣然相告曰:'吾其免被发左衽矣。'不图兹者,奖敕才降,邪议旋发,忍以'清国汗'三字,举之于其口,……噫嘻!亦太甚矣!"校理金益熙(仲文,1610—1656)、副修撰李尚馨(德先,1585—1645)等上札陈述书"清国"必将招致的后果,说:"至于'清'字之号,出于睿断,而害理伤义,更有大焉。彼若一见书式之从其新号,则所望于我,非止'清'字。必将胁之以书帝,加之以臣妾之辱,更无所顾忌。念及于此,直欲痛哭,而不得也。呜呼!彼之僭窃之号,既不肯为我贬损,其责我之礼,答我之辞,更不复以邻国相待。而堂堂圣朝,又不忍一听其所为,则不知此时,和可保乎?故曰:不如严辞谢绝,更不与媾。上不负皇朝之奖谕,下不绝臣民之颙望,仗义声而鼓士气,可以图自强也。"大司宪李景奭(尚辅,1595—1671)上札说:"称'清'一节,所关非细。以义理、利害,反覆思惟,则'金'是称汗时号,'清'是僭号后号。今我遽舍其旧称,而称其新号,则彼之所以则望我者,必以加一层之事。到此地头,谓之强敌难较,而不与之争乎?与其争之于难从之后,孰若审之于谋事之始乎?……我守丁卯时誓天之约,称以旧称之号,于理有据,于言为顺,于信义无失。彼虽初加诘责,我之所可答者,绰有余裕。"司谏院献纳李时楷(子范,1600—1657)上疏说:"又闻国书'清'字之称,出于圣教云。此无益于和,而大害于义者也。噫!信使犹不可遣,况'清'字之称乎?既称'清'字,则次第之辱,不待智者而知矣。"随后转任校理的李时楷,又与副修撰李尚馨一同上札说:"既称清国,则是尊其僭,而许其号也……臣等以为,虽不得已而通和,'清'字则决不可称也。"就连一向主张不可轻易与金国绝和的兵曹判书李圣求也说:"臣闻国书外面,定书'清国'二字。臣忝在备局,不敢不陈所怀。丁卯以后,称以金国,盖已十年。今之称清,乃其僭

· 97 ·

号建国之名。自我不许其帝,而用其国号,一从一否,非但事理未安,此虏桀黠有余,见人一事从己,必生一层支节,乃其本态也。"①

虽然,没有直接证据说明"大清"是领有天下之号。但是,从上面所记述的言论中可以看出,当时朝鲜并不将由"金"改"清"理解为一个简单的改名事件,朝鲜大臣普遍注意到"金"与"清"这两个名称背后蕴含有本质差异的政治图景。这一点,在大司宪李景奭的奏疏中,有最为清晰的表达,"'金'是称汗时号,'清'是僭号后号"。从这一侧面的考察,我们是否应该承认,"大清"背后确实蕴含着领有天下的意味,尽管其时清国尚处在天下的边缘之地,远远没有在实际上占有整个天下。

至此,通过讨论朝鲜君臣对1636年改制运动的反应可以证实,1636年发生的一系列事件既非地区性事件,也无法从物质层面揭示其所具有的全部意义。它所指向的是天下政体的最高支配权的变更,是天下秩序的重塑。取代大明,成为新的天下共主,这正是崇德改制的实质内涵。在这一点上发生的分歧是不可调和的,朝鲜不得不与金国断绝一切关系。

"征服朝鲜,混一蒙古,更获玉玺":皇太极领有天下的根据

以上我们从朝鲜的反应了解到崇德改制的意义,也由此明白了为何朝鲜必须与清朝断绝关系。但是,清朝欲取明朝而代之这一理由,并不能够圆满解释清朝为何必须再次用兵朝鲜。在逻辑上,清朝可以绕过朝鲜,直接将矛头对准明朝,取而代之之后,再向周边诸国派遣使者,让天下诸国认可这一既成事实。在事实上,取代元朝的明朝也正是按这一步骤做的。那么,从政治观念的角度,清朝是否有必须首先针对朝鲜用兵的理由呢?下面我们就围绕这个问题展开本节的探讨。

---

① 本段引文,见《朝鲜仁祖实录》卷33,"仁祖十四年九月二十七日"条、"仁祖十四年十一月初八日"条、"仁祖十四年十一月二十一日"条、"仁祖十四年十一月二十四日"条、"仁祖十四年十一月二十六日"条、"仁祖十四年十二月初六日"条、"仁祖十四年十一月二十四日"条。

第二章 从"丁卯之役"到"丙子之役"

要理解清朝必须再次对朝鲜用兵的原因,我们需要首先考察皇太极究竟是以什么样的理由主张他对天下的领有?先来看看诸贝勒的劝进表与皇太极的祭天文是怎么说的。

天聪十年(1636)四月己卯,由大贝勒代善率领济尔哈朗、多尔衮等贝勒与八旗固山额真,都元帅孔有德率领耿仲明、尚可喜、石廷柱、马光远等汉官及科尔沁国土谢图济农巴达礼等外藩蒙古贝勒,共同劝皇太极上尊号。劝进表文由满、蒙古、汉三种文字写成,其文曰:

> 诸贝勒大臣文武各官及外藩诸贝勒上言:恭惟我皇上承天眷佑,应运而兴,辑宁诸国,爱育群黎。当天下昏乱之时,体天心、行天讨,逆者以兵威之,顺者以德抚之,宽温之誉施及万方。征服朝鲜,混一蒙古,更获玉玺,受命之符昭然可见。上合天意,下协舆情。臣等遇景运之丕隆,信大统之攸属,敬上尊号,一切仪物,俱已完备,伏愿俯赐俞允,勿虚众望。①

四月十一日,行祭天礼,"受宽温仁圣皇帝尊号,建国号曰大清,改元为崇德元年"。祭天文曰:

> 维丙子年四月十一日,满洲国皇帝臣敢昭告于皇天后土之神曰:臣以□□□躬嗣位以来,常思置器之重,时深履薄之虞,夜寐夙兴,兢兢业业。十年于此,幸赖皇穹降佑,克兴祖父基业,**征服朝鲜,混一蒙古,更获玉玺**,远拓边疆。今内外臣民谬推臣功,合称尊号,以副天心。臣以明人尚为敌国,尊号不可遽称,固辞弗获,勉徇群情,践天子位,建国号曰大清,改元为崇德元年。窃思恩泽未布,生民未安,凉德怀惭,益深乾惕。伏惟帝心昭鉴,永佑邦家,臣不胜惶悚之至。谨以奏闻。②

---

① 《清太宗实录》卷28,天聪十年四月己卯,第359页。
② 《清太宗实录》卷28,天聪十年四月乙酉,第361页。

这里的要紧之处在于"征服朝鲜,混一蒙古,更获玉玺"一句,这是皇太极主张其能够践天子位的正当性根据所在。也就是说,皇太极称帝主要是建立在如下三个事实的基础之上:第一,丁卯年与朝鲜结为兄弟之国。第二,天聪时期蒙古部落陆续归顺,至天聪九年(1635)察哈尔蒙古林丹汗福晋苏泰、其子孔果尔率众归附。第三,从苏泰福晋处获得元朝玉玺。前两个事实属于同一性质,即诸国归服。后一个事实则属于祥瑞一类。在这个意义上,我们可以说,皇太极称帝是以诸国之同意作为正当性根据。

实际上根据上一章的分析,这一主张也是皇太极此时称帝最为妥当的根据。根据儒家正统论,王朝主张其统治的正当性,大致有如下几个途径:

第一,上天降下祥瑞。文馆甲喇章京鲍承先、孔有德、耿精忠等人就极力渲染获得玉玺的神秘意味,声称这是上天受命的根据。鲍承先说:"皇上圣德如天,仁政旁达,苞符协应,大宝呈祥,天赐玉玺,乃非常之吉兆也。"孔有德以周文王作比,说:"窃观自古受命之主,必有受命之符。昔文王时,凤凰鸣于岐山。今皇上得传国宝玺,二兆略同。此宝实非寻常,乃汉时所传,迄今二千余年。他人不能得,惟我皇上得之……是天启其兆,登九五之尊而享天下之福无疑也"。耿仲明说:"夫玉玺者,乃天子之大宝,国家之上瑞,有天下者所必用也。"[①] 但是,如上一章所论,随着唐宋时期天命观的合理化,"天启"一说,在宋代以后已经没有太多说服力。因此,"更获玉玺"一条,至多充当一个渲染气氛的装饰物,为皇太极登极罩上一分神秘色彩。

第二,一统天下。这一点皇太极政权既无资格主张,且对其极为不利。此时清朝所占有的仅是天下之一隅,相比大明之富有四海,差之千里。实际上,朝鲜仁祖大王就曾利用这一条来驳斥皇太极称帝的正当性。"今我大明,乃二百余年混一之主",在写给皇太极的信中

[①] 本段引文,见《清太宗实录》卷24,天聪九年八月癸未,第319页;卷25,天聪九年九月辛酉,第323—324页。

第二章 从"丁卯之役"到"丙子之役"

仁祖这样说道:"我国安得以一失辽沈一片地,辄萌异心,从贵国所为耶?"① 仁祖这是在告诉皇太极,丧失辽沈并不足以撼动大明天朝的地位;而皇太极仅因占有辽沈就以为拥有称帝资格,也是毫无道理的。皇太极在称帝问题上的迟疑,也是由于这一点。当群臣劝进时,皇太极就表达了这一忧虑,"朕以土宇尚未统一,未审天意所属,大号不宜轻受"②。

第三,万国来朝。这一正当性根据,是此时皇太极政权最佳的选择。一方面,它可以回避清朝在土地占有上的劣势。另一方面,它又能够消解大明的优势。明儒越来越重视"居正"在王朝统治正当性上的价值,它所造成的结果就是,削弱了占有土地的有效性。通过声张清朝得到诸国的归顺,显示出清朝在道德上的优势,使得万国自愿归顺,同意清朝的支配。被支配者的自愿同意,正是儒家对正当性的最高诉求。另一方面,这一主张意味着各国纷纷离开大明的朝廷,前往清朝的朝廷。这等于在国家的层面上宣判大明是"独夫",已经没有资格再做天下共主。

尽管并不清楚皇太极与诸贝勒、大臣是否意识到他们正在使用"万国来朝"的儒家思想,不过,从他们的实践中可以看到,他们是主动朝着这个方向去做。从金国新年朝贺的变化这个侧面,即可看到天聪时期致力于诸国归服方面的经营所取得的成功。天聪元年(1627)的金国,还只是地区性小政权,相应地,其新年朝贺也相当简陋。"正月初一日,诸王、大臣们、文武官员们,于黎明五更完了时,在大衙门集合,各自按旗排列,天明时,淑勒汗率诸王、大臣们到堂子去,向天三跪九叩,而回。汗出衙门,坐下后,诸王、大臣们各自按照旗的等级行三跪九叩礼。"③

这一局面维持到天聪五年(1631)才有所改变,这一年的新年朝贺有了蒙古科尔沁部、扎鲁特部及汉官生员的加入,至此,才稍微有

---

① 《朝鲜仁祖实录》卷32,"仁祖十四年五月二十六日"条。
② 《清太宗实录》卷25,天聪九年十二月甲辰,第342页。
③ 张葳编译:《旧满洲档译注·清太宗朝》(一),第161页。

了一点"朝廷"应有的气象。《旧满洲档》载：正月初一日，扎鲁特部的内齐、商佳布等"给汗叩头，行朝见之礼"①。《清实录》对该年的新年朝贺记载更为详细。据《太宗实录》载，天聪五年正月乙亥诣堂子回宫后，皇太极、代善、莽古尔泰三大贝勒接受朝贺。前来朝贺的队伍分为八组，代表了此时支撑金国的八个政治集团，而其朝贺的先后次序则反映出他们此时在金国政权中的重要性。首先上殿的是蒙古科尔沁国土谢图额驸奥巴、敖汉济农额驸琐诺木，他们分别率领部众向皇太极等三大贝勒行礼。科尔沁与敖汉部先于八旗而行礼，这一点从侧面反映出金国将诸国的归附置于其政策的核心位置。随后，八旗诸贝勒，察哈尔、喀尔喀蒙古诸贝勒，汉官生员，八旗蒙古，阿禄部落众蒙古，依次上殿朝贺。②

天聪六年（1632），朝鲜使臣出现在新年朝贺的队伍中，列在诸朝贺队伍的最后一队。《太宗实录》记载，该年皇太极一人南面独坐，接受朝贺，"朝鲜国使臣、总兵郑义行朝贺礼，陈贡物于庭"③。不过，朝鲜加入天聪六年的新年朝贺，可能只是一次偶然事件，在随后的天聪七、八、九年的新年朝贺队伍中并没有朝鲜使臣。

天聪八年（1634），又有一支新力量加入朝贺队伍，这就是孔有德、耿仲明所率领的毛文龙旧部。这支汉人军队于上年夏季，由山东登州渡海来投。他们的加入，使金国军事力量大大增强。更为重要的是，他们是从明朝渡海来投的，既是远人来朝的绝佳例证，又能显示明朝失德。因此，皇太极对这一力量的加入相当重视，新年朝贺时，让孔、耿二人与八旗诸贝勒同列，"于第一班行礼"。随后，科尔沁、敖汉、喀尔喀、阿禄等蒙古部落，八旗各官、旧汉兵、八旗蒙古次第率众行礼。④

到天聪十年（1636）皇太极称帝前夕，金国的朝廷上能够看到科

---

① 张葳编译：《旧满洲档译注·清太宗朝》（二），台北故宫博物院1980年版，第203页。
② 《清太宗实录》卷8，天聪五年正月乙亥，第108页。
③ 《清太宗实录》卷11，天聪六年正月己亥，第150页。
④ 《清太宗实录》卷17，天聪八年正月戊子，第220页。

第二章 从"丁卯之役"到"丙子之役"

尔沁、扎鲁特、喀尔喀、察哈尔等蒙古部落的身影，能够看到马光远、麻登云、祖泽润、孔有德、耿仲明、尚可喜等原来明朝将领的身影，也偶尔能见到朝鲜使臣的身影。在皇太极十年的经营下，"不庭诸国，四面向风"，"举国来附"，金国政权已经由一个小小的地方政权，成长为统领北方诸国的强大帝国。

除去正式的场合之外，我们也能从一些细微之处，看到刻意经营"万国来朝"的痕迹。天聪九年（仁祖十三年，1635），皇太极令将新获得的元朝玉玺印纸传示朝鲜，以显示"汗击破蒙古诸国，广地千里"①。崇德二年（1637），皇太极设宴款待刚刚抵达沈阳的朝鲜王世子李溰、凤林大君李淏。席间，皇太极让世子、凤林大君参观蒙古进献的珍兽，并让通译告诉二人说"此兽乃黄河外夏国所产，或千百成群，颇为难致。此黑狐皮，乃东海滨使犬国每年所贡，因远方罕见之物，故令尔等观之"。凤林大君回答说："此等异兽，但于书史闻而知之，今始得目睹。以皇帝圣德，普天之下，凡珍奇之物，无所不集，臣以疏远之人，蒙皇上沿途恩养，携至今日，何幸又得见奇物，食异味也！"②崇德四年（仁祖十七年，1639），"清人送大鱼二尾，长可三尺许，大如儿腰，巨口细鳞，其状甚怪，出蒙古地方云"。顺治元年（仁祖二十二年，1644），由左议政金自点（成之，1588—1651）率领的朝鲜使团返回汉城，带回清人赠送的大鱼，"可盈一车，即《大明一统志》所载牛鱼者也"③。正是利用这些异域珍奇之物，清朝向周边各国传达着大清"领有天下"的意象。

需要特别注意的是，由于清朝在正统论的其他方面都处于劣势，它更需要精心经营诸国归服这个方面。以"怀德"来弥补其夷狄身份这一弱点，并对抗明朝"二百年混一之主"这一基于世系的正当性根据；以"万国来朝"对抗明朝的"一统天下"。天聪八年（1636），皇太极举行祭祖仪式，向太祖努尔哈赤陈告自己执政八年

---

① 《朝鲜仁祖实录》卷31，"仁祖十三年十一月十二日"条。
② 《清太宗实录》卷35，崇德二年闰四月癸卯，第448页。
③ 参见《朝鲜仁祖实录》卷38，"仁祖十七年二月十四日"条；卷45，"仁祖二十二年一月十五日"条。

来的成就。可以看到，祭文几乎通篇都在述说周边敌国如何臣服于金国。其文中说道：

> 臣于诸国慑之以兵，怀之以德，四境敌国，归附甚众，谨述数年来行师奏凯之事，奉慰神灵。乃者，朝鲜素未输诚，今已称弟纳贡。喀尔喀五部举国来归，喀喇沁、土默特以及阿禄诸部落，无不臣服。察哈尔兄弟，其先归附者半。后察哈尔汗携其余众，避我西奔，未至汤古忒部落，殂于西喇卫古尔部落打草滩地。其执政大臣，率所属尽来归附。今为敌者，惟有明国耳。①

更为直接反映金—清政权这一正当性主张的文件是，1636年金国诸贝勒写给朝鲜国王的书信②。这封信中建立起来的金国正当性主张是以儒家"天下为公"思想为前提的："天下者，非一人之天下，乃天下人之天下，惟有德者居之。"根据这个前提，明朝统治的正当性也并非建立在世系久远之上，而是以有德为根据的。其"有德"则体现在能够"收并群方"。信中说道："是以，明洪武初收并群方，定号于金陵，然后北逐大元，以成一统。"既然如此，所谓"二百年混一之主"也不再是明朝能够继续声张它领有天下的妥当根据。③ 只要有新的"有德者"出现，自然就有资格取代明朝。皇太极正是这样的有德者，信中说："我皇上宽仁厚德。"那么，"宽仁厚德"体现在哪里呢？对此，信中是这样叙述的：皇太极能够"博施济众，国中就治，藩服倾心，恩膏普被，浃髓沦肌，中心诚服，无异父子兄弟之

---

① 《清太宗实录》卷20，天聪八年十月庚戌，第272页。
② 《清太宗实录》卷27，天聪十年二月丁丑，第347—349页。
③ 这一点天聪十年四月皇太极在写给仁祖的信中说得更清楚，皇太极说："尔国以明为天子，岂明国朱姓之始，即有为帝王者乎？古云：皇天无亲，惟德是辅。又云：民罔常怀，怀于有仁。由此观之，匹夫有大德，可为天子，天子若无德，可为独夫。是故，大辽乃东北夷而为天子，大金以东夷夷辽举宋而有中原，大元以北夷混一金、宋而有天下，明之洪武乃皇觉寺僧而有元之天下。凡此诸国，皆尔朝鲜世修职贡者。以此推之，则享有天下，惟有德之故，非世为君长之故也。"（《清太宗实录》卷28，天聪十年四月己丑，第371页。）

第二章　从"丁卯之役"到"丙子之役"

相亲也。以故,东渐于海,西抵汤古忒,北至北海,各国归附。内外诸藩,承指向风,无有背恩义,违法令者。大军所指,北讨西征,无不如志。是皆合天意,顺人心之所致也"①。皇太极的"有德"正体现在他能够内修其德,而使得诸国慕义归服。

以上是金国叙述其领有天下之正当性的逻辑。现在,我们再稍稍回顾一下,使这一逻辑更加清晰。首先,天下为有德者居之。其次,皇太极是有德者。其"有德"体现在能够获得天下各国倾心归附,具体证据则是蒙古与朝鲜的归附。相应地,明朝也就失去天下各国对其天下共主地位的承认。因此,皇太极主张他领有天下是完全正当的。

至此,我们已经知道金国称帝、宣称它拥有"领有天下"之资格的根据,几乎全压在远人归附、万国来朝这一点上。而其用于支撑这一逻辑的实质证据,又是蒙古与朝鲜的归附。需要特别强调的是,虽然在物质层面上,蒙古归顺大大增强了清朝的军事力量,有着更大的价值;但是,在正当性的论述中,朝鲜却要占有更重要的位置。原因很简单,蒙古历来被视为夷狄,获得其支持,最多只能说明清朝拥有了更强大的暴力。即便凭借这一暴力征服了明朝,也与"有德者"的形象相去甚远,宣称领有天下自然也就缺乏底气。相反,朝鲜在正当性叙述中则有两个特别的重要性。其一,朝鲜自诩"小中华",乃天下公认的礼仪之邦。获得朝鲜的承认,才能使清朝领有天下的正当性主张获得坚实的证据。其二,明朝与朝鲜有二百年"父子"之情,又有壬辰再造之恩,朝鲜对明朝绝对忠诚,是明朝最为模范的属国。如果能使朝鲜脱离明朝的天下体系,将之组织进清朝的天下体系,难道不是对明朝天下共主身份的致命一击吗?连如此忠顺且深谙儒家义理的朝鲜也离明朝而去,这不正说明明朝已失天心了吗?

对此,朝鲜也是了然于心。丙子年(1636)二月,潜居在家的崔鸣吉上疏说,既然金国宣称它的统治横跨大漠,所向无敌,那么,金

---

① 《清太宗实录》卷27,天聪十年二月丁丑,第348页。

国决心称帝，谁又能阻止得了呢？又何必要来与朝鲜商议呢？崔鸣吉反对朝野普遍持有的不答国书、绝和的论调。他主张朝廷一定要正式回应此事，"例答之外，别为一书，备陈伪号之不可僭，臣节之不可易，尊卑之等不可紊。以明大义而存国体。仍将虏书及我国所答，移咨督府，转奏皇朝。一面下谕八方，训饬兵马，使天下之人，晓然知朝廷处置之明白"。如果朝廷不做任何答复，那么日后金国会将之解释为朝鲜默许其称帝。"我若只以口语答之，则事迹晻昧，无可据证"，崔鸣吉说道，"如使骄虏反其辞说，而诬我于天下，其将何以自解乎？"唯有正面的回应，才真正能做到"折虏谋而壮士气，书之史册无愧辞矣"①。崔鸣吉同样看到了，皇太极打算从朝鲜那里获得其称帝的正当性根据。

明乎于此，我们就能体会到朝鲜的承认对于清朝之帝制所具有的重要意义，也才明白1635—1637年发生的一系列事件的内在关联性。为何天聪九年（1635）冬众贝勒劝进时，皇太极会发布上谕说："内外诸贝勒大臣，合辞劝进，似难固让。朝鲜乃兄弟之国，应与共议……当遣使往朝鲜国，以此事闻之"②，要诸贝勒去征求朝鲜的意见。朝鲜绝不承认清朝帝号，在1636年称帝祭天大典上，朝鲜使节罗德宪、李廓拒不行礼，让清朝何等难堪，又对其领有天下之主张造成了何等的打击。为了捍卫崇德改制，使之避免沦为全无事实根据的空中楼阁，清朝势必要与朝鲜一战，迫使其加入藩属国的行列。

同时，此次战争是皇太极作为皇帝的第一次御驾亲征，向天下诸国展示王者讨不庭的天家气象也是此行的又一目标。因此，皇太极处处彰显王者征讨的正大光明。1636年4月，在发给朝鲜国王的国书中，皇太极就明白宣告："尔王若自知悔罪，当送子弟为质。不然，朕即于某月某日举大军以临尔境。尔时虽悔何及乎？"当时内院承政

---

① 崔鸣吉：《丙子封事第一》，《迟川集》卷11，《韩国文集丛刊》第89册，景仁文化社1996年版，第447页。
② 《清太宗实录》卷26，天聪九年十二月甲辰，第343页。

第二章 从"丁卯之役"到"丙子之役"

希福就说,军事行动乃属机密,怎可明白告之。皇太极答以"朕明告以兴师之期者,非尔等所知。日后,我自收其益"①。可以看出,皇太极的诉求绝不是军事上征服朝鲜那么简单。

于是,崇德元年(丙子年,1636)冬,皇太极告天誓师,亲率大军,往征朝鲜。清军势如破竹,所向披靡,朝鲜军事上一败涂地。困守南汉山城的仁祖大王李倧决意投降,唯一担心的是开城投降后,被清军劫往沈阳。在次年正月二十日给仁祖的上谕中,皇太极告诉仁祖:

> 似此蕞尔小城,既不能取,将何以下幽燕哉?命尔出城面朕者,一则见尔诚心悦服,二则树恩于尔,复以全国,示仁信于天下耳。若以计诱,则朕方承天眷,抚定四方,欲赦尔前愆,以为南朝标榜。若以诡计取尔,天下之大,能尽谲诈取之乎?②

这就是说,在此次对朝鲜用兵之前,皇太极有了一个一统天下的整体战略构想。因此,此行的着眼点就并非在朝鲜这一弹丸小国,而是以天下为背景。具体而言,皇太极要以此战显示清朝的仁德,为尚未归顺之国立一榜样。仁祖开城投降这一仪式是万万不可省的。

最终,清朝在三田渡筑坛,举行受降仪式。崇德二年(1637)正月三十日,仁祖大王李倧携王世子及百官,前往三田渡,觐见皇太极,行三跪九叩礼,朝中班次列在和硕亲王、多罗郡王、多罗贝子之前。③ 由此,定下君臣名分,清朝、朝鲜二国结为君臣之国。

"丙子之役"后,皇太极有了底气,开始以一副君临天下的语调发号施令。崇德三年(1638),皇太极命内国史院学士罗硕、内弘文院学士胡球、副理事官查布海等传谕刚刚归附的石岛总兵官沈志祥及

---

① 《清太宗实录》卷28,天聪十年四月己丑,第372页。
② 《朝鲜仁祖实录》卷34,"仁祖十五年一月二十日"条。
③ 参见《清太宗实录》卷33,崇德二年正月庚午,第431—432页;《朝鲜仁祖实录》卷34,"仁祖十五年一月三十日"条。

岛上民众说:"蒙天眷佑,朝鲜已平,蒙古瓦尔喀诸国皆附,今所存者,止明国而已。"① 同年冬,劝被围困杏山的祖泽远归顺的敕谕中说:"朕应时顺动,既已戡定诸国,所未平者,惟一明耳。朕心终未释然也。尔守此蕞尔孤城,若一朝食尽援穷,将何以自全乎? 恐机会一失,悔之无及,其熟思之。"②

第三节 "至仁大勇"与"匹夫之节"

从上面的叙述,我们已经看到皇太极政权经过"丁卯之役"与朝鲜建立兄弟之盟,再到"丙子之役"将之更改为君臣关系,并且皇太极以这一事实为基础,宣称其领有天下之正当性。不过,需要指出的是,以"万国来朝"作为领有天下之正当性时,一个重要的前提是诸国归附的自愿性,即诸国是因仰慕天子的道德风范而主动向化的。考虑到这一点,我们有必要再回过头来看一看,朝鲜是根据怎样的逻辑而向清朝称臣的。

朝鲜君臣中,台谏大臣对此一问题的态度,自不必说,是相当鲜明的,宁愿邦国覆灭,义理决不可违背。不要说称臣,就连议和他们也是坚决反对的。仁祖被围南汉山城时,吏曹参判郑蕴(辉远,1569—1641)谏阻议和,说:

> 自古及今,天下国家,安有长存而不亡者乎? 与其屈膝而亡,曷若守正而死社稷乎?③

在当时朝鲜君臣中,这样的言论比比皆是。他们的态度对于我们此处想要解答的问题没有多少帮助,因此也就不再列举此类言论。

本节打算通过"丙子之役"时任汉城判尹的崔鸣吉的言论为例,

---

① 《清太宗实录》卷42,崇德三年七月戊辰,第552页。
② 《清太宗实录》卷44,崇德三年十一月壬戌,第583页。
③ 《朝鲜仁祖实录》卷34,"仁祖十五年一月十九日"条。

第二章 从"丁卯之役"到"丙子之役"

来考察朝鲜究竟是基于怎样的逻辑与清朝建立君臣关系的？崔鸣吉，字子谦，号迟川，出身自全州名门大族。因参与废除光海君、拥立仁祖的宫廷政变，崔鸣吉被封为完城君，从此供职要津，更在丙子之后一度出任领相之职。崇德三年（1638）因与明朝潜通一事，而被清朝拘押，幽禁沈阳，直到顺治三年（1646）才释放回国。归国的次年（1647），崔鸣吉就去世了。[①]

之所以选择崔鸣吉作为考察对象，是因为在当时朝鲜君臣的心目中崔鸣吉这个名字无疑与"议和"画上了等号。崔鸣吉不仅是促成丙子议和的关键人物，而且自丁卯议和起的十年间他始终是朝鲜主和的坚定力量。崔鸣吉的主和逻辑可以作为一个基准，让我们看清楚，17世纪上半叶朝鲜对清朝的承认最远能走到哪里。

崔鸣吉在丙子、丁丑年间的写了一系列奏疏，系统阐述其主张与清朝议和的理由。这些奏疏后来由其弟子编辑为"丙子封事""丁丑封事"而收在其文集《迟川集》中。在这些奏疏中，最为重要的是《丙子封事第三》和《丁丑封事第二》。《丙子封事第三》系统阐述了其主和论在义理上的根据，《丁丑封事第二》可以看作是运用前者中叙述的逻辑为丁丑年仁祖出城投降提供正当性根据。本节的分析也将围绕这两篇关键文献展开。

在《丙子封事第三》中，崔鸣吉陈述其主和论的两个前提。第一，他的主和论绝不是出于个人利益，而是从国家立场之上出发的考虑。他说：

> 今日攻臣之论，出于若干年少之口，而举朝靡然，或相附和。其间非无知臣诬枉者，而环立相视，终不敢明臣心事者，无他，一开口则相随而入于和议科白中故也。此见"主和"二字，为臣一生身累。然于臣心，尚未觉今日和事之为非。[②]

[①] 崔鸣吉生平，参见南九万《领议政文忠崔公神道碑铭》，《药泉集》卷17，《韩国文集丛刊》第132册，景仁文化社1993年版，第216—219页。

[②] 崔鸣吉：《丙子封事第三》，《迟川集》卷11，第450页。

第二，他的主和论绝不是一种纯粹的利害之论，而是有义理上的根据。

> 臣之羁縻之言，非敢不顾是非，徒为利害之说，以误君父也。酌以时势，裁之以义理，证之以先儒之定论，参之以祖宗之往迹。如是则国必危，如是则民可保；如是则害于道理，如是则合于事宜，靡不烂熟思量，有以信其必然。①

有了这两个前提，崔鸣吉的主和思想就不能仅仅视为基于实践的智慧，与抽象义理相反而提出的妥协方案。可以说，他的主和本身便是一种义理，只不过这个义理与时论所说之义理有所不同，并且是比之更高的义理。

那么，是什么样的义理支撑崔鸣吉主和的论调呢？在正面阐述他的义理之前，崔鸣吉先援引了两个案例。

案例一：五代后晋史迹。石敬瑭用桑维翰之言，向契丹称臣借兵而取中国。出帝即位，景延广建议："去臣称孙，言于契丹使曰：'翁怒则来战，孙有十万横磨剑以待之'。"桑维翰屡谏，谢罪称臣，而出帝终不见纳。此后，契丹连年入寇，及三年，石晋遂亡。桑维翰之言近于智，但"基中国之难"；景延广之言近于正，但"致覆亡之祸"。二人谁的罪更大呢？表面看上去，两人的罪似乎是同等的。不过，崔鸣吉并不认同这样的看法。在他看来，景延广的罪孽要更加深重。崔鸣吉的这个判断，是通过援引朱熹《资治通鉴纲目》中胡安国的评语来表达的。胡安国的评论说："即事而言，延广亡晋之罪无可赎者。即情而论，以晋父事契丹，中外人心皆不能平。故慨然欲一洒之。而不思轻背信好，自生衅端，狭中浅谋，一朝之忿，亡其身以及其君。"②这段评论虽然在理上否定景延广，但在情上又给予肯定，似乎是功过参半。但是，崔鸣吉认为必须以胡安国自己的核心思想为

---

① 崔鸣吉：《丙子封事第三》，第453页。
② 同上书，第450—451页。

第二章 从"丁卯之役"到"丙子之役"

背景,才能洞悉这一评价的底蕴。如果考虑到胡安国一贯秉持"尊中国而攘夷狄"的主张,那么,他做出"轻背信好"的批评,就要比表面上看来的更加严重。这样,表面看去毁誉参半的评论,实际上是贬胜于褒的。

案例二:朝鲜壬辰倭乱时,儒宗成浑(浩原,1535—1598)、领相柳成龙(而见,1542—1607)、李德馨(明甫,1561—1613)等均有议和主张。诸大臣前赴后继,不计较个人之进退,"成浑既被谤而去,柳成龙仍持和议,遂有黄慎之行。成龙既败,李德馨又持前说,继有松云之遣,游辞缓贼"。不然,"以当日事势……若使徒守一切之论,不思权宜之计,则其祸必不止于两陵遭变而已"。在崔鸣吉看来,朝鲜得以保全,不仅仅要归功于天朝驰援,成浑、柳成龙辈大臣不计个人毁誉,挺身言和,同样功不可没。崔鸣吉说:"我国之至今保全者,虽出于皇朝拯济之惠,而亦由于前项数臣不避谤言,竭忠担当之力也。"[1]

这两个例证,前者景延广以绝和而导致国家覆灭,后者成浑以主和而保全宗社。从这两个例子中,崔鸣吉对人臣谋国应当以何者为标准下了一个基本的判断,"盖以人臣为其君谋国,而不存远虑,果于自用,以致亡人之国,则其事虽正,其罪不可逃"。"'与其讲和而存,无宁受义而亡'。此乃人臣守节之言耳。宗社存亡,异于匹夫之事。"(成浑语)[2] 也就是说,士大夫作为人臣时,应当于"宗社存亡"为其立论、行事的出发点;而严守义理则是人臣作为匹夫(个人)时,应当遵守的行为规范。

那么,为什么士大夫在作为"大夫"与作为"士"时,必须按不同的标准行事呢?规范个人行动的义理,为什么就不适用于国家呢?为了回答这个问题,崔鸣吉引用了成浑的言论。成浑在谈及他为什么主张议和时,说:"鄙见每谓事有是非有利害。主于是非,则见理而不见物。主于利害,则见物不见理……然在朝廷则或有是非、利

---

[1] 崔鸣吉:《丙子封事第三》,第451—452页。
[2] 同上。

· 111 ·

害合而为一处。朝廷利害之所在，即非之所在也。"① 就此而言，崔鸣吉似乎是以公私二分为理由，在公领域，即宗社（国家）的层面，是以"利害"为其行事标准；在私领域，即个人的层面，又有当以"义理"为行为规范。二者依循不同的逻辑。

但是，崔鸣吉的真正理由并不在此，因为崔鸣吉说过，他的主和论绝不是纯粹利害之见，是有义理支撑的。那么，他的义理是什么呢？崔鸣吉说："盖道有经权，事有轻重，时之所在，义亦随之。"② 这就是说，在崔鸣吉的认识中，道存在"经"与"权"两种状态。"经"不必说，就是一般士大夫所持之义理。真正关键的是"权"，这正是崔鸣吉主和论的义理根据所在。需要注意的是，崔鸣吉的"权"的思想，并非一般对儒家"权变"思想的理解。儒家"权变"思想，更接近一种实践理性，强调抽象规范需要根据实际情况而做出一定的修正。然而，崔鸣吉提出"经"与"权"的区分，更接近正常状态与紧急状态的区别。他所讲的"权"并非任何具体的情境，而是一种特定的状态。崔鸣吉援引儒家经典说："孔子曰：'小不忍，乱大谋。'《春秋》传曰：'权之所设，非死亡，无所设。'"③ "权"是专门为涉及生死存亡的状态而设立的规范。崔鸣吉用"太王去邠"的例子来说明紧急状态下的"行权"。周太王古公亶父本居邠，为躲避狄人的入侵而逾梁山，迁居于岐山之下。崔鸣吉说，如果此时有人以"国君死社稷"这一正常状态下运用的义理来责备太王，"太王亦必难于为对"④。在紧急状态下唯一的规范，就是保全政治体的存在，即"宗社存亡"。

紧急状态下保全政治体存在的规范，与正常状态下的义理是什么关系呢？崔鸣吉说道：

> 盖难测者世变，无穷者义理。天下无事，谨守经常，贤与不

---

① 崔鸣吉：《丙子封事第三》，第451页。
② 同上书，第452页。
③ 崔鸣吉：《丁丑封事第二》，《迟川集》卷12，第464—465页。
④ 崔鸣吉：《丙子封事第三》，第452页。

第二章 从"丁卯之役"到"丙子之役"

肖，同归一道。及至遭罹逆境，身处无可奈何之域，而能变而通之，与道偕行。然后，方可谓之圣人之大权也。①

义理这种一般性规范，是在日常生活秩序的框架内运转的；并且在此状态下，所有人不论贤还是不肖，均一体服从这一规范。但是，当处于紧急状态之下，日常生活秩序被打破，义理就应当被搁置，由圣人（在此应当理解为有德之君王）行权，保全政治体的存在。为什么必得如此呢？这是因为，在崔鸣吉看来，政治体的保全要先于一般性义理规范。政治体的存在，是日常生活秩序得以正常运转的保障。如果政治体灭亡了，那么，日常生活秩序也就随之消失，在其中起规范作用的义理必然失效。微子之所以在武王克商之后，向武王投降，就是要保存商汤的宗社。管仲虽与德有亏，但其"全宗社，保生灵"，亦为孔子所推许。因此，崔鸣吉说道：

噫！微子，殷之一公子；管仲，齐之贼臣，皆无宗社生民之责，而犹不辞拘囚僇辱之耻，必以续祖统、济天下为己任。况千乘之君，宗社生灵之所托，而反自轻身，甘为沟渎之行而莫之顾者乎？②

为了保全宗社，不但必须搁置义理，甚至需要违反义理。崔鸣吉劝仁祖主动请和时，说"人君，与匹夫不同，苟可以图存，无所不用其极"③。

正是根据这一紧急状态下君主为保全宗社可以采取任何手段的观念，崔鸣吉认为，丁丑年仁祖出城投降之举，不但于圣德无所损害，还表现了一个负责任的君主应有的风范。"丙子之役"使得朝鲜陷入紧急状态，"至南汉之役，孤城守围四十余日，中外不通，命脉

---

① 崔鸣吉：《丁丑封事第二》，第464页。
② 同上。
③ 《朝鲜仁祖实录》卷34，"仁祖十五年一月十六日"条。

断绝……不测之祸,迫在目前"。在此形势下,正常情况下所能用的智慧与勇气都完全无效,"当此之时,智者无所用其智,勇者无所施其勇。使殿下胶守匹夫之节,则宗社必亡,生灵必尽"。幸而仁祖能够采纳他的建议,履行一个君主在紧急状态下应尽的义务。崔鸣吉说道:"幸而天启渊衷,幡然省悟,纳庙堂之议,循舆人之顾。一日之内,危机立变,宗社得以延其血食,生灵得以免于鱼肉。非殿下之至仁大勇,何以办此?"因此,崔鸣吉对丁丑出城之举,做出评论:"至前冬之变,骤遭开辟以来未有之兵难。灭亡之祸,迫在呼吸。殿下屈身忍辱,以全宗社。参诸时势,揆之义理,计无以易此者,其在圣德有何损?"①

至此,我们已经清楚,崔鸣吉的主和论的根据是,在紧急状态下,义理全然失效,君主必须搁置义理,采取非常手段,以保全政治体的存在。值得注意的是,崔鸣吉虽然是基于紧急状态的处置权而主张议和,但是,他的紧急状态下非常处置的目标却是指向正常状态的。也就是说,为了让正常状态下运转的义理能够持续有效,在紧急状态时必须将之搁置。这一点很重要,它透露出崔鸣吉主和论的底蕴。崔鸣吉主张与清朝议和,接受与清朝的君臣名分,与其说是对清朝有了某种程度的承认,毋宁说是为了重返明朝组织下的天下秩序而不得不采取的非常手段。他对朝鲜在议和后应持何种政策的主张,所表达的正是这一点,他说:"姑守丁卯之约,以缓数年之祸,得以其间,发正施仁,收拾民心,筑城储粮,益固边备,敛兵不动,以观彼衅。"② 崔鸣吉主和论的这一特色,解释了为什么正是这个坚定主张议和的人,另一面又在暗中策划派遣僧人,潜通明朝。

这样,朝鲜在形式上虽然被组织进了清朝的天下秩序,但是,朝鲜的参与是基于清朝军事压力下的被迫屈服。要做到远人慕化来朝,使自己正统王朝的地位确定无疑,清朝还有漫长的路要走。

---

① 崔鸣吉:《丁丑封事第二》,第463页。
② 崔鸣吉:《丙子封事第三》,第453页。

第三章　朝鲜燕行使的"清朝观"

虽然自1637年开始朝鲜就被纳入清朝的政治框架中，但是朝鲜之所以接受这一安排，所根据的只是保存宗社的逻辑，而非对清朝支配地位的承认。出人意料的是，这一局面并没有随着清朝入主中原、明朝覆灭，而发生改变。到康熙中叶，天下大局已定，四海升平，可是，朝鲜并未随着时间的流逝而渐渐淡忘明朝、承认清朝的正统地位。世受国恩的明朝士人，纷纷让他们的子孙加入清朝政权，而处于边缘的朝鲜却反复述说着它对明朝的忠诚。更为让人惊讶的是，朝鲜的情感并没有被康乾盛世这一中国古代少见的全盛局面所冲淡，迟至18世纪中叶，他们仍未承认清朝的正统地位。

究竟清朝的哪些方面，让朝鲜觉得他们是夷狄？这是本章想要讨论的问题。回答这一问题，最好的办法，当然是考察朝鲜燕行使写下的游记。比起大多数朝鲜士人，这批使臣亲身到过清朝，与清朝的皇帝有过面对面的接触，与清朝的士人、百姓有过直接的交谈，他们的叙述是以直接经验为基础。比起从未到过清朝、仅凭想象认识清朝的朝鲜士人，燕行使更能够观察到清朝的变化，及时修正对清朝的认识。由此，我们也能从燕行使叙述的变化中，追踪朝鲜将清朝视为夷狄的诸多理由与证据中，哪些随着清朝的文明化而被消除了，哪些又始终未变。这样，我们才能标定，在朝鲜的视野中清朝不得为正统，最根本的理由与证据是什么？

针对朝鲜使臣留下的卷帙浩繁的游记，具体处理办法是，标定朝鲜使臣使用哪些范畴作为其观察清朝的媒介，追踪其在17世纪中叶到18世纪中叶这段时间内，有没有发生变化。如此，由我们就能够把那些已经变化的证据排除,而留下始终未变的。再进一步观察朝鲜燕行使以什么样的理由,把清朝的正面因素给消解掉,以维系他们对清朝正统的不认同态度。

在此基础上,下一章就可以进一步检讨是什么样的思维方法维系着朝鲜鄙夷清朝的认识。

第一节 "腥膻"与"衣冠":清朝形象及其意涵

作为意象的"腥膻"与"衣冠"

1645年,清朝入关次年,朝鲜仁祖大王之子麟坪大君李㴭(用涵,1622—1658)作为使节出使清朝,除夕之夜,逗留燕京,顿生孤臣寂寥之感,写下感怀诗作《次子由除夕有述》(其二):

> 他乡今日滞孤臣,守岁遥思故国人。五夜钟声催漏箭,一窗梅蕊动精神。汉庭事去衣冠变,燕塞春换节候新。旅馆寥寥天欲曙,愁看九陌满腥尘。①

《次方叔燕京感怀》中亦有"黄昏古塞腥尘暗,白日中原旺气消";"衣冠忽已归腥秽,景物依然似画图"之句②。

这个认识,并没有随着平定三藩、收复台湾,以及康熙帝十多年的佑文之治而改变。康熙二十一年(肃宗八年,1682)赴燕的韩泰东(鲁詹,1646—1687),生性清高,不惯"俯仰奉承",受命出使北京,令他倍感苦痛:"黾勉驱驰,周旋异域,日见丑类凌逼,饱尽无量苦痛磬折。腥膻之庭,跪叩犬羊之赐,固已不胜其大赧矣。"③数年之后,来到北京的徐文重(道润,1634—1709),在其诗作《元日朝参》中,记录了他对正月朝贺礼的感受:"乌蛮馆里看春生,结

---

① 麟坪大君:《燕行诗》,林基中编《燕行录全集》第21卷,东国大学出版部2001年版,第461页。
② 麟坪大君:《燕行诗》,第503页。
③ 韩祉:《两世燕行录》,林基中编《燕行录全集》第29卷,第244页。

第三章 朝鲜燕行使的"清朝观"

束冠绅进禁城。凤阙参差皆汉制,膻车杂沓半夷声。"①康熙三十三年(肃宗二十年,1694),以锦平都尉朴弼成(士弘,1652—1747)充任正使,前往北京朝觐。临行之际,朝鲜肃宗大王招见,赠诗二首送别,其中诗句有云:"腥尘空满目,迸泪自沾腮。"②康熙末年(康熙五十八年,肃宗四十五年,1719),赵荣福(锡五,1672—1728)奉命出使时,其友人黄圣征的临行赠诗中,仍然在说:"中州今不古,溢目总腥尘。"③

时间进入雍、乾时期,情形并未发生改观。雍正三年(英祖元年,1725),旅途中经过大凌河的赵文命(淑章,1680—1732)写下"中原已作腥膻界,过客空悲杀伐场"④的诗句。雍正九年(英祖七年,1731)前往北京的赵尚絅(子章,1681—1746),在旅途中感慨道:"汤店徘徊湿我巾,百年中土染腥尘。黄沙白草今胡地,窄袖红兜旧汉民。"⑤雍正十年(英祖八年,1732)来到北京的李宜显(德哉,1669—1745),作有《无聊中杂咏十七叠》,说道"腥庭不可留,亟思乘风飙"⑥。乾隆二年(英祖十三年,1737)赴燕的李喆辅(保叔,1691—1770)对旅途表达了这样的感受:"坐愁膻酪腥吹座,行怕沙尘涨满车。"⑦赵显命(稚晦,1691—1752),乾隆八年(英祖十九年,1743)奉命出使,旅途中他游览了夷齐庙,写下"胡尘日日染衣裳,清节祠前暗自伤。可笑厨人强解事,临流洗

---

① 徐文重:《燕行杂录》,林基中编《燕行录全集》第24卷,第322页。徐文重于康熙二十九年(肃宗十六年,1690)出使。
② 此事是18年之后(1712),朴弼成再次出使北京的旅途中,告诉同行的闵镇远。闵将之记录在他的《燕行日记》中(闵镇远:《燕行日记》,林基中编《燕行录全集》第34卷,第339页)。朴弼成甲戌年出使情况,可参见吴道一《后燕槎录》。吴道一参加了甲戌年的使团,在其《后燕槎录》中有"肃宁馆(肃川)吟示正使锦平都尉(朴公弼成)"一诗(林基中编《燕行录全集》第29卷,第112页)。
③ 黄圣征:《赠别赵侍郎锡五奉使之燕》,赵荣福《燕行别章》,林基中编《燕行录全集》第36卷,第455页。
④ 赵文命:《大凌河记事》,《燕行录》,林基中编《燕行录全集》第37卷,第45页。
⑤ 赵尚絅:《汤店》,《燕槎录》,林基中编《燕行录全集》第37卷,第142页。
⑥ 李宜显:《壬子燕行诗》,林基中编《燕行录全集》第35卷,第307页。
⑦ 李喆辅:《燕槎录》,林基中编《燕行录全集》第37卷,第355页。

· 117 ·

蕨作羹汤"①。乾隆二十年（英祖三十一年，1755）三节使正使，对正月初一的朝贺，仍然表达了这样的感受："杀气腥尘绕阙浮，满庭群丑总折衷。"②

对于燕行文献中屡屡出现的此类表达，研究者多半将之视为文化象征，反映出朝鲜使臣居高临下，在文化上对清朝极端蔑视。这样理解自然不错，但是，我们不应就此止步，我们仍然必须要问：为什么朝鲜使臣朝着"腥膻"和"衣冠"这两个方向去定义清朝呢？它们实质的内涵是什么？唯有对这两个意象有更清晰的把握，我们才能标定出究竟清朝的哪些特征，使得朝鲜使臣将之视为不文明的政权。

"腥膻"：从直观体验到抽象表达

当朝鲜使臣渡过鸭绿江，进入凤凰城栅门之后，他们就此进入清朝。迎接他们的是什么呢？一股动物的膻味扑鼻而来。这气味来自何处？从前来迎接他们的清朝官员、士兵身上散发出来。康熙十六年（肃宗三年，1677）冬至使团书状官孙万雄（敌万，1643—1712），在描述他抵达凤凰城的感受时，这样写道："到栅门外，甲军三十来迎，腥膻袭人，臭恶不可近。"③ "胡人数十人环立观光，腥膻之臭拥鼻，挥之不去，可苦。"④ 这是事过三十多年后（康熙五十一年，肃宗三十八年，1712）谢恩使行副使闵镇远（圣猷，1664—1736），对他进入清朝后的最初体验所做的描述。"腥膻"一词，首先指的是朝鲜使臣对清人身上散发出的体臭的嗅觉体验。清人长期食用羊肉、乳酪等食物，使得他们的身体上不可避免地沾染了动物的膻气。对于朝鲜使臣而言，清人身上与动物相似的气味，使得他们相对容易把清人视为动物。从而在最为直接的感官层面，确证了朝鲜对清朝野蛮性的前见。

---

① 赵显命：《夷齐庙（其三）》，《燕行录》，林基中编《燕行录全集》第38卷，第17页。
② 未详：《燕行日录》，林基中编《燕行录全集》第39卷，第382页。
③ 孙万雄：《燕行日录》，林基中编《燕行录全集》第28卷，第321页。
④ 闵镇远：《燕行日记》，第330页。

第三章　朝鲜燕行使的"清朝观"

朝鲜使臣不仅要忍受膻气，他们还常常要被迫吃那些带有膻气的食物。顺治二年（仁祖二十三年，1645），以书状官身份陪同麟坪大君李㴭出使清朝的成以性，这样描述了使团一行在北京受到的接待：

午后，龙将率郑受守、李晚石及泊胡人东见正使，而无拜揖之礼，举手致意而已。员译以上皆馈酪茶一器，臭味难状，气逆不堪饮。①

腥膻之气，闻着尚且感到不适，还要下咽。这让深受儒家文化熏陶，向以清净淡雅为审美取向的朝鲜士大夫万般难忍。这种环境下，如果有人以汉人的饮食接待他们的话，朝鲜使臣必定倍感欣喜。康熙五年（显宗七年，1666），谢恩兼陈奏副使南龙翼（云卿，1628—1692）在接受山海关城将张维新的款待之后，写下的诗句中："城将姓是张，挹我如旧识。邀我坐中堂，不敢当主席……进馔涤腥膻，行酒去酥酪。"②由于宴席间没有了腥膻之物，南龙翼得以开怀畅饮，"被劝醉归"。

在天朝的核心，大明天子曾经接受万邦朝觐的皇极殿，现在也萦绕着这股腥膻之气。参加帝国元旦朝贺的队伍中，充斥着蒙古人、俄罗斯人、西洋人，这些人的饮食均是以肉、酪为主，身上也自然带有腥膻之气。和他们同处一堂，朝鲜使臣自然感到格格不入。参加了康熙八年（显宗十年，1669）元旦朝参的书状官朴世堂（季肯，1629—1703），看到类似西洋人的胡人，"其状甚陋……问是何国人，或言是蒙古别种，在北海边；或云在西北极远海边，近于西洋；或云其居去北京七千里，离国七月方至北京"。不想，入殿后，这群胡人正站在朝鲜使团之下，"腥臊拥鼻，不可近"③。甚至出现因四周胡人环绕而被熏得要眩晕过去的事例。康熙五十三年（肃宗四十年，

---

① 成以性：《燕行日记》，林基中编《燕行录全集》第18卷，第154页。
② 南龙翼：《燕行录》，林基中编《燕行录全集》第23卷，第169页。
③ 朴世堂：《西溪燕录》，林基中编《燕行录全集》第23卷，第375—376页。

1714），朝参结束后，通官引导朝鲜使团出皇城，"参礼诸官一时罢还，异类匝路，荤毡呕心，不得已偕正、副使坐天安门内擎天柱下休憩"①。

不单前来参拜的人身上带有腥膻之味，就连朝参的礼仪环节也充满腥膻之气。顺治十三年（孝宗七年，1656），麟坪大君李㴭作为谢恩使再次出使燕京。朝参后，设宴行茶，清人以金盘盛羊肉以为款待。当看到太和殿外堆满动物的骸骨，"牛羊骨节堆积殿宇"，麟坪大君不禁大惊道，"可惜神器误归天骄"②。除了羊骨堆在殿外之事外，屡屡被朝鲜使臣提及的就要算行茶礼了。前面提到的朴世堂注意到，行茶礼所赐之茶与朝鲜士人平常喝的不一样。"进茶一钟，色微紫"，入口之后，"味极膻腻，强饮欲呕"③。康熙八年（显宗十年，1669），冬至正使闵鼎重（大受，1628—1692）也说："（朝参）礼毕，引我人坐于殿檐之下，行茶礼。茶是乳酪同煎者，不能近口。"④康熙三十二年（肃宗十九年，1693），冬至正使柳命天参加朝参礼时，同样记录下酪茶带给他的不快体验："又颁酪茶一器，而不堪近口。"⑤康熙四十四年（肃宗三十一年，1705），李颐命（养权，1658—1722）作为冬至正使出使燕京，在记述参加朝参礼的诗作《再赴朝参》中写下"膻酪浊如泥"，小注云："二月五日，清主还京，又令赴朝参，赐入班人酪茶。"⑥清人喜牛羊乳酪，广泛入食，除入茶外，粥中也会加入，同样带有腥膻之气，让朝鲜燕行使难以下咽。康熙三十九年（肃宗二十五年，1699），冬至副使姜铣（子和，1645—1710）在参加完朝贺后，"光禄寺盛酪粥于银筒，以班序馈之，而臭恶不能近口"⑦。

---

① 韩祉：《两世燕行录》，第313页。
② 麟坪大君：《燕途纪行》，林基中编《燕行录全集》第22卷，第152页。
③ 朴世堂：《西溪燕录》，第377—378页。
④ 闵鼎重：《老峰燕行诗》，林基中编《燕行录全集》第22卷，第340页。
⑤ 柳命天：《燕行日记》，林基中编《燕行录全集》第23卷，第481页。
⑥ 李颐命：《燕行诗》，林基中编《燕行录全集》第34卷，第101页。
⑦ 姜铣：《燕行录》，林基中编《燕行录全集》第28卷，第532—533页。

第三章　朝鲜燕行使的"清朝观"

因此，当朝鲜使臣在说，"遂令皇王宅，化作膻酪甕"①，指责清人入主中原致使腥膻之气污染中华大地时，他们使用"腥膻"一词并非一种纯粹的文化意象。"腥膻"首先是对现实状况的描述，所指向的便是清人所带有的游牧民族生活方式。深受儒家文化熏陶，以清静、淡雅为审美导向的朝鲜士大夫，自然不会对这类有强烈嗅觉刺激的生活方式产生任何认同。围绕着"腥膻"所展开的叙述源自生理的反应，以最直接的方式确证着朝鲜士人"今清固胡矣"的前见。同时，值得注意的是，作为日常生活体验的"腥膻"，在康熙以后的《燕行录》中很少出现，这可能与清朝儒家文明程度的提高有关。此后，"腥膻"失去了现实根基，才开始转化为我们熟知的抽象表达。

"衣冠"：前朝记忆与等级区隔

"衣冠"作为另一个被频繁使用的意象，比起带有直接感官体验的"腥膻"具有更为复杂的功能。

前往清朝的朝鲜使臣非常热衷于收集清朝治下汉人对朝鲜衣冠的态度。透过衣冠，朝鲜使臣寻找到他们与汉人的认同，也由此折射出双方共同的对清人的拒斥。顺治六年（仁祖二十七年，1649）五月十七日，正使郑太和，前往礼部参加下马宴。负责押宴款待的是一位曹姓的汉人尚书②。郑太和记载他们会面时，曹姓尚书"见吾冠带，凝泪满眶"③。顺治九年（孝宗三年，1652），谢恩副使申濡（君泽，

---

① 李宜显：《壬子燕行诗》，第304页。
② 这位曹姓尚书是何人，不得而知。在顺治六年前后，礼部汉尚书，左、右侍郎中并没有一位姓曹的。据钱实甫《清代职官年表》，顺治六年礼部汉尚书为李若琳（钱实甫编《清代职官年表》第一册，中华书局1980年版，第160页）。又据《清实录》，李若琳是在上一年七月设立六部汉尚书时，被任命为礼部尚书的："设六部汉尚书、都察院汉左都御史各一员……李若琳，为礼部尚书……"（《清世祖实录》卷39，顺治五年七月丁丑，中华书局1985年版，第314页。）在顺治六年，可能使用礼部尚书名衔的还有一人，那就是王铎。《清世祖实录》顺治六年正月戊寅条下载："以礼部尚书管内翰林弘文院学士事王铎，仍以尚书管礼部左侍郎事。"（《清世祖实录》卷42，第338页。）至于礼部汉侍郎，据《清代职官年表》，顺治六年任过左侍郎的有吴汝玠、胡世安，右侍郎有刘元彪、陈之遴（第536页）。郑太和说接待使行的是曹姓汉尚书，可能是他记错了，或者是语音转译时发生错误。
③ 郑太和：《阳坡朝天日录》，林基中编《燕行录全集》第19卷，第148页。

◆　17—18 世纪朝鲜士人眼中的清朝

1610—1665）在前往北京的途中，路经抚宁县。当晚，宿于该县民户家，与主人王业定夜谈。后来，在叙事诗《宿抚宁县王业定家》中，申濡记述了当夜的对话：

> 自言世业儒，诗书诵已熟。家僮满百指，资产转数毂。乱余衣食匮，贫甚焚籍鬻。幸有弊庐在，屡舍高丽宿。顾无羞膳资，宾御阙酒肉。言讫继之泣，循发悼其服。①

虽然对明清易代带来的生活境遇的改变有所感慨，但是，在面对朝鲜使臣时，真正让王业定感到羞愧的却是衣冠的变化。康熙三年（显宗五年，1664），右议政洪命夏（大而，1607—1667）作为谢恩兼陈奏使前往燕京。四月二十五日，赴午门朝拜皇帝，礼毕落座休息时，"汉人无不来见，皆有嘻嘘叹息之色，欲语未语"。由于前来观看的汉人太多，以至于要通官、甲军出来维持秩序，以防朝鲜使臣受伤。面对这样的情形，洪命夏不禁感叹道："盖见我国衣冠，不觉其感慨而然也。"② 康熙五年（显宗七年，1666），谢恩兼陈奏副使南龙翼在《哀燕都赋》中写下"指衣冠而嗤笑兮，故老或有嗟伤"之句。③ 康熙七年（显宗九年，1668），在参加完朝贺返回汉城的途中，朝鲜使行经过一个叫忙牛桥的地方。使团在路边停下来稍事歇息，周围的居民围上来观看，其中有一六旬老汉，衣衫褴褛，指着朴世堂对四周的年少者说："此犹衣冠旧俗，今天下独朝鲜不剃头耳"，语中略带呜咽之声。④ 康熙十六年（肃宗三年，1677）二月初一，归途中的朝鲜使团行抵邦均店，宿于汉人陈奇公之家。陈颇有感慨地对书状官孙万雄说："吾之剃发左衽，今已四十年。不意兹者老爷历临，使吾辈复睹衣冠之盛，得非幸耶！"⑤ 极尽款待之礼。康熙二十三年

---

① 申濡：《燕台录》，林基中编《燕行录全集》第 21 卷，第 81 页。
② 洪命夏：《甲辰燕行录》，林基中编《燕行录全集》第 20 卷，第 314 页。
③ 南龙翼：《燕行录》，第 185 页。
④ 朴世堂：《西溪燕录》，第 386 页。
⑤ 孙万雄：《燕行日录》，第 373 页。

第三章　朝鲜燕行使的"清朝观"

（肃宗十年，1684），来到燕京的南九万（云路，1629—1711）注意到一幅题名为"成化二十二年太平游乐之图"的画作，描摹皇帝、宫人、宦官"淫乐"之状，但画作中人所著衣冠皆是清制。南九万以评论道："乃是假托成化，实讥当朝者也。人心所在，抑可知矣！"①

康熙五十一年（肃宗三十八年，1712），因清圣祖减免朝鲜岁贡，肃宗大王派遣朴弼成等人前往燕京谢恩，闵镇远以副使身份参加此次出使。三月二十六日抵达新辽东城，一群胡人上前围观，其中有人垂涕说道："吾之祖先亦曾着如此衣冠矣。"此时，距清人入关，已经过去半个多世纪，闵镇远感慨道："汉人后裔也。然如此者，百无一焉。想其忘祖久矣。痛叹！痛叹！"在北京朝觐后返回途中，使团一行行经蓟县，有自称明室后裔的丁姓老者来访。言谈中，老者说："老爷所着衣冠，不胜欣羡。吾之所着即与牛马何异！"随即将笔谈所书之纸投入火堆中，流涕呜咽道："恐有窃听，慎之！慎之！"几日之后，使团行抵山海关。早晨，书状官柳述的随员柳以柱前来报告闵镇远，一位井姓学官教授前来拜访。谈话间，井教授问道："贵国人凡公会着纱帽、团领、品带否？"柳回答说："然。今番赴京时，亦着此服，大国人无不骇异之矣。"井教授又表达对朝鲜衣冠的钦慕，说："吾则只见其可敬，未见其可骇。吾之所着服色，诚可痛哭。吾欲随你们去，贵国王肯容接否？"柳答道："岂不容接，而但君之随去，似未易矣。"②

到了康熙末年，汉人羡慕朝鲜衣冠、拒斥清朝服饰的情形仍然没有改变，只是此时多了几分无可奈何之感。康熙五十九年（肃宗四十六年，1720），李宜显出使，途经榛子店，与名叫马倬的秀才对话。马倬"问吾辈衣冠，显有愧屈之色"，并说道："我们未尝不羡，但我们遵时耳。"③乾隆十四年（英祖二十五年，1749）俞彦述（继之，

---

① 南九万：《甲子燕行杂录》，林基中编《燕行录全集》第23卷，第327页。
② 参见闵镇远《燕行日记》，第338、392、394—395页。
③ 李宜显：《庚子燕行杂识》，林基中编《燕行录全集》第35卷，第361页。

◆ 17—18世纪朝鲜士人眼中的清朝

1703—1773）出使时，清朝入关已经百有余年，汉人中仍有将清朝服装称为"鞑子打扮"的。俞彦述见到，清人中有人指着朝鲜衣冠嗟叹说："此圆领衣也。好制度，好制度！"朝鲜使行中有人略带讥讽地指着清朝衣服说："此亦好制度。"那汉人答道："不好。不好。此是鞑子打扮。"从中，俞彦述体会到"盖是汉人而可见其有思汉之心也"①。透过这些有关"衣冠"的言论，朝鲜寻找到了与汉人之间的相互认同。原来朝鲜士人并不孤单，汉人也和他们一样，对清朝的统治抱有拒斥的态度。

另一方面，有关"衣冠"的叙述也是朝鲜士人文化优越感的表达。康熙二十九年（肃宗十九年，1690）来到清朝的徐文重，就对朝鲜衣冠充满自信。进入凤凰城当夜，他写下诗作："一村曾是汉时民，见我冠绅定自惊。"② 在随后的旅途中所写《途中记事》，同样强调朝鲜衣冠对清人所能产生的震撼效果：

> 民谣今纵变，依旧汉山河。砖用人功少，金归梵宇多。有村浑种柳，无日不扬沙。东服惊人眼，总能识小华。③

即便18世纪走过了四分之三，朝鲜使臣对于清朝的这一优越感仍然持续着。乾隆四十三年（正祖二年，1778），赴燕京出使的蔡济恭（伯规，1720—1799）甚至相信：清朝皇帝也对朝鲜衣冠心存倾慕。该年于方泽坛举行的夏至祭祀，乾隆皇帝敕令朝鲜使臣祗迎。祭祀完毕出坛时，乾隆皇帝仔细打量了一番朝鲜使臣，随即离去。没走多远，皇帝又从轿中回过头来注目使臣，面露喜色，对礼部官员说："朝鲜使礼貌甚好，非他外藩可比。"对此，蔡济恭是这样理解的："威仪草草出方坛，黄伞才容辨可汗。轿里倾身看使者，也应心喜汉衣冠。"④

---

① 俞彦述：《燕京杂识》，林基中编《燕行录全集》第39卷，第294—295页。
② 徐文重：《宿凤城夜与副使会即席次韵》，《燕行杂录》，第278页。
③ 徐文重：《燕行杂录》，第358页。
④ 蔡济恭：《含忍录》，林基中编《燕行录全集》第40卷，第380页。

第三章　朝鲜燕行使的"清朝观"

从上面的叙述中，我们可以看到"衣冠"叙述发挥着双重的功能，一方面，透过"衣冠"这个媒介，朝鲜士人与清朝治下的汉人建立起认同感，为他们拒斥清朝的态度，提供了一个坚实的后盾；另一方面，"衣冠"也是朝鲜文化优越性的表达，它展现着朝鲜日益强烈的主体性意识。

可是，我们需要问的问题就是：为什么"衣冠"能够发挥这样的功能？朝鲜的"衣冠"究竟优越在哪里？清朝的衣服又有什么样的缺陷？康熙八年（显宗十年，1669），冬至正使闵鼎重与广宁知县颜凤姿之间的一番对话，提供了理解上述问题的重要线索。前往燕京的途中，闵鼎重一行经过广宁县，知县颜凤姿"持楮、酒，具刺来见"[1]。闵鼎重与颜知县取纸笔以文字对谈：

（闵鼎重问：）主人官居几品，今日仪章以何分秩？
（颜知县答：）官居正七品，进士出身。今遵清朝制度，不敢戴纱帽，只羡贵国尚存汉官威仪。[2]

闵鼎重官员首先想到的问题便是清朝服饰如何区分等秩。这个细节提示我们，在朝鲜士人的观念中，除了追忆前朝、表达认同，服饰还发挥着更具现实意义的功能，它能够用来区分等级、辨别身份。

事实上，如果仔细阅读《燕行录》中有关"衣冠"文字就会发现，"衣冠"常常是被放置在等级秩序的议题中展开叙述。参加过朝参礼的韩泰东，对清朝朝参作如是观："大通官等始引吾等入庭中班行参礼。庭距门颇远，望中，金榻依微，红头隐约。盖皇帝云。"他特别对"红头隐约"做出解释，说："清人所戴者，结以藤属，如覆瓢状，以纳顶上，以红丝被之，无贵贱。以此为头饰，故云红头。"[3]在韩泰东看来，清朝君臣头上均戴红顶子，无法从服饰中分别出不同

---

[1] 闵鼎重：《老峰燕行诗》，第333页。
[2] 同上书，第386页。
[3] 韩祉：《两世燕行录》，第229页。

等级。徐文重也同样在朝参中看到清朝君臣的这一无差别性，他说"皇帝衣黑裘，诸王以下皆于正服之上着裘，而无等级之别，而惟以帽上青、红、水精、金柱为表。绡段狐貂，上下俱着，无复限节。皆纳数靴而绝无尖靴。"①参加了康熙五十二年（肃宗三十九年，1713）朝参的崔德中（汝和，1646—1715），也难以在百官中分出高低贵贱，他说："诸班罢朝而出，我一行随之继出……千官中……终不知大官出人之有异，而与凡胡相杂"；只有在镫子、衣服的补子上才约略有所分辨，"只于镫子上有青、白、红三色水晶，且有胸背禽兽之异，以此可辨品秩之高下，文武之有别矣"②。雍正朝时来朝觐的赵尚絅，作有《道中纪实》系列诗，其中有一首叙述清朝服饰。其诗云："头戴红兜衣不长，筚袴缠股步无伤。形形色色皆皮服，个个腰垂一小囊。"对于赵尚絅所要表达的意思，在署名"君敬"的和韵诗中看得更清楚："上衣短短下衣长，秃袖交衿制可伤。背着皮毛无贵贱，腰间一一佩鞶囊。"③可以看到，赵尚絅"形形色色皆皮服"，其内在涵义正是要说明清人的衣服没有等级区别，无论贵贱均着皮服。

清朝服饰缺乏区隔的功能，不仅在等级上，在男女性别上也存在类似的情况。康熙三十六年（肃宗二十三年，1697）出使的崔锡鼎在其描述清朝风俗的诗作《风俗通联句五十韵》中说："文物中华地，何年夷狄之。拊心记往事，触目增我悲。剃发头尽秃，无领衣全缁。"对"无领衣全缁"，崔锡鼎解释道："男女皆着无领衣，衣袴皆黑。"④乾隆二年（英祖十三年，1737）出使的李喆辅，同样发现清朝服饰无男女之别，他说："入栅以后，彼辈衣服之制，大抵男人则头着红兜、草兜，足着黑履、黑靴，衣亦黑且长，而皆不着带。女子亦皆着黑长衣，而下无裳。所经皆然。"⑤

对于朝鲜使臣而言，"衣冠"是儒家礼治的一个环节，通过服饰

---

① 徐文重：《燕行日录》，林基中编《燕行录全集》第24卷，第210页。
② 崔德中：《燕行录》，林基中编《燕行录全集》第40卷，第25页。
③ 赵尚絅：《燕槎录》，第150页。
④ 崔锡鼎：《淑余录》，林基中编《燕行录全集》第29卷，第423页。
⑤ 李喆辅：《丁巳燕行日记》，林基中编《燕行录全集》第37卷，第439页。

的不同式样、颜色、装饰等达到区分社会等级的效果，从而让社会各等级各安其分，保证社会等级不被逾越，以此达到社会稳定，天下大治。清朝的服饰丧失了儒家礼治的功能，它暗示着清朝的整个制度缺乏儒家等级制度的结构。这样，透过有关"衣冠"的叙述，朝鲜使臣把我们引向更为深入的礼仪制度层面的议题。

第二节 从"凡事尚未用夏矣"到胡人亦有制度

感官体验虽然最为直接、最为明显，也最易被感知到，但是也正由于它的这一表层性，使得它易于变化，容易受到其他因素的影响。因此，当我们看到一种感官体验持续上百年之久，我们就不得不问，使其保持稳定性的动力是什么？从"衣冠"叙述中，我们看到，朝鲜士人关注服饰，并非出于审美，而是看重衣冠所发挥的区分等级的功能。当等级被等同于文明、无等级意味着野蛮时，清朝体制中缺乏明晰分辨等级的机制就构成其不文明性的坚实基础。

"伎俩平生惟走马，不知天地有纲常"

有关清朝体制缺乏等级性的叙述中，最为显著地反映在燕行使对朝会的描述上。顺治二年（仁祖二十三年，1645）来到燕京的成以性（汝习，1595—1664），就觉得英俄尔岱对朝鲜使臣的接待缺乏礼节，他说"无拜揖之礼，举手致意而已"[1]。麟坪大君李㴭则径直将清朝的朝参视为"华担契会"，毫无肃穆、威严的气氛，他说："其宴礼也，不行酒，乍进乍撤，左右纷纷，专无纪律，酷似华担契会。"[2] 康熙八年（显宗十年，1669）来到燕京的闵鼎重，对清朝不许朝鲜使臣在皇城中乘轿，却允许安南使臣乘马一节，颇有非议。闵鼎重认为，朝鲜使臣不在皇城乘轿，载于明代会典，而追究其本末，则出于朝鲜自身之奏请。大明本来允许外国使臣乘轿于皇城，而朝鲜

---

[1] 成以性：《燕行日记》，第154页。
[2] 麟坪大君：《燕途纪行》，第152页。

使臣自认为是陪臣，不敢乘轿。此事颇得大明礼部的称许，因之载于会典。在闵鼎重看来，会典载明朝鲜使臣不乘轿，乃有表彰朝鲜知礼的意思。然而，如今清朝礼部不明其中蕴含的道理，不许朝鲜乘轿，反许安南乘马，全无礼仪。①康熙二十一年（肃宗八年，1682），朝鲜使团抵达北京后，于十二月二十八日晨，三位使臣穿上参加朝会的冠服，前往礼部呈递文书。随后又往鸿胪寺，预习朝参礼仪。书状官韩泰东注意到两处衙门，"岁久颓剥，全不修葺，屋上草生檐颓，桷枅庭芜，树秃阶毁"，早已破败不堪。并且衙门中完全没有秩序，"级夷杂胡成队驰马出入，全无官府貌样"②。

尽管经过康熙、雍正两朝的经营，可是，在燕行使眼中，清朝的等级制度仍然不成章法。乾隆二年（英祖十三年，1713），书状官李喆辅从通官金常明身上仍然能够看到清人等级关系的混乱。照清制，唯有诸王才能够在阙庭中骑马，可金常明因得到皇帝的宠幸，得以逾越制度，在阙庭中骑马。以诸王之尊贵，见到常明，也不敢直呼其名，"辄称常大人"，可见其隆贵。这样看来，金常明的身份是极为尊贵了。可是，李喆辅又注意到，金常明在见到李枢等朝鲜译官辈时，全无贵者的举止，"举手而迎之，接膝而款之，下阶而送之"，甚至对李枢的奴仆也必定要"点头而致款"。让李喆辅尤为惊讶的是，李枢往常明府第，常明之妻竟然亲自接待，"或馈酒馔，或招见谈笑，无难色"。李喆辅感慨道："夷狄之俗，虽不足责，而贵贱之无等，男女之无别，一至是耶？"③

清朝缺乏等级区隔同样反映在官员出行没有仪仗，全无威严可言。康熙五十二年（肃宗三十九年，1713），崔德中随使臣前往畅春园觐见康熙皇帝。在往来路途中，他注意到，"多少往来之卿相，元无前导呵噤之事，终不知尊贵之有别"。不单官员看不出等级，即便尊贵如皇子，穿着也和常人无异。从畅春园返回时，"路遇王之行。

---

① 闵鼎重：《老峰燕行诗》，第239页。
② 韩祉：《两世燕行录》，第310页。
③ 李喆辅：《丁巳燕行日记》，第511—512页。

第三章 朝鲜燕行使的"清朝观"

前有二骑人呵噤,一行皆下马。所谓王者,所着一如凡胡,无牵马,自驰而去,后有骑卒十余人随之"①。雍正七年(英祖五年,1729),金舜协(1693—1732)在中国的旅行中,同样观察到清朝官员没有威仪。"爵之高者,则乘肩轿以行,而无呵殿事。乘马则手自执,辔而其从徒辈亦乘马并驰……其所着帽子与衣服上下略相同,又无威仪,故难别其彼此矣。"②

在上者没有等级礼法,其所带来的后果是连锁性的,最终必将导致整个社会中礼义秩序的丧失。康熙二十二年(肃宗九年,1683)出使的金锡胄(斯百,1634—1684)认为,清人入主导致中国礼义的丧失。他在诗中写道:"卅载羌胡室,中原礼义无。"③ 等级差别丧失首先是上与下、男与女差别的模糊。康熙五十年,经过一番在清朝的游历,闵镇远得出这样一个印象:"入胡地以后,察其风俗,则专无上下之分,男女之别。"而用于支撑闵镇远这一认识的,则是这样一些事实:"奴、主骑马而行,不可辨识;仆隶与内主,昵坐对话,妇女勿论。尊卑杂沓于驿卒辈而不知耻。"④ 乾隆二年(英祖十三年,1737),李喆辅看到,"勿论贵贱,皆车马而行,有力则虽下胡亦乘车,无力则虽有职者亦骑马。马皆无牵纵鞚而行。最贵者所乘,如我国双轿之制,而用四人担之,从胡不过数人,道间别可呵辟"。女子出行,几乎没有男女之防的避忌,"妇女之行也,皆用车而率多,露坐最少,而略有姿,则深坐而亦不甚避人也"⑤。

除去出行仪仗,上下等级的模糊还反映在许多方面。例如,"勿论贫富皆有椅,多或至十余座。盖非但为客设也,其习喜踞,虽下胡,坐必踞故也"⑥。又如,金舜协注意到清人敬语、贱称的贫乏,他发现"北京之人,称我国三使臣曰:大老爷、二老爷、三老爷"。

---

① 崔德中:《燕行录》,第75页。
② 金舜协:《燕行录》卷之下,林基中编《燕行录全集》第38卷,第308—309页。
③ 金锡胄:《次崔承太韵》,《梼椒录》下,林基中编《燕行录全集》第24卷,第95页。
④ 闵镇远:《燕行日记》,第336页。
⑤ 李喆辅:《丁巳燕行日记》,第530页。
⑥ 同上书,第532页。

虽然"老爷"是清人对尊者的称呼,但是由于其运用之广泛,已经丧失了尊称的功能。他说:"其国之俗,自丞相以下,至于庶僚,有官爵则皆称老爷,且奴仆之称其主,亦曰'老爷'。而凡与人相语之际,则虽平生所不知者,必称你,彼此之言亦一般。若逢尊者,则必称尊,或称贵,而称尊、称贵之言甚罕。"至于贱称,只有"大大",此外"更无贱号"。说话方式上,也无贵贱之别,"言语之间,无悬吐之事,只用句绝而已。故尊者之语卑贱,卑贱之语尊者,无所区别,而细听其语,则惟有文字之尊卑等分矣"①。

除上下无分、男女无别外,等级区别的缺失尚体现在士与商之间界限日益消失上。清朝商贾相互间以"相公"相称,而"相公"乃是朝鲜生员的称呼。②李喆辅指出:"大抵风俗贵货而尚利,勿论大小,唯以贸迁为事,虽王公之尊,不耻与商贾抗礼。商贾之权,足以生杀人。"③

甚至人与动物之间的界限也模糊了。闵镇远看到,关外清人以畜牧为业,"马驴猪羊,家家成群,鸡犬来往于卧床之上,逐之不动"④。对此,他只用了"可怖!可怖!"来描述他的感受。

生活在这样一个缺乏等级区隔的社会中,人们内心中自然不再有对礼法的敬畏之情。康熙二十九年(肃宗十六年,1690)二月初三,徐文重往礼部参加下马宴,惊于礼部竟然设置戏台:"中门之外结彩楼,设□子戏,士女张帘以观",徐文重写道:"典礼之地,乃有此举,人心之狃于衰俗,诚可骇!"⑤

在此氛围下,朝鲜使臣已不再相信清朝治理下能产生任何对社会等级的尊重。闵镇远的游记中记述了这样一件事:在白旗堡,清朝通官之子随其父来见朝鲜使臣,"动辄起立庭下,稍有礼貌"。使团中的军官问道:"他胡皆蠢顽无礼,而汝独如此者何也?"通官之子答

---

① 金舜协:《燕行录》卷之下,第306—307页。
② 同上书,第307页。
③ 李喆辅:《丁巳燕行日记》,第532页。
④ 赵荣福:《燕行录》,林基中编《燕行录全集》第36卷,第219—220页。
⑤ 徐文重:《燕行日录》,第214页。

道:"我是朝鲜人之子孙,见朝鲜宰相,安敢不敬乎?"见此,闵镇远感慨万千,说道:"岂习闻吾东礼法而然耶?可叹!"①

等级制度缺乏指向的,又是对清朝缺乏礼乐之制的批判。闵鼎重注意到,清人相互间称呼,往往用"某人之父"。这个本来属于朝鲜乡野之俗的称呼方式,却在清朝各个社会等级间广泛使用:"其在公座、贵官之呼,管下亦然。"从这个等级界线的模糊中,闵鼎重得出了一个普遍结论:"此可知其凡事尚未用夏矣。"②

这一判断,无疑是合乎逻辑的。在儒家礼乐治理逻辑中,治理的出发点即等级的区分。在社会中划分出士、农、工、商四个不同等级,在性别上界分出男、女。由于上天赋予各个等级不同的使命,等级间关系并不呈现现代社会中常见的阶级对抗的样态,相反等级间是处于一种和谐状态中。等级间不是位阶较高的等级压迫位阶较低的等级,而是各等级认真履行自身的使命,以促成"共同的善"的实现。用儒家的话来说,就是"各安其分"。同时,由于社会各等级的使命不同,各等级就拥有自己的特性,不同等级有不同的价值取向、不同的生活样态等。这就意味着,等级之间是不可通约的。社会政策的使命,就是在社会等级间建立严格的界限,并确保这些界限不被逾越。在某种程度上,可以说,儒家礼乐制度是围绕着等级制度而建立起来的。因此,当朝鲜使臣在清朝观察到等级秩序的日渐模糊时,他们自然会想到这是背后的礼乐制度的缺失。那么,清人之"尚未用夏",具体体现在哪些方面呢?

废学与崇佛

清人之不能用夏,最为直接的体现就是儒学的衰落。在朝鲜使臣留下的燕行文献中,可以看到,当他们在与清朝士人对谈时,对获得儒家书籍的难易程度这一问题有浓厚兴趣。康熙九年(显宗十一年,1670),闵鼎重使团在从燕京返回汉城的路途中,经过玉田县,在当

---

① 闵镇远:《燕行日记》,第344页。
② 闵鼎重:《老峰燕行诗》,第239页。

◆ 17—18世纪朝鲜士人眼中的清朝

地秀才王公濯家过夜。闵鼎重与王秀才有如下一段对话：

（闵）北京书肆绝无濂洛诸书，岂乱世乱抛学而然耶？
（王）几经兵火，典籍更甚于秦阮之烈焰。是以诸书不但不存于市肆，即古家亦寥寥矣。可叹！可叹！
（闵）贵乡素称多儒士，岂有周、张、邵全书？
（王）敝邑自崇祯己巳迄今，四次残破。顺治癸巳七年大水，邑人不能当荒年谷矣。周、张、全（按：或为"邵"之误写）诸书，今亦少也。①

王秀才给出的是一个战乱导致社会失序、文化衰退的标准答案。这个回答，显然符合朝鲜使臣的认知框架。因此，闵鼎重没有对这个话题再多说什么。行至广宁，闵鼎重又问了知县颜凤姿同一个问题：

（闵）燕市绝无濂、洛诸书，岂世乱废学而然耶？
（颜）濂、洛诸书原少，其理俱载在《四书大全》。②

颜知县的回答，挑战了朝鲜使臣的惯常逻辑。因为，在朝鲜士人思维定式中，如果世道兴盛，儒学自然兴盛，那么，宋儒的书籍就应当随处可得。相反，世道凌乱，儒学也会衰落，与之相伴随的，必然是宋儒书籍难以获得。颜知县的回答，打破了这个逻辑链。北京买不到宋代理学书籍，说明不了什么问题。宋儒的书本来就少，他们的理学思想都收在《四书大全》中，士人同样能从中获得理学知识。闵鼎重不能相信，一部《四书大全》焉能囊括宋儒博大的理学思想。于是，他接着问：

（闵）周、张、程、邵全书岂云少哉？门下诸弟自成一家语

---
① 闵鼎重：《老峰燕行诗》，第380—381页。
② 同上书，第392页。

第三章 朝鲜燕行使的"清朝观"

者，亦岂少哉？

（颜）有《性理大全》四十本，诸家之语颇备。①

如此一来，虽无宋儒书籍，但是宋儒的理学思想通过《四书大全》《性理大全》而流传下来。买不到"濂、洛诸书"，不能就此推导出"世乱废学"的结论。由于这个话题没有继续下去，闵鼎重也没有对此做出任何评论，因此，颜知县的回答究竟有没有说服闵鼎重，我们不得而知。不过，从朝鲜使臣一贯的态度来看，他们或许更倾向于相信"世乱废学"的解释。

康熙晚年，闵镇远在与玉田县生员王纬的对话中，得知康熙皇帝对儒学的压制。闵镇远见到每天有十来个小孩来王纬家学习。于是，闵镇远想从王纬那里了解清朝士人是如何进行启蒙教育的。闵问道："教童幼以何书为先？"王回答说："先教《三字经》，次教《大学》《中庸》《论语》《孟子》矣。"闵感到奇怪，为什么其中没有朱熹定下的启蒙教材《小学》呢？他接着又问："朱文公《小学》不为教习否？"王答道："即今皇上以为《小学》中语皆经史之说，既读经史，则不可又读此书，禁天下不得学习矣。"② 王纬的回答，让闵镇远大为震惊，他用了"可怖"来形容他听闻此事时的感受。闵镇远的反应很容易理解，无论在朝鲜还是在中国，15 世纪以后的儒学中，朱熹的地位是与孔子、孟子相当的。清朝皇帝竟然将朱熹的著作列为禁书，对于朝鲜使臣而言，这个信号足以说明儒学在清朝的命运。

文庙的荒置，是朝鲜使臣衡量儒学衰落的又一指标。文庙仍是儒家祭祀场所，它应当是王朝中最为辉煌的建筑。因此，如果文庙呈现一片颓圮的面貌，自然就预示着儒学的衰落。有关宁远文庙的叙述，是朝鲜使臣此类叙述中最具代表性的例子。朝鲜使臣之所以特别关注宁远文庙，是因为使行贡道宁远一站的住宿地点正是安排在文庙。康熙三年（显宗五年，1664）三月二十五日，洪命夏率领的朝鲜使臣

---

① 闵鼎重：《老峰燕行诗》，第 392 页。
② 闵镇远：《燕行日记》，第 392 页。

抵达宁远时，见到"庙内清人积柴草，庙庑颓落，惨不忍见云"。对此，洪命夏"不胜感慨"①。四年后（康熙七年、显宗九年，1668），朴世堂到此。清晨起来，前往拜谒先师孔子，朴世堂看到"庭宇不治，污秽已甚"。康熙八年（显宗十年，1669），闵鼎重来到宁远文庙，见到其中"位碑尚存"。于是，指挥仆役"达夜扫除粪秽，用巾拭净各牌"。次日清晨，"焚香展拜"。闵鼎重此举，让清朝统治下的汉人嗟叹不已。②闵鼎重还记录了宁远文庙的崇祀牌位，他对此评论道："兵乱以后，胡人不复尊祀，故位次颠倒失序，且有缺失处。"③

对清人不崇尚儒学的这一认识，一直延续到乾隆朝。乾隆十四年（英祖二十五年，1749），作为书状官来到北京的俞彦述，得知"清主下旨，深叹儒术之不振，缕缕数百言，仍使大学士、九卿，及各省督抚，各举经术之士，合为四十余人"。此举本应当理解为清朝皇帝推崇儒学的例证。但是，俞彦述却对此抱有深刻的疑虑，他说："清主全以畋猎荒淫为事，而崇奖儒术如此，可怖。"另外，从"满朝所举，皆是汉人，满洲则无一人"这个事实，俞彦述得以再次确证朝鲜使臣有关清人"不事文学"的认识。④

乾隆十年（英祖二十一年，1745）赵观彬以冬至正使，率团出使北京。在逗留北京期间，赵观彬（国甫，1691—1757）参观了国子监。在他的《燕京杂咏》系列诗作中，有一首记录他对国子监的观感："天下尊夫子，万古祀大圣。斯文用不坠，人纪赖以正。皇朝重儒道，圣庙尤致敬。青衿换左衽，中国佛法盛。浑然兜率界，无复械朴咏。东儒拜庙门，满心悲愤并。"⑤此诗同样是表达对清朝不尊崇儒学的批评。同时，它也把我们引向了展现清朝不能"用夏"的另一现象。

康熙时期来到中国的朝鲜使臣多数注意到，佛寺在清朝的普遍程

---

① 洪命夏：《甲辰燕行录》，第279页。
② 闵鼎重：《老峰燕行诗》，第334—335页。
③ 同上书，第334—335、399页。
④ 俞彦述：《燕京杂识》，第321—322页。
⑤ 赵观彬：《燕行诗》，林基中编《燕行录全集》第37卷，第606页。

第三章 朝鲜燕行使的"清朝观"

度，几乎村村有庙。洪命夏说："自辽广有村则必有庙堂，而入关内制度宏侈，朱楼画阁，高压路旁，而或奉佛像，或奉关王，或奉将，或奉土神。缁髡之徒，混处闾家，虽贫残之民，必画其像于家壁，以敬之。其尚淫祀，崇佛法，至于此极，良可异也。"① 闵镇远也说："神堂佛宇，无村无之。大村则多二三所，金碧照耀，筝磬铿然。室中傍亦皆或设簌，或设位，祈祷之。虽不知所尊奉者何神，而大抵太半崇佛也。其习尚可知已。"② 金锡胄《淫祀次前韵》一诗中也说："胡人喜淫祀，于道实云左。一村一佛宫，一室一神座。群祈虽转盛，七戒都已破。身常秽荤肉，手每拈香火。缁冠间妇女，藩落亦同里。自谓神所祐，家间事百妥。暗者以眩惑，愚者以扬簸。吁嗟日染污，此俗其无奈。坐令华风殄，终甘鬼国堕。野鬼饱已久，家鬼饥且伙。况闻尼父庙，牛马相侩货。其谁障狂澜，距彼而助我。"③

对佛教的尊崇，到了乾隆时期也没有改变。乾隆二十年（英祖三十一年，1755），郑光忠（1703—?）途径沈阳时，注意到"城门西边有一寺，寺中亦有白塔，而其高大比白塔堡之白塔亦差小矣。虽不入见，而屋宇高广，彩光辉煌，非我国禅堂所比"。对此，他评论说："胡俗之崇佛，良有所自来矣。"④ 乾隆四十三年（正祖二年，1778），蔡济恭听闻乾隆皇帝崇信佛教，希望通过"合掌事佛"以祈求"益寿"。蔡济恭专门作了一首诗来讽刺乾隆帝："烧香合掌度朝昏，畏死单于媚世尊。若道延年能藉佛，萧君何不至今存。"⑤

"虽非华制，其贵贱品级，亦章章不紊"：朝鲜眼中的清朝制度

如果说朝鲜使臣自始至终对清朝的认识，都是全无礼仪秩序、废弃儒学、皇帝骄奢淫逸、百官阿谀奉承、贪渎成风这样的刻板形象，那显然有失偏颇。实际上，十七八世纪前往清朝的朝鲜使臣，随着对

---

① 洪命夏：《甲辰燕行录》，第286页。
② 闵镇远：《燕行日记》，第338页。
③ 金锡胄：《梼椒录》下，第110页。
④ 未详：《燕行日录》，第23页。
⑤ 蔡济恭：《含忍录》，第384页。

· 135 ·

◆ 17—18世纪朝鲜士人眼中的清朝

清朝了解的加深,他们逐渐发现清朝自有其制度,亦能区分等级,绝非一"胡"字所能抹杀。

异论正来自燕行使念兹在兹的"衣冠"。康熙五十一年(肃宗三十八年,1712)壮镇堡,在与少年张奇谟的一番对话中,金昌业(大有,1658—1721)发现汉人已不像原来那样热衷朝鲜衣冠了:

(金)问:你祖先衣冠,其制如何?
(张)答曰:生在晚,不知。
(金)问:俺们衣冠,你所见如何,好笑否?
(张)答:不敢笑。
(金)实说无妨。
(张)答曰:衣冠乃是礼也。有何笑乎?
……
(金)问:剃头,尔意乐乎?何不存如我们?
(张)答:剃是风俗,不剃是礼。①

张奇谟的回答让我们认识到一个基本事实:到了康熙晚年,朝鲜使臣面对的汉人是一个全新的人群。新一代的汉人,在清朝统治下成长起来,他们缺乏对明朝的记忆,没有能够与朝鲜士人分享的共同记忆。当张奇谟说不敢嘲笑朝鲜衣冠时,他所表达的,与其说是对明朝怀有感情,毋宁说是对礼仪制度本身的崇敬。同时,张奇谟有关剃头的说法,却也揭示出汉人接纳清朝制度的方法。通过"礼法—风俗"的框架,把以剃头为代表的清朝制度归入风俗之下,作为一代之独特风貌,避免了与"礼"的对立。由此,朝鲜推崇的"大明衣冠"也降为一种风俗,与清朝服饰处于价值相对的关系中,失去了优越性。类似的思路,在金昌业此后的笔谈中一再出现。山海关,廪庠生郭如栢对金昌业所提出:"俺们衣冠,你见可笑否?"这个问题,作如是答:"各朝制度。"钦慕朝鲜衣冠的蓟县秀才康田却表示:"我这尊时

---

① 金昌业:《燕行日记》(一),林基中编《燕行录全集》第31卷,第354—355页。

第三章 朝鲜燕行使的"清朝观"

王之制。"①"时王"这个媒介为汉人认同清朝开通了道路。

乾隆时代,汉人在面对朝鲜使臣有关衣冠的问题时,已经能够自信地说出:"子之骇我,亦犹我之骇子,制度各异,善恶何论。"② 乾隆十四年(英祖二十五年,1749),俞彦述注意到,"汉人女子,生而剃发,三四岁后,始长发作髻"。从这个现象中,俞彦述感觉到汉人对清朝衣冠的认同,他说:"况且妇人,无剃发之事,则三四岁前必为剃发,以学清人,抑何意耶?"③

在日益频繁的交往之中,朝鲜使臣也开始注意到,清人的服饰并非不能区分等级,清人也有自己的"衣冠",只不过他们的衣冠制度与朝鲜有所不同罢了。参加过朝贺的金昌业发现,虽说清人平日皆穿黑色衣服,无贵贱之别,不过到了朝会这类正式场合,清人还是有冠带之制来区分贵贱。"所谓冠带,有披肩、接袖、马蹄胸等名,其帽顶、带翎、坐席、补服各以品级不同。"帽顶"以衔红石为贵,其次蓝石,其次小蓝石,其次水精,其次无衔为下"。带翎"玉为贵,其次起花金,其次素金,其次羊角为下"。座席"有头爪虎皮为贵,其次无头爪虎皮,其次狼,其次獾,其次貉,其次野羊,其次狍,其次白毡为下。夏则三品以上红毡,四品以下,皆白毡云。"补服"文禽武兽,悉遵明制"。衣服分里衣、表衣。"里衣,其长及踝,狭袖而阔裾。""表衣,其长至腰",又分接袖、披肩。"两袖及肘,是谓接袖。""圆裁锦幅,贯项加肩,前后蔽领,是谓披肩。"披肩亦有等次,"披肩及表里衣皆黑,而其绣以四爪蟒为贵"。衣制上,"补服在表,束带在里"。"文武四品以上方许挂数珠,拴马蹄胸。"至于马蹄胸有何制度,金昌业也不太清楚。④ 在对清朝衣冠制度做了一番叙述之后,金昌业做出这样的评价:

---

① 金昌业:《燕行日记》(二),林基中编《燕行录全集》第 31 卷,第 386、420—421 页。
② 李喆辅:《丁巳燕行日记》,第 442 页。
③ 俞彦述:《燕京杂识》,第 295—296 页。
④ 金昌业:《燕行日记》(二),第 445—446 页。相似的叙述也见于李宜显《庚子燕行杂识》(第 449—450 页)。

◆ 17—18世纪朝鲜士人眼中的清朝

此等服色，虽非华制，其贵贱品级，亦章章不紊矣。①

甚至承认清人"衣冠"比朝鲜制度有更为严密之处："我国自谓冠带之国，而贵贱品级之别，不过在带与贯子，至于补服，不曾分文武贵贱。副使亦用仙鹤，与伯氏同，其文紊乱可笑。"②

乾隆五年（英祖十六年，1740）出使的洪昌汉（大纪，1698—?）又发现，清人胸前所挂之念珠亦有区分等级之作用。③ 乾隆年间，另一位使臣则对顶子及清朝爵位有了更精细的认识。"宗室一品曰亮红，即宝石也。外臣一品曰素珊瑚，二品曰花珊瑚，三品曰亮蓝，四品曰暗蓝，五品曰亮白，六品曰暗白，七品曰素金，八品曰花金，九品曰花银。而无职者，初无顶子。"清朝爵位则分十等："一曰亲王，二曰郡王，三曰贝勒，四曰贝子，五曰镇国公，六曰辅国公，七曰镇国将军，八曰辅国将军，九曰护国将军，十曰奉恩将军。"至于没有爵位的宗亲，则通称觉罗。④

除了觉察到清人亦有"衣冠"制度外，在清朝制度与朝鲜制度比较中，燕行使也发现清制有优越之处。俞拓基（展甫，1691—1767）在前往燕京的途中，见到清朝基层社会中有"乡约所"和"义冢"，他说："道旁有一廨，榜以'乡约所'三字，吕氏美规，可想其犹有存者，而恨吾东之不如也。玉田城外一大垅，方可十亩，前有碑曰：义冢，亦可谓溪得恤死之义也。"⑤ 这样，在俞拓基眼中，清朝基层社会的制度，比朝鲜更能体现儒家治理精神。

早俞拓基一年出使清朝的李宜显也发现清朝民间的日常生活技艺比朝鲜的要更为优越。李宜显注意到，过了东八站和辽东后，清人用于糊房屋窗户的纸都非常薄。清人的窗户纸虽然薄，却比朝鲜的厚纸更加耐用："我国则虽以壮纸糊窗户，日月稍久，犹不免破落多穴，

---

① 金昌业：《燕行日记》（二），第446页。
② 同上。
③ 洪昌汉：《燕行日记》，林基中编《燕行录全集》第39卷，第128—129页。
④ 未详：《燕行日录》，第52—53页。
⑤ 俞拓基：《知守斋燕行录》，林基中编《燕行录全集》第38卷，第130页。

第三章　朝鲜燕行使的"清朝观"

此则无论唐纸与我国纸，皆以至薄者糊之，烟熏黯然，可知其久，而少无穴破者。且以唐纸涂壁，而无一皱纹。其用心精细，非我国所及也。"养马的技艺上，清人也要更胜一筹。李宜显注意到，清人养马之法虽然简单，但却比朝鲜的方法要有效得多。"马之远行者，虽日行数百里，在道不饲草豆，至宿处，歇过一两时，方卸鞍，饲草豆。夜深后，饮以清水。至晓又饲草豆。有水则饮，无则行到有水处饮之。其累月喂养，体极肥者，远行不饲豆，每夜只给长草一束，但饮以清水，过八九日后，方许饲豆。饲养之道，比我国似简，而实则得其要也。且当寒节，我国则必以马衣（即所谓三丁）覆背，而燕中则放置郊场，元无盖覆，而亦不致伤，此又胜于我国也。蹄不加铁，而驴或加铁，亦可异也。"工具使用上，清人同样处于优势，如操作铡刀，"我国人足踏手按，必须两人，而燕中则一人剉之，亦甚捷利，顷刻之间，剉积如山。此则胜于我国矣"①。

雍正七年（英祖五年，1729），一踏进清朝境内，金舜协就被城市规模之宏大所吸引。"初见辽阳，其市肆之盛，倍蓰于我东矣。今见沈阳又倍蓰于辽东，可见其大小之悬殊。至中部望见两边大阙，以青瓦覆之，其外皆以黄瓦覆之，盖沈阳自是雄卫。"② 当到达燕京，见到皇城"红墙高峻，盖以黄瓦"的恢宏气象，金舜协更为之折服，感慨道："观于此而回念我东之阙墙，其高低坚疏，奚特悬绝而已哉！"③得知皇宫有内、外二城、他所见到的只是外城时，清朝城市的规模与宏伟，已经超出金舜协的想象。乾隆年间来到清朝的俞彦述也对两国城郭制度进行了比较，他说："城郭之制度，与我国大小不同皆用瓦筑。而其高，比我国城几倍之，基厚六丈二尺，顶收五丈，所谓一丈即十尺也。以此量之，则其厚，可为四五间之远。城上内外边，皆筑女墙中，可驰五马。每五里许筑马道，自地渐高至于城上，可以驰马，而上。以其筑于平野之故。内外绝高，不可攀登。城在野地窥见

---

① 李宜显：《庚子燕行杂识》，第446、458—459页。
② 金舜协：《燕行录》卷之上，林基中编《燕行录全集》第38卷，第232—233页。
③ 金舜协：《燕行录》卷之下，第280页。

· 139 ·

尤无路。如沈阳是其建都之处，而内城则四方，不过三里，此亦取其周回小，而用力易也。回思我国城制，无异儿戏，诚可叹恨！"①

第三节 "荒淫之明主"：朝鲜燕行使眼中的清朝皇帝

儒家德治理念中，圣王占据一个显著的位置。君主的贤明与否，直接关系王朝之盛衰。因此，对清朝皇帝的观察是朝鲜使臣观察清朝社会的一个重要维度。通过追踪朝鲜燕行使对清朝皇帝的认识，一定程度上可以揭示在朝鲜使臣的眼中，清朝的文明发展程度。

康熙皇帝："荒淫成性，盘游无节"？抑或"比于魏孝文、金主雍无愧矣"？

早在顺治年间，朝鲜使臣对清朝皇帝的评价就相当负面。朝拜过顺治皇帝的麟坪大君，是这样描述顺治帝的："清主状貌，年甫十九，气象豪俊，既非庸流，眸子暴狞，令人可怕。"② "儿皇力学中华文字，稍解文理，听政之际，语多惊人。气象桀骜，专厌胡俗，慕效华制。暗造法服，时或着御而畏。群下不从，不敢发说。清人惑巫元来习性而痛禁，宫中不复崇尚。然气侠性暴，拒谏太甚。间或手剑作威，专事荒淫，骄侈自恣，罕接臣邻，不恤蒙古，识者颇忧云。"③

不过，在清初的诸位皇帝中，朝鲜燕行使最乐于谈论的还是康熙皇帝。被清朝称为"圣祖仁皇帝"，对清朝的儒家文治与太平盛世做出不可磨灭之贡献的康熙皇帝，在朝鲜使臣的眼中，却有着一个与此截然相反的形象。一位朝鲜使臣这样描述康熙的相貌：

清主身长不过中人，两眼浮胞，深睛细小无彩，颧骨微露，

---

① 俞彦述：《燕京杂识》，第280—281页。
② 麟坪大君：《燕途纪行》，第151—152页。
③ 同上书，第155—156页。

第三章 朝鲜燕行使的"清朝观"

颊瘠颐尖。①

这副长相实非圣君在世人心目中应有的面貌。实际上，朝鲜使臣常常把康熙皇帝看作一个荒淫无度的暴君。下面我们就看看朝鲜使臣是如何认识康熙皇帝的。

在流传着的各种有关康熙皇帝的传说中，最为朝鲜使臣所乐道的是畅春园、南苑、热河等行宫。这之中畅春园的传说尤为离奇。康熙二十一年（肃宗八年，1682），韩泰东说，康熙从沈阳游玩回京后，"八月间，率妃嫔行幸西山，留住累日，又往海子游猎。九月，从两太后及诸妃嫔往观海子，仍往西山"。此处所说的"海子"即南苑，"西山"则指的是畅春园。韩泰东接着描述了这两处行宫，"西山在都城四十里，景趣殊胜，宫观寺院在焉。海子去都城与西山同，周围筑墙，方四十里，中有大池，广设寺观，盛蓄禽兽。二所俱为宴幸畋猎之地"②。朝鲜使臣笔下，畅春园仿佛被一层迷雾笼罩着，充满了神秘的气息。康熙三十二年（肃宗十九年，1693），来到北京的柳命天这样描述他对畅春园的想象："皇帝初二日往畅春苑。盖自明朝有长春苑，今改为畅春，其中彩楼画舫，多蓄美娥。皇帝常常往来游观，数日不还。去京城十里地云。"③ 在这段简短的叙述中，柳命天点出了畅春园叙述中两个重要组成部分："彩楼画舫""美娥"。

闵镇远《燕行日记》中载有"辛卯八月赍咨官金庆门手本"，其中对康熙皇帝的三处行宫有更详细的描述，可算是将朝鲜士人的想象发挥到了极致。"皇帝离宫，其大者有二，曰畅春苑，曰热河宫。而时时又于海子观猎。"④ 对畅春园的描述如下：

> 畅春苑者，京城西北二十里，有玉泉山，上有明朝故宫，今改修为冲明苑。山南有西湖，周十余里，荷蒲菱芡，与沙禽水

---
① 闵鼎重：《老峰燕行诗》，第 347 页。
② 韩祉：《两世燕行录》，第 246—248 页。
③ 柳命天：《燕行日记》，第 484 页。
④ 闵镇远：《燕行日记》，第 443 页。

鸟，隐映云霞中。自古林为但晓，始自康熙二十二年，背山临湖，大起离宫，而环筑之。又于其内沼山并水榭，仿两京十四省形胜。而省各为宫，送置诸省之美姬，以充之。凡天下亭榭之有名者，无不依样以建，而其所在百年大木，亦皆根输而移植之。作之三纪，役尚未完。盖墙仅三十里周，而天下之名胜皆备。其光丽奇巧，远胜于秦隋之制作，而燕都宫阙反不惬于帝意。故帝之在燕宫之日常少。

所谓热河者，在古北口（清人今称虎北口）外……有温泉，故名热河。盖地极高旷，山颇秀丽，山顶冰夏不消，而泉石之胜，甲于天下。帝常巡游蒙古诸部，因得其地而甚乐之，定为避暑之所。抱其山水而以文石筑墙，周几四十里。宫室之制，则又仿畅春苑，而壮丽倍之。河自宫墙中流出，而其源浩大如海，甚有清致。河心建金山寺，而比真金山寺尤胜。其他沿岸宫殿，不知其数，而各有女官主之。是皆两京十四省人，率其乡女子而居之者也。帝常定舟河中，篙工拖手，又以姬妾之习于水者为之。经舟所之日暮之处，仍为留宿。而且令诸省之女，各以土俗，如蜀之锦、越之纱、广之绫、陕之毡，依其所惯女红而手自织造。自宫中恋迁有无以生，而不使买卖于宫外。宫墙之外，则又令天下之贾人，各以其土物，开铺列肆。而诸蒙古以羊、马、骆驼来相交易，成一大都会，其盛不下于京师，帝益乐之。乃自康熙丙戌，每于四月移御，至八月出而射猎于山野，大犒其军，然后乃还。岁以为常，而不复巡游南方。

所谓海子者，城南四十里有湖水甚大，一望如海，故名之。而历代养禽兽游观，及至今朝，四围筑墙，墙外周置殿阁，比前极奢。①

畅春园的"两京十四省形胜""诸省之美姬"，这活脱脱的就是一个秦始皇的阿房宫。至于热河的叙述，不禁让人想起隋炀帝的扬

---

① 闵镇远：《燕行日记》，第443—447页。

第三章 朝鲜燕行使的"清朝观"

州,或许这就是"塞上江南"在朝鲜使臣心目中可所能具有的意义。

从行宫的叙述中,不难看出,在朝鲜使臣眼中,康熙皇帝身上集中了臭名昭著的秦、隋二帝的所有特质,他不务政事、性喜游猎。康熙三年(显宗五年,1664),年仅十来岁的康熙皇帝,在洪命夏的眼中已经是一副顽劣不堪的样子。四月二十三日,洪命夏听闻朝廷近期将处理一批大臣,因此朝鲜使团的相关事务有可能要被推迟。洪命夏四处打探,才得知事情原委。原来,即将被处理的是十六个经常侍奉于康熙皇帝左右的少年。"其中四五人为儿皇所昵狎,或教以鄙悖之言,或教以弛材之习。一日怀良鹰及生野鸡入宫中放鹰猎雉,儿皇见而大悦之,日以为事,且骑马驰骋。"为了防止皇帝堕落,辅政将这些情况报告给太皇太后,"太皇太后闻而惊之,使辅政查治"①。

康熙八年(显宗十年,1669)出使清朝的成后龙(1621—1671)注意到,康熙皇帝喜好射猎,令"生民献纳生獐、兔、鹿,放之禁苑,自射之"。为此经常耽误朝政。还常常离开北京,外出游猎。"前秋出猎山东,今春又从西道出猎。"② 朴世堂说:"久未行下马宴,未定回期,屡问通官辈,或云帝自元朝后,每日游宴、观戏,礼部官往参,故不得开坐。"③ 韩泰东从康熙皇帝沈阳打鱼一节,看出皇帝性喜荒淫,全无天子仪态。"皇帝即位以后,荒淫成性,盘游无节。姑以近事言之,夏间幸沈之时,不由修治正路,跃骑驱驰,上下山坡。日以射猎为乐。及到辽东,设打鱼之戏,皇帝着拒水袴袜,戴小帽,亲入水叉鱼。大臣明珠及诸王以下,皆令执罾,霑体涂足,丧失威仪。近处军民许其聚观,不使拘呵。且言皇帝能炮善射,每当游猎,勇前当□,发必命中云。可见其自轻无度之实矣。"离开沈阳后,康熙皇帝又一路游玩,"抚宁见花果山景致";"又将观猎喜峰口,关外甲军,不计道里远近,调发甚繁,如沈阳等地千里赴会,□□粮

---

① 洪命夏:《甲辰燕行录》,第 299 页。
② 成后龙:《燕行日记》,林基中编《燕行录全集》第 20 卷,第 331—332 页。
③ 朴世堂:《西溪燕录》,第 382 页。

仗，有同军兴。且有亲幸五台山（在山西雁门地）之意"。①

康熙皇帝还常常被描述成一个行为荒诞不经的君主。闵鼎重《老峰燕行诗》记载这样一个故事：顺治帝一庶兄，由于"性甚淳良而无才能"，不被顺治帝重视，被派往沈阳充当皇太极陵墓的祭官。康熙亲政后，"以为至亲，不可疏远，加王爵召还"。此后，"崇德祭官，则每当时节，以公爵者轮差以送。一行所率人马数百，道路之费将不可支云"②。韩泰东说，康熙帝以天子之尊，在沈阳亲自下水打鱼已是荒诞。回京后，仍对打鱼之乐念念不忘，"谓其鱼雉尤美"。于是，"别遣御差留住辽东，搜雉捕鱼，车载以运"③。

闵镇远逗留燕京时，大通官朴得仁很少来朝鲜使臣下榻的玉河馆。朴得仁向朝鲜译官解释说："皇帝有命，使之教诲内侍以朝鲜言语，故不能逐日来此云。"译官又问皇帝宫中的内侍为什么要学朝鲜语呢？朴回答说：

> 每于使行时，朝鲜朝服及笠子、网巾、耳掩、道袍等物，皇帝或分付买取，或借来观玩，仍令依样制造。至于妇女所着衣裳，亦令通官辈依开市时所见，缝造以进。使内侍辈着此衣冠，而鞍马、骑从亦一依朝鲜式样，令以朝鲜言语相酬答，或号令下辈。皇帝观此大笑，以为至乐云。④

而在南苑舍狗坊，观老虎与群狗之斗，更能见出皇帝的荒唐。"于戏时，帝必亲弯弓立马，高□置数十狗围栅之中，而放出大虎，则众狗□咬，虎必跳跃，逐其所咬之狗。再有一狗复咬之，虎又弃其前者，更逐后者之际，又一狗咬之。观娱未有胜于此者。故围中之虎若多，则月必数巡，以为乐。"⑤

---

① 韩祉：《两世燕行录》，第 246—248 页。
② 闵鼎重：《老峰燕行诗》，第 351 页。
③ 韩祉：《两世燕行录》，第 248 页。
④ 闵镇远：《燕行日记》，第 379—380 页。
⑤ 同上书，第 446—447 页。

第三章　朝鲜燕行使的"清朝观"

康熙五十九年（肃宗四十六年，1720），李宜显在前往燕京的途中，行至夏店，见到"路旁以竹木设立三间门，以五色彩编结连缀，或如紫盖状，或如香亭形，就其当中最高门，内书'万邦咸宁'，外书'恩波浩荡'。此亦为胡皇经过时，道路侈观，而自此至遵化州，无不皆然云。闻途中胡人言，此非村民所自为，乃皇帝所命云"。自己为自己歌功颂德，无怪李宜显要说："若然，则尤极浮浪也。"①

除了上述这些荒唐之举，在朝鲜使臣眼中，康熙帝更是荒淫无度的君主。前面提到的畅春园、热河行宫中各省美姬，就是典型例子。洪命夏《甲辰燕行录》记载了一段他与通官张孝礼的对谈：

（张孝礼：）兼太子太傅沙海，乃平宇在顺治时宠幸之臣。其子四人并皆做官，而三人则皆以虾（狎）昵侍新皇，导以非礼，务悦帝心。太皇太后大怒，曰："此汉之父误导顺治，其子今又如此"。令辅政大臣核出科罪。辅政亦不敢自擅，与诸王及贝勒、大臣、六部尚书会议，断以死罪。太后即从之，并杀四父子，籍没其家，而第一子则不入宫中，故只革其职。且此类中一人，则乃皇族，亦未免死云云。

（洪命夏：）所谓误导者何事耶？

（张孝礼：）儿皇所悦之事，不过游戏杂事，何必明言。且皇帝年今十一，而太皇太后每言顺治早近色夭崩，此可戒也，不可早婚。常令侍女亦不近前云云。太皇太后凡处置如此，故朝廷莫不称颂，常祝长寿云云。②

此段对话暗示这位年仅十一岁的少年皇帝已有向着荒淫方面发展的迹象，并且其父顺治皇帝也可能是因为贪恋女色而早亡的。

韩泰东说："其（康熙帝）在沈也，从所带妃嫔且选清女三人，

---

① 李宜显：《庚子燕行杂识》，第418—419页。
② 洪命夏：《甲辰燕行录》，第316—317页。

17—18 世纪朝鲜士人眼中的清朝

各设帐幕，纵其荒乐，不知皇帝在处。"① 闵镇远在北京时，一位姓金的次通官来智化寺，与朝鲜军官闲谈。金姓次通官说："即今宫中，红袖四千余人，而承恩者一千四百四十五人，有子三十八人、女二十人。皇太子所幸宫女一百人许云。"朝鲜军官不大相信，问道："许多宫女中，承恩与否，何以知之？"金姓次通官解释说："一番承恩，即衣大段，服色顿异，故知之。"军官又问："宫女此多，则别无加选之事耶？"金答道："年年选择良家女以纳之。虽宰相、朝士，若有美女，则皇帝勒令纳宫，莫敢违拒矣？"②

为了满足内心巨大的欲望，康熙皇帝不惜大兴土木，事事极尽铺张，奢靡无度。除了著名的三处行宫外，从北京到热河，其间四百六十五里之地，又兴建十余座行宫。闵镇远对此有详细描绘：

> 盖自京至热河为四百六十五里之地，而其间行宫又有十余，皆有山水之胜，其最大而为宿所者七，出城东北去七十里，而有石橹儿行宫，又东北去六十里而有梅阴行宫，又东北去七十里而有乐亭行宫，又北去三十里，而到虎北口，口即长城之一门，而门外即蒙古之地也。门之前后俱是大河，沿河到水亭泛龙舟为捉鱼之观。出口东北去四十里而有凉帐房行宫。又北去五十五里，而有雁翅岭行宫，又东去七十里而有槐丘行宫，又西北去四十里而有哈□河屯行宫，又东北去四十里，而始为热河之宫。③

在北京智化寺期间，闵镇远还从清朝通官那里听说，康熙五十一年（肃宗三十八年，1712）有"筑城之役"。原来，热河行宫本无城堞，康熙皇帝下令在行宫周围四十里筑城墙，所费甚靡，"即今所费已至银一百万两，而役未半。就前头，不知又费几百万"。舆论皆将该年的旱灾，归咎于此役。④

---

① 韩祉：《两世燕行录》，第 247 页。
② 闵镇远：《燕行日记》，第 378—379 页。
③ 同上书，第 445—456 页。
④ 赵荣福：《燕行录》，第 302—303 页。

第三章 朝鲜燕行使的"清朝观"

除了游玩沿途的行宫，在皇城内，康熙皇帝也不安宁静处，同样毫无节制地修建各种景观。"皇帝虽在宫中，渔色彝淫未尝宁处，且于阙墙之外，凿池注水，周围甚广。募得南方巧匠，聚石为山，殚极奇技。离宫错列，画舫簇集，每与妃嫔从宴城阙门楼之渝，故毁妃者，方加修葺，朱价为之卒高。太和殿又将重建，分遣差官于八省地方，取得松楠诸材，土木之扰，始矣。"①

这样的奢华，需要庞大的财富来维持。于是，康熙皇帝在朝鲜使臣眼中又有了搜刮民财、横征暴敛的形象。一位金姓通官即指出，"为过千妃嫔、近百子女，营立产业，故聚敛银货，日甚一日矣"②。为了兴建宫室，康熙皇帝把主意打到朝臣的头上。通过将大臣抄家、籍没，获得营造宫室的资财。赍咨官金庆门的记述中说道："至于朝臣，如有富□者，则亦令献财建宫。大有不肯之色，辄论以赃律，籍而用之，故□年使东之翰林学士揆叙，以故相明珠之子，籍其文赍家甚殷富，自以银三十万两，营建槐丘行宫。以是，土木之役，年年增加。"③康熙皇帝的敛财对象，还进一步扩大到了富民身上。"盖皇帝年来贪财益甚，都城及各省征税比前倍征。都城中，富饶者或勒令买官，或故陷罪罟、籍没财产，或勒令扶助国役。以故都城中富民，无不荡败失业。"对财富的热衷，使得康熙皇帝甚至连国家财政的正常运转都置之不顾。"各省田赋折银输纳，则出给（度）支，换谷入仓，以备经用。而近年则仓谷虽乏，爱惜银货，不即出给，故颁禄，或不以时云。"④成后龙说："造办一猎云费至于四十余万金。"⑤康熙五十一年（肃宗三十八年，1712）七月，从清朝返回汉城的朴弼成，向肃宗大王汇报时，这样总结他对康熙皇帝的认识："彼皇贪财好货，拜官皆以赂，得商贾之润屋者，辄授职级。民不聊生，怨声载路，往

---

① 闵鼎重：《老峰燕行诗》，第247—248页。
② 赵荣福：《燕行录》，第302页。
③ 闵镇远《燕行日记》，第446页。
④ 赵荣福：《燕行录》，第302—303页。
⑤ 成后龙：《燕行日记》，第332页。

来馆中者，无不斥言如是矣。"①

与私人生活所呈现的面目相一致，在履行君主作为国家元首的职责上，康熙皇帝也体现出暴君的气质。朝鲜使臣眼中，康熙皇帝绝非一位昏聩之主，相反，多数使臣都承认康熙皇帝的精明。但是，正因为精明，康熙皇帝残忍擅杀的本性被更加放大了。康熙八年（显宗十年，1669）出使清朝的成后龙，看到了这位少年天子的残暴。"清主年轻、易冲动，小察为明"，容易暴怒，辅政大臣及许多臣下均被随意诛杀。成后龙讲了一个极有代表性的故事。康熙皇帝把年幼时玩具交于宫中掌库保管。突然一日，索要玩具，司库官员一时寻找不见。康熙皇帝二话不说，就把此人给杀了。② 与成后龙一同出使的闵鼎重，在他的《老峰燕行诗》中，讲述了另外一个康熙皇帝擅杀的故事："有献貂者，问其所从得，对以适买于人，毛甚好，故来献。遂索其卖貂者，责之曰：得好貂，不献而卖之何也？杀之。"③ 这些故事缺乏事实依据，多半出于虚构，它们究竟出自何处，我们今天也无从追究。要之，这些真假难分的故事完全没有引起燕行使怀疑。朝鲜使臣反而郑重其事地将这些故事记录下来。这也从侧面反映朝鲜士人对清人成见之深。

由于矜于自己的精明，康熙皇帝极易猜忌，"事之大小，必亲总览"。这使得他在履行皇帝最为重要的职能——任用官员时，听信阿谀谄媚之辈，而黜斥忠良。闵鼎重说："用人之际，先问贤否于宰执，宰执有荐引，则疑其党私，皆不用，旋以己意自选，故宰执嫌惧，不敢发口。黜贪陟廉，用刑极严，而其所视听多出于夤缘姻戚之辈。"④ 韩泰东则记述了皇帝胞弟三王因进谏而被贬斥的故事，"帝胞弟三王骤进直言，仍言于皇太后曰：'皇帝轻弃法宫，日事游幸，奈宗庙何？'且面责明珠曰：'君阿谀纳谄，导主上以非礼，使其身亲叉鱼，而宰相自执其罟。自古安有此等大臣乎？'皇帝闻而恶之，使王出视

---

① 《朝鲜肃宗实录》卷51，"肃宗三十八年七月二十六日"条。
② 成后龙：《燕行日记》，第331—332页。
③ 闵鼎重：《老峰燕行诗》，第348页。
④ 同上。

第三章 朝鲜燕行使的"清朝观"

外地"①。

不过,除了看出荒淫无道的一面外,在不断地接触中,朝鲜使臣也逐渐意识到康熙皇帝并非只有一副昏庸残暴的面孔。李宜显在玉田县,见到康熙帝御制"训饬士子文",甚为惊讶,"其文颇典□得训谕体,胡而如此,亦可异也"。并承认康熙帝所见很有见地,切中时弊,"且其论列士习,宛然摸出我国近日之弊,士风之不端,可谓天下同然矣"②。

康熙皇帝拒绝臣下请上尊号之举,也赢得了朝鲜使臣的赞誉,"上年,此国臣民争请上尊号。太皇后止曰:尔之贤否,必有后谥,何必自为。今称贤君,后必毁之。今称不贤,后必赞之。幸勿听群请。皇帝遂止之云。此言若是,则可知有其母而后有其子也"③。

康熙五十一年(1712),朝鲜使团被招至畅春园面圣,畅春园的神秘面纱才被解开,围绕着它展开的种种离奇故事也才逐渐消散,朝鲜使臣发现围绕畅春园衍生出的种种传说均属荒谬。使团随员崔德中看到的畅春园并无亭台楼榭,"墙垣元无黄瓦盖覆之事,殿舍皆是无梁一层之家,而盖以常瓦,无异于平人之家";"若以景侈言之,则西湖、五龙亭,绝胜,绝胜。岂有舍此而常居畅春也。决知其不思之言";以为历来朝鲜"传言行乐游宴,故多在畅春者,不知本意也"。不过,崔德中以为的"本意",是康熙皇帝性喜驰射,宫中无驰马场。④

同行的金昌业所见则更深,他说:"畅春苑南北二百余步,东西百余步,其内岂容置五十家离宫乎?圜其三面而终未见屋甍,其不高大可知。且观其门与墙,制度朴野,无异村庄。"传言皇帝沉溺于游乐、美色的说法全然不确,"诚如事游衍奢侈,则弃太液、五龙之绮丽,而居于此乎?"至于康熙皇帝何以久居畅春园,金昌业以为畅春园中"虽有池台园林,而终俭素耳","此处与西山玉泉相近,山水

---

① 韩祉:《两世燕行录》,第247页。
② 李宜显:《庚子燕行杂识》,第367页。
③ 崔德中:《燕行录》,第32—33页。
④ 同上书,第86页。

之景，田野之趣兼焉。似爱此而来耳"。"且畅春苑不设官府，百官入于僧庐。又使日日往来于二十五里之地，或以此为怖，而亦不无意思。盖胡人以马上为家，能耐饥寒，其技也。入中国七十年，居处饮食渐奢侈，失其本色。以故使之朝夕往来，以习驱驰，不设所居，以警其安逸。"则康熙皇帝久居畅春园，非为个人兴致之所至，有保存满人简朴作风的寓意，"其意可谓深远"。由此推想，康熙皇帝四处巡游也另有深意，金昌业说："其避暑于热河，观渔于灜州者，亦非徒为巡游也。"从畅春园一地见康熙皇帝的治理风格，金昌业以为："以康熙之俭约，守汗宽简之规模，抑商贾以劝农，节财用以爱民，其享五十年太平，亦宜矣。至若治尚儒术，而能尊孔、朱，躬修孝道，而善事嫡母，则虽比于魏孝文、金主雍无愧矣。"①

金昌业《老稼斋燕行日记》以质之一面肯定康熙皇帝，对此后的朝鲜士人产生了深刻影响。1766年，透过金昌业的叙述，洪大容（德保，1731—1783）观察眼中所见之北海，说"考《稼斋记》，康熙时亭榭多圮不修，兔儿山石逶回磴为羽林之所，乃其忘细娱务远略也。今后王之靡丽如此，世运升降可慨也"②。洪大容更亲往畅春园游览，见"循墙而望，不见峻甍，宜无楼榭……其法制之简质可知"；"且千官自京城每日晓出暮归，使肉食绮纨之子，习劳鞍马，无敢逸豫。其旗下诸官，自大臣以下，又不得以车轿自安，此其制未必为先王良法，而其安不忘危，亦可谓伯主之远略矣"；以为畅春园为康熙皇帝一身政治成就的表征，"康熙帝御天下六十年，俭约以没身，即畅春园可见矣"③。更发出如下议论：

> 六十年天下之奉，宫室之卑俭如此，宜其威服海内，恩浃华夷，至于今称其圣也。三代以后君天下者，竞侈其居，所谓南面之乐，固不出于宫室之美，舆马帷帐之奉也。虽畏天下议，已外

---

① 金昌业：《燕行日记》（三），林基中编《燕行录全集》第32卷，第97—98页。
② 洪大容：《燕记·五龙亭》，《湛轩书外集》卷9，《湛轩先生文集》三，《韩国历代文集丛书》第2604册，景仁文化社1999年版，第273页。
③ 洪大容：《燕记·圆明园》，《湛轩书外集》卷9，第289—290页。

示节俭，其心志嗜欲不可讳也。今北京宫室之盛，明朝三百年丰豫之所修饰，居之而天下不敢议，享之足以明得意，乃违而去之，居于荒野之中，殆同甘棠之茇舍，其去欲示俭，终始治安，可为后王之法矣。①

如此一番将康熙皇帝比拟三代圣王的言论，可见畅春园之行对洪大容影响之深刻。八年后，出任世子翊卫司侍直时②，洪大容还念念不忘当日情形，向当时的王世孙、后来的正祖大王，盛赞康熙皇帝之简朴说："臣见畅春园而知康熙真近古英杰之君也。其享六十年太平有以也……畅春园墙高不过二丈，循墙而行，不见峻薨当门，窥望制度，极其陋朴。夫舍皇城壮丽之居，而逊处于荒野之中，宫室之卑隘如此，民到于今，称以圣君，可知其为英杰也。"③

康熙皇帝简朴之治，尚不止于宫室之卑俭。1776年在北京滞留一个月的那段时间，洪大容与浙江举人潘庭筠、严诚、陆飞等过从甚密，传为佳话。一次笔谈中，洪大容提及朝鲜官妓，严诚接过话头说："前朝此风最盛，康熙朝尽去之。弘光南渡后亦设院，今则入荒烟蔓草。"洪大容感叹道："半壁偏安，救死扶伤之不暇，此岂设院之时乎？康熙皇帝，我东亦称以英杰之君，此一事亦历朝之所不及。"④根据这次谈话，洪大容留下了这样的记录："娼妓之弊……极于明末，康熙以来，严禁公私诸妓，数千年淫风一朝净尽，真是不世弘功。"⑤

---

① 洪大容：《燕记·圆明园》，《湛轩书外集》卷9，第289—290页。
② 洪大容写给严九峰的信中说："甲午年间谬膺荐拔，选入东宫官属……凡十有七月，升迁郎官。"（洪大容：《杭传尺牍·与严九峰书》，《湛轩书外集》卷1，《湛轩先生文集》二，《韩国历代文集丛书》第2603册，景仁文化社1999年版，第94页。）甲午年（1774），即英祖五十年、乾隆三十九年。考诸《承政院日记》则洪大容任世子翊卫司侍直在英祖五十年十一月二十八日，转迁通礼院引仪在正祖元年（1776）四月初七。
③ 洪大容：《桂坊日记》，《湛轩书内集》卷2，《湛轩先生文集》一，《韩国历代文集丛书》第2602册，景仁文化社1999年版，第210页。
④ 洪大容：《杭传尺牍·乾净衕笔谈》，《湛轩书外集》卷2，《湛轩先生文集》二，第170—171页。
⑤ 洪大容：《燕记·沿路记略》，《湛轩书外集》卷8，《湛轩先生文集》三，第225页。

严禁官妓，固然有助于世风之崇俭，不过，在康熙皇帝一生治绩中，简朴之治恐怕要首推"永不加赋"的政策。在北京滞留期间，洪大容还曾往游西山，见西湖（即昆明湖）畔楼阁台榭，"伟壮或不及于阿房、建章，而巧妙过之"，感叹"康熙之政，几乎息矣"。然而，洪大容随即话锋一转，说"虽然，民不苦役，天不加赋，华夷豫安，关东数千里无愁怨之声，其立国简俭之制，固非历朝之所及，而今皇之才略，亦必有大过人者也"①。在赞许"立国简俭之制"的同时，也嘉许新皇乾隆皇帝终能守住尚质的根基。返回汉城后，洪大容建议友朋不必过于责难汉人士大夫参加科举考试，他的理由也仍在康熙朝的简朴之治，说"康熙以后，与民休息，治道简俭，有足以镇服一时，其耳目习熟，安若故常，百有余年，则华人之不能引义自废，奔驰于车弓之招者，亦不必深责也"②。

雍正皇帝与乾隆皇帝："荒淫之明主"

康熙皇帝的二重像，我们同样能在雍正、乾隆皇帝身上看到。黄晸注意到，清朝百姓对雍正皇帝非常拥戴，"仍往来馆中胡人，为问皇帝新政，则极口称扬，见百姓无衣者，则必为之恻然，而官给衣服。忠正之臣，必优赏赐，爱恤军士，顾惜民生，比先皇帝盛德，少无所愧，万姓方爱戴云云"③。金舜协虽然批评雍正皇帝"好察苛琐，贪于聚财"，但也承认他"聪明过人，留心书籍"，"明习国事，勤于为治"④。从与吴三桂幕宾林本裕的对谈中，李喆辅得知，即位不久的乾隆皇帝"宽仁盛德，敦宗睦族"，比雍正皇帝"更加慈"⑤。

不过，相对于这些正面的面孔，在燕行使的游记中，私生活中荒淫无度、行为怪诞、奢靡挥霍，国事上残忍、擅杀、猜忌、听信谗言

---

① 洪大容：《燕记·西山》，《湛轩书外集》卷9，第292—293页。
② 洪大容：《与金直斋钟厚书》，《湛轩书内集》卷3，《湛轩先生文集》一，第247页。
③ 黄晸：《癸卯燕行录》，林基中编《燕行录全集》第37卷，第282页。
④ 金舜协：《燕行录》卷之下，第306页。
⑤ 李喆辅：《丁巳燕行日记》，第449页。

· 152 ·

第三章 朝鲜燕行使的"清朝观"

的皇帝形象，出现得更多。雍正十年（英祖八年，1732），李宜显再次出使清朝时见到，从通州到北京内城外，"道路铺礴石……费累钜万"。一经打听才知道，此是为皇帝往蓟县扫陵而筑。"闻此国所谓陵墓俱在蓟州，其铺石于路者，为胡皇省扫时侈观，拟自蓟州连络北京，而力姑不赡，止于通州，而前头又当自通州至蓟州而止云。"对于此事，李宜显感叹道："自古帝王游幸之所，未闻有铺石之事，而今乃创为作此无益之浮文，耗财病民，不遗余力，良可怪也！"甚至从路旁栽种杨柳，联想到了隋炀帝。"其种柳则岂出于仿隋家耶？隋则以姓杨之故，欲为厌胜之计。姓赵而种柳，有何意谓耶？尤可笑。"①

乾隆十九年（英祖三十年，1754）在前往沈阳迎驾的俞拓基眼中，乾隆帝是一个"性甚苛躁、政多猛急、喜怒无常、赏罚过中"的皇帝：

> 大官之非辜被罪者既不少，而小官之无功骤升者亦多，人颇嗟怨。今行始因西警颇急，兼程催行，所过猎场，多不打围。及至一处，值其生日，方宴乐，而西鞑降报适至。皇帝问此地何名，有一人对以万寿山，则又大喜，言万寿山值万寿节，且闻降敌之报，诚是奇事。又问山头最老松有名称否？一人对以名是万年松，则尤大乐。有一甲军攀崖而上，折取老松枝以献，则即除以将校之任，赐以顶子。②

乾隆皇帝的赏罚不明、听信谗言，最为明显的体现在对盛京礼部侍郎世臣的处理上。俞拓基说：世臣"本以清人，历任翰苑，素称劲直，曾以沈将阿兰泰及扈驾大将王湛等屡次劾奏事，多见忤于执权者"。此次乾隆皇帝往沈阳谒陵，世臣以礼部侍郎负责准备祭品。祭祀当日，世臣一早就往陵墓侍候，而被阿兰泰、王湛等所阻，而未能

---

① 李宜显：《壬子燕行杂识》，林基中编《燕行录全集》第35卷，第498—499页。
② 俞拓基：《沈行录》，林基中编《燕行录全集》第38卷，第156页。

见到皇帝。数日后，乾隆皇帝招世臣责问说："汝以礼官，不待于谒陵时。陵上祭牛，敢以羸瘠者北送，何也？"世臣答道："奴才岂敢不进参于皇爷谒陵之日乎？祭牲极择其肥泽中式者矣。"对于世臣的回答，乾隆帝并不认可，他接着说："朕谒陵时，不见汝面目，问侍臣，亦莫有见之者。此汝之诈也。祭牛之羸瘠，朕之所见也。"并罚世臣杖二十。又问之曰："祭牛果肥乎？"世臣坚持说"果肥矣"。又罚杖二十。如是者三，世臣终不服。"皇帝大怒，杖之至八十，去顶子革职，即命远窜三姓地，乃登登矶近处数千里。而三更量发遣配所，其代以清人卞塔哈除受云。"对此，俞拓基根据他自己的所见，评论道："臣等一行初以祗迎，出往时，路见有人牵去黑大牛三头，大白羊八头，谓是福陵祭牲，而一牛四羊，乃预备云。而其肥异常矣。后闻世臣以牲瘠被重罪，可想其信听谗言，喜怒不常之一端矣。"①

乾隆五年（英祖十六年，1740）出使的洪昌汉则见到乾隆荒淫的一面。在燕京使馆中，洪昌汉从通官那里听闻了不少乾隆皇帝新获美姬、宠爱非常的传闻。"皇帝明日当往原明院。原明院即畅春苑隔墙云。胡人云：皇帝为观戏子，率宠姬而去，其还早晚，有未可知云云"；"胡帝昨岁得十九岁美女，色可倾国，极宠溺。皇太后责其沉惑，皇帝以此之故，不入见其母，频作原明之行，挟此姬游乐之计，而避其母之责言也云云。明日当还，盖来月初二日释祭，初四日春分祭，故为斋戒，不得已转还，而过后，当即还云矣"。甚至为了取悦宠姬，而把朝鲜使团中善摔跤者招往圆明园表演。"通官言，来人中有善角觝之人，皇帝欲见之。宠姬欲见朝鲜人之故，将招入云云。以无之答之。宠姬必欲见朝鲜人，故将有上使行见之举云云。"②

乾隆三十八年（英祖四十九年，1773）出使的严璹（孺文，1716—1786），尽管看到了乾隆皇帝精明干练的一面，但是仍然不把他看作儒家的圣君，而是视为"荒淫之明主"：

---

① 俞拓基：《沈行录》，第157—159页。
② 洪昌汉：《燕行日记》，第88、120—121、123页。

第三章 朝鲜燕行使的"清朝观"

及至今皇帝，内多嬖宠，外崇土木，穷极奢侈，唯意所欲。而初藉民力，自招多怨。中年以后，察知其弊。所用之财，皆出府库，不至横敛于民。故海内得以相安无事，是白遣。皇帝矜能自用，不喜闻过。御史、科道之官，虽有弹人之章，格非之言，初不敢一至于前。然而，性甚聪明，察人诚伪，时有英断，惊动耳目。常虑满官之恃势弄权，操切满官十倍于汉官。故朝廷亦得以相安无事。以此，或间或以荒淫之明主称之，是如为白齐。①

第四节 官与民：朝鲜燕行使眼中的清代社会

除了上要有圣君之外，德治的实现，还需要一批贤明的官员来辅佐圣君；而德治是否实现，其标准则在百姓是否真正过上富足的日子。如此，官员之状况，百姓的生活，同样成为朝鲜燕行使考察的项目。

清朝官员：贿赂公行？抑或谨守法度？

清主既是"荒淫之明主"，全无儒家圣君的风范，相应地，臣下也必然是奸佞之徒。随着三藩之乱的平定、台湾郑经的归降，清朝开始进入一个太平盛世。但是，在康熙二十一年（肃宗八年，1682）在出使燕京的韩泰东眼中，敌对势力的覆灭，并没有给清朝的形象带来改观，相反，天下底定使得清朝君臣更加骄奢淫逸。上至宰辅、下至封疆，尽是阿谀奉承之徒：

自南方平定以后，君臣上下，益以骄逸，方此称述功德，贡饬乐章，山呼凤鸣之庆，一乳三男之祥，题奏频繁，而彗星之出，则未闻其请弛之者也。②

---

① 严璹：《燕行录》，林基中编《燕行录全集》第40卷，第303—304页。
② 韩祉：《两世燕行录》，第248页。

◆ 17—18世纪朝鲜士人眼中的清朝

在李宜显的眼中,康熙末年的清朝,仍然沉浸在粉饰太平的气氛之中。在他看来,康熙朝争战连年,加之地震、干旱等天灾时常发生,根本算不得太平。连康熙皇帝也颇有自知之明,诏令康熙六十年停止元旦筵宴及万寿朝贺,而大臣却"极口称扬,言其诚孝,且言水旱偶愆,圣世不免,广大幅员,岂无一二歉收,地震亦因地气郁而不序,而蠲租散赈,仁政备至。若夫王师西征,屡奏大捷,蠢尔小丑,指日剿灭,更不足烦圣虑也"。如此恬不知耻,竟然视"地震为非灾","言言无非谄媚",令李宜显极为震惊。① 十余年后,再次出使,李宜显听闻山东巡抚奏折中声称麒麟现身,感叹道:"麟也,圣王之时,亦不常见。况此腥秽之场,岂肯现出,且牛而产此,乃一妖灾。又孰知其为麟哉?妄饰奇迹,极意媚悦,臣下之谀佞若此,其君之昏骄可知。如是而国安得不亡。"②

对上是阿谀,对下就表现为贪渎、索贿。康熙二十九年(肃宗十六年,1690)徐文重奉命出使。在归途中,他写下《北京叹》一诗,其诗曰:

通官如饕餮,序班如狙侩。甲军极苦伴,章京甚迷辈。提督门禁密,馆夫物价倍。书画多赝假,器用辄雕绘。百物必称秤,些利必靳爱。勺水不堪饮,片柴难可贷。慢肆看可憎,叫咴听可骇。如与恶人对,别去心甚快。只是千珍签,恋结在心内。③

徐文重所描摹的完全是一幅清人的浮世绘,这里面包括了所有徐文重在清朝接触过的人,通官负责翻译,礼部序班专司接待,甲军护卫朝鲜使臣,提督把守大门,还有章京、馆夫……所有这些人,都呈现出一副贪婪好利的嘴脸。

甚至朝堂上的宰辅之臣,也公然索要贿赂。韩泰东说:"群下贪

---

① 李宜显:《庚子燕行杂识》,第386—387页。
② 李宜显:《壬子燕行杂识》,第506页。
③ 徐文重:《燕行杂录》,第355页。

· 156 ·

第三章 朝鲜燕行使的"清朝观"

溴之风尤甚,若言其目见者,则李霨、额星格等,或为大臣,或为居宰列,乃与外国人公约赂物,罚银文书将入之际,星格送其奴子来到馆所,预所赎金,不知廉耻。见一事可知其余,于外国亦然,内服必甚矣。"① 在"沈阳受赂,故纵犯越罪人"的松柱,竟然被任命为阁老,闵镇远评论道:"此人为相,此国用人之颠错,可以推知也。"②

朝鲜使臣自身也有许多被清朝官员勒索的体验。康熙五十一年(肃宗三十八年,1712),闵镇远一行从山海关出关时,遭到了把守将领的勒索。出关时,三使臣倒是顺利放行,但是"卜物及诸译"被扣留下来。扣留的表面理由是"卜物驮数"与文书所载有所出入。不过,朝鲜使团明白,这是有意索要贿赂。朝鲜译官以"山海关给赂,曾无前例",坚决不给贿赂。把守将领不甘心,又索要清心丸。不得已,译官拿出所储清心丸,又被城将抢去扇子后,"始许出门"③。

乾隆二年(英祖十三年,1737),为奏请清朝册封朝鲜世子,朝鲜派遣使团前往北京。在北京,先是通官向使团索要贿赂。通官金常明向朝鲜译官李枢表示,他与负责礼部事务的十二王关系非同一般。如果使臣想要册封世子的事情顺利通过,他可以代为疏通。李枢对此表示怀疑,常明吹嘘道:"吾是头等大臣也。虽是必成之事,岂容对汝辈遽尔明说耶?"并让朝鲜使臣安心,"自前汝辈之有事来,吾谓汝放心,而事未有不偕者,此可信矣"。接着,常明又暗示说,世子年纪太小,此事恐有难度。于是,提出需要一些经费来疏通关系,说"明日吾见十二王,酬酢后亦当相报矣","周旋之际,自多用处,五千金备置可也"。李喆辅感叹道:"所谓头等大臣,索赂乃如此。可骇!"④

既而,又遭到礼部郎中的公然勒索。因朝鲜文书迟迟得不到礼部的复文,朝鲜使臣请通官金常明转托礼部尚书三泰,请为催促礼部官

---

① 韩祉:《两世燕行录》,第248页。
② 赵荣福:《燕行录》,第288页。
③ 同上书,第334页。
④ 李喆辅:《丁巳燕行日记》,第478页。

员。数十日后，礼部主客司五郎中招见译官李枢、崔寿溟等。李枢、崔寿溟等到达礼部，五郎中上来就问："自前例有本司应给之礼物，而汝辈之尚无消息，何也？"公然索贿。李枢以向无前例，反问道："应行礼单入来后，即已输上，此外元无前例。则岂有尚不举行之理乎？"郎中见索钱财有困难，转而索要物品，说："非此之谓也。此外岂无例乎？银则虽给之，吾辈决不肯受□。至于如纸地等物，岂必辞乎？"李枢坚持没有先例，与之针锋相对地说："如纸地等微物，固何足惜，而无例，故不得举行矣。"主客司郎中大怒，咆哮道："汝辈□嘱于三大人（礼部尚书三泰），使三大人招我辈而诘责之。"原来主客司郎中此举，不仅为了索要贿赂，也是表达对朝鲜使团透过三泰给他们施加压力的不满。接着主客司郎中威胁道："汝辈之道得乎？三大人虽有云云，即今祭享文书紧急而体重，故他文书则未暇焉。十六日决不可出去矣。"朝鲜译官见状，只得温辞哀乞。使团书状官李喆辅在他的《丁巳燕行日记》中记载了这一事件，并评论说："彼虽夷狄，顾其位，则乃大国之官也。安有大国之官，白日坐于公堂，而显言索赂如此者乎？可丑！可丑！"①

在职官员，上至宰辅，下到胥吏，均贪渎成风，取士与选官必然也无公平可言。在与清朝士人对话中，朝鲜使臣往往关心清朝的科举取士制度。而从中他们得出的认识是，清朝的功名必须依靠贿赂才能取得。康熙三年（显宗五年，1664），归途中的朝鲜使团在一桥边与一秀才相遇，副使问道："既是秀才，何不决科耶？"秀才答道："无银何得占科。"洪命夏又问他为什么不做官，秀才答道："无银做官不得云。"从中，洪命夏得出的认识是，"北京取士，皆受赂"②。

康熙五十一年（肃宗三十八年，1712）三月二十五日，前往北京的朝鲜使团抵达狼山。当晚，住宿于此。主人之侄自称能文。于是，诸军官问道："汝果能文，则可望决科做官否？"其人回答说："近来

---

① 李喆辅：《丁巳燕行日记》，第507—509页。
② 洪命夏：《甲辰燕行录》，第337页。

第三章　朝鲜燕行使的"清朝观"

非赂则难做官,如我贫者,何敢望乎?……衙门处处向南开,有理无钱休入来。此诗传诵久矣,岂不闻乎?"诸军官又问及,科举总该是公平选举了吧?其人的回答仍是否定的,他说:"此亦近年来大段淆杂,勿论文物科才,虽入格,无赂则拔去矣。"①

官员也是靠贿赂才能获得官职。孙万雄从副使与一名叫张旺的甲军的对话中,得到了一份清朝官员的价目表。

(副使)问州县之职皆纳银做得,有若汉时之卖官云,诚有是事否?

(张)答曰:果有之,知县纳银三千两,知州纳三千五百两,知府纳三万两,然后差除。而有一命之资者,可以图得贤良,虽有百万金不可为也。

(副使)纳银然后赴任否?赴任然后纳银否?

(张)答曰:先纳价银,然后乃可差职,故称贷。而纳者之任之后,既征做官之银,又为自己衣食之资,征敛多般,民实难堪云。

……

(副使)又问:既以财得官,则罪以财免否?

(张)答曰:求官者,行赂于吏部;负罪者,行贿于正堂,皆随其愿,无不可图云。②

这样,不仅官职可以买到,获罪者也能以行贿而免罪。闵镇远更从一郑姓商人那里得知,买官虽然明码标价,但买官的过程中,还需另行贿赂。郑姓商人说:"近年此国有卖爵之规,知县直银二千两,知州四千两,知府六千两云";"买官之际,贿赂所费倍于元价"③。

除了上面这幅清朝官员的画像外,朝鲜使臣还描绘了另外一副面

---

① 赵荣福:《燕行录》,第218—219页。
② 孙万雄:《燕行日录》,第369—370页。
③ 赵荣福:《燕行录》,第249页。

孔。对于朝鲜长期存在着的有关清朝毫无纲纪、贿赂公行的成见，金昌业并不赞同，他说"尝闻此国人多欲，近来无纲纪，百事皆以贿成。今来见之，亦不如此矣"。相反，金昌业认为："此国人心明量大。非事则虽极有口辩以饬其辞，亦无信听之理。是事则初虽误认，以理争之。旋即解惑。"①

金昌业之所以有如此判断，是因为他此次出使与礼部发生的一桩纠纷。这桩纠纷的顺利解决，使金昌业对清朝制度的认识大有改观。原来，礼部在接受方物时，因"方物移准中物种所录有与岁币文书异者"，由此引起纠纷。朝鲜官员以"此依前例而然，非误也"，据理力争。但因首译等翻译人员不识文字，"不能明传遇文之言，令礼部官解听，终至语塞"。首译提出的解决方案是行贿，他对使臣说："礼部官执言于移准文书，事将不顺，须多用赂，可无事"。使臣本打算接受这个建议，行贿礼部官员。但是，书状坚持"文书不错"，斥责首译不能详细解释。"以文字书其曲折"，让首译持书与通官，复往礼部，上通事张远翼，根据所书，言于礼部官员。礼部官员回复："汝辈果是。"此事由此得以解决。②

实际上，朝鲜使臣越来越意识到清朝有一套严密的制度。参加过康熙晚年朝参的李宜显，注意到"立班后出送，无一纷挐声"，他由此得出的看法是"可见纪律犹未颓坏也"③。乾隆十九年（英祖三十年，1754），俞拓基在朝参时，也见到了清朝礼仪的肃穆，他说："元日，大小官人之赴朝者，相络续不绝。前导一灯，各从品级，以为大小，皆书其职号。后又有一人持毡坐以随。无一喧豗哗笑声，可知其法度之整肃矣。"④

朝鲜使臣还注意到，清朝虽然有贪污受贿的弊端，但由于法度之严密，亦能维持纲纪之不坠。康熙二十五年（肃宗十二年，1686），书状官吴道一（贯之，1645—1703）从译官手中获得沙澄等勘罪的

---

① 金昌业：《燕行日记》（二），第483页。
② 同上书，第481页。
③ 李宜显：《庚子燕行杂识》，第384页。
④ 俞拓基：《知守斋燕行录》，第98—99页。

第三章 朝鲜燕行使的"清朝观"

题本。沙澄因荐举王曰曾而获罪。对此，沙澄辩解道："王曰曾莅职日浅，初不知不合学官而误荐之。"沙澄的这一伪饰之辞，并没有作用，有官员指出："王曰曾为礼部郎中已余一年，何得言日浅，其所刺举不少饶。"从给沙澄定罪这个事件中，吴道一看出"其纲纪尽有不紊者矣"。对清朝纲纪能够维持不紊的缘由，吴道一的理解是："大抵清皇虽喜游猎，傲然矜高，然颇能总揽，不至政委臣下。达官虽有受赂贪财之习，然至于大事则不无持循矩度，不至大煞颠倒矣。"① 雍正时期，来到北京的金舜协则看到清朝司法制度公正无私的一面。这一点集中体现在"虽贵要不少贷"上。曾出使朝鲜的清朝大臣阿克敦，乃"满人之稍以文墨自任而历翰林，甚见宠用于时者"。尽管如此，雍正七年（1729），还是"以广东西总督坐赃被拿，以铁锁囚之"②。乾隆时期，使臣李喆辅逗留北京期间，获得一本题名"则例类编"的册子。翻阅过这个小册子后，李喆辅得出这样一个印象："法意颇详密，就其中一二观之，余可类推。"那么，清朝的制度中究竟具备什么样的性质，让李喆辅产生这样的印象呢？只要略举几条李喆辅从《则例类编》摘录的条例，大致能够清楚吸引李喆辅的究竟是什么东西：

　　凡官员因事夤缘馈送礼物发觉，与者、受者均革职。
　　府州县等官，并无公事，谒见逢迎，冀得欢心，并赴省拜寿，夤缘通赂者，俱依馈送礼物例处分。
　　凡奉旨官员，下程科敛百姓，俱照贪官例处分。
　　官员应给民价不速给，迟延者，罚俸一年，如半给半不给者，降二级调用，竟不给者革职。
　　官员衙役犯赃失于觉察，十两以上者革职，一两以上者降二级调用，不及一两者降一级调用。③

---

① 吴道一：《丙寅燕行日乘》，林基中编《燕行录全集》第29卷，第188—189页。
② 金舜协：《燕行录》卷之下，第301页。
③ 李喆辅：《丁巳燕行日记》，第535—536页。

◆ 17—18世纪朝鲜士人眼中的清朝

这些条例从官与官的关系、官与吏的关系、官与民的关系等方向展开对官员的管理，其基本取向是把官员的私人关系排除在外，将官府的运转限制在既定的规范之中。

繁盛与安乐：清朝治下的社会与百姓

在与清朝百姓的交谈中，朝鲜使臣越来越感受到清朝形势向着天下太平的方向发展，百姓的生活越来越富足，他们对清朝的认同也日益加深；在朝鲜流传着的清朝处于内忧外患中的传说，多半是朝鲜一厢情愿的想象。

康熙初年，洪命夏在与沿途所宿民舍的主人对话中就发现，关外的赋役并不繁重。如甲辰三月十五日，使团在旧辽东城吃午饭，洪命夏与负责接待的民舍主人闲谈，问及清朝赋役，得知"大概东八站居民无他役，只供我国使臣时粮饼、柴草而已。此外则计民丁数，收银入于沈阳，分给诸处甲军，而每朔给二两云"。并且，听说清朝有士绅与百姓一同纳税的举措，既有均赋的效果，又减轻了百姓的负担。"外方民役不均，如我国两班者，均不应役，小民偏受其害，辅政闻之申饬诸省修改田籍，列录姓名，使之均赋，而不肯应役者，一切论罪。而如儒生者，则不许入属太学，故近年民怨颇止。"①

康熙二十一年（肃宗八年，1682），在凤凰城入栅后，韩泰东遇到一自称为朝鲜人的男子。二人间有一番简短的对话：

余问：颇思旧土否？

曰：时年之壮，岂无乡恋乎？今老矣，此地亦安乐，无他苦，绝归望矣。②

韩泰东感叹道："可见其习安异俗，无心返本也。"由此也可看出，随着清朝社会秩序日趋稳定，百姓生活条件得到改善，就连生活

---

① 洪命夏：《甲辰燕行录》，第267、318—319页。
② 韩祉：《两世燕行录》，第206页。

第三章 朝鲜燕行使的"清朝观"

在清朝境内的朝鲜人,也开始对清朝产生认同感。

雍正元年(景宗三年,1723),黄晸(阳甫,1689—1752)问永平府一位秀才道:"即今国中无征伐之事,而一向太平耶?"秀才回答道:"新君登位,天下宇静矣。"接着又询问了清朝的农业生产状况,得到的回答同样是:"两泽及时,农形大熟。"① 乾隆二年(英祖十三年,1737),李喆辅在驿站甜水店向满人赵鹤龄询问同一问题。李喆辅问道:"即今天下太平,民皆乐业否?"赵鹤龄答道:"新皇帝圣明,民皆安乐矣。"李喆辅又问关外赋役情形。赵鹤龄回答说:"满人则皆属于八旗。若干业民者,皆是汉人。大抵民户绝少,而别无身役,所耕田税,一日耕例不过银四分,或钱十五分而已。至于军丁,则尤无他役,皆给复而终其身矣。"② 呈现出的仍然是一幅轻徭薄赋、天下太平的景象。

敌对势力的渐次荡平,社会秩序趋于稳定,加之清朝有意实施的轻徭薄赋政策,社会逐渐恢复了往日的繁荣景象。燕京与通州的富庶就带给朝鲜使臣深刻的印象。康熙十六年(肃宗三年,1677),孙万雄来到北京时,这里已经是车水马龙,一片繁荣景象。将入城市时,孙万雄看到:"周道如砥,车马如簇,满汉相杂,士女辐辏,纷糅喧聒,无隙可行。使甲军先驱,然后艰得前进。盖闻都城凡九门,而皆如是骈填云,壮矣哉!与上使具冠带渡石桥,入东大门,即朝阳门也。门楼三层,缥缈云中,门外曲城,亦建石柱层楼,而大厦长廊,夹路左右,朱口画栋,前后相属,列肆通衢,万货山积,长街大道,肩磨毂击。倘所谓连衽成帷,挥汗成雨者,非耶?"③ 康熙二十五年(肃宗十二年,1686),吴道一来到通州,注意到此地商贾辐辏,贸易极为发达,"将到潞江,望见帆樯森立如簇,横亘数里,隐映林木之间。盖陕西、山东、江浙之间富商大贾,浮家泛宅,争辐辏于此,故如此云。仍舟渡江到通州。自城外数里许,市廛扑地,车马簇路,

---

① 黄晸:《癸卯燕行录》,第 275 页。
② 李喆辅:《丁巳燕行日记》,第 440—442 页。
③ 孙万雄:《燕行日录》,第 353 页。

殆至肩相磨，毂相击"。吴道一觉得，通州的雄盛，可以和"皇城相埒"了。不过，等他走到北京时，就发现，这里更加繁荣。"到北京城门外半里许……仍更著朝衣，舍轿跨马，由朝阳门入。城隍之巩固壮盛，楼阁之宏侈巨丽，闾阎市肆之稠密殷富，真天下壮观也。入门时，车马簇沓，男女骈阗，仅仅容身。而入城内，通衢大道，人肩相磨，风埃涨空。行数里，望见有一门楼，即海岱门，而宏固巨丽，与朝阳门等。方之我国都城东南门，则高广皆可倍蓰。"① 类似这样的认识，绝非仅见于孙、吴等少数人，实际上，只要翻阅朝鲜使臣的燕行文献就会发现，详细描述北京、通州之繁盛的文字比比皆是。这一繁荣的景象，有力地粉碎了朝鲜有关清朝危机四伏、民生凋零的想象。

  本章通过朝鲜燕行使的游记，分析这样几个问题：在朝鲜士人眼中清朝究竟在什么方面表现出夷狄的样子？在与清朝的交往中，朝鲜燕行使是否注意到清朝逐渐发生的变化？从朝鲜燕行使的游记中，我们首先看到，以"腥膻"与"衣冠"这两个意象为代表，朝鲜燕行使对清朝的直观体验。它们表达着深受儒家文明熏陶的朝鲜士人在感官体验的层面上对清朝的拒斥。不过，感官层面上的因素是易变的，它会受到其他因素的影响而发生变化。透过"衣冠"，我们注意到朝鲜对清朝的不认同，一个重要的理由是清朝欠缺以等级制度为核心的礼乐之治，它具体体现在清朝上下没有等级区隔、崇尚佛教荒废儒学、皇帝荒淫无行、官员贪婪。不过，随着与清朝交往的加深，朝鲜使臣也并非没有看到清朝好的一面。例如，他们注意到清朝也有区别等级的制度，尽管它与朝鲜的不同；皇帝并非只知玩乐、敛财，他们也是勤政爱民的明主（不过朝鲜使臣始终没有把他们视为儒家之圣君）；官员也能谨守法度、秉持公正。最为重要的是，在清朝治理下，经济繁荣、百姓生活安乐，这正是儒家所期盼的治世。

---

① 吴道一：《丙寅燕行日乘》，第173—176页。

第四章 "胡无百年之运"与"小中华"意识

上一章的论述表明,朝鲜使臣对清朝的叙述,绝非简单、刻板的,它们呈现的是一个复杂、多面的形象。既有朝鲜使臣的成见,又有他们直接观察到的事实。这就给我们带来一个问题,为什么在观察到清朝如此多正面的因素后,朝鲜仍然无法认可清朝是一个正统的儒家王朝?

或许金昌业游记中所记载的一段译官金应瀗与清朝通官对康熙继承人的讨论,能给我们提供一些线索。金应瀗问通官:"诸王贤否?"通官回答说:"诸王为人皆无形,其中八王虽曰稍胜,亦平平人耳。十王极不良。皇帝死后,国事可知云。"金应瀗感慨道:"我国每年进贡,只为皇帝。皇帝死后,我辈岂复来乎!"① 从这个讨论中,我们可以觉察到,如果说朝鲜使臣开始对清朝有所认同,这完全是基于康熙皇帝个人魅力的关系,其中包含着相当程度的偶然性。它同样也在暗示,康熙皇帝是一个不正常的变量,随着他的逝去,清朝亦将回到它既定的轨道。这个既定轨道涉及朝鲜士人对历史、时运等范畴的理解。

本章以"胡无百年之运""小中华"这两个观念,以及围绕这两个观念展开的种种叙述作为研究对象,探究朝鲜有关清朝的认识是在如何通过这两个观念塑造而成的。

---

① 金昌业:《燕行日记》(二),第478页。

第一节 "胡无百年之运"：朝鲜认识清朝的框架

1745 年，该年在朝鲜是英祖二十一年，在清朝是乾隆十年，朝鲜左参赞赵观彬作为冬至正使出使清朝。① 此次前往北京的旅途中，赵观彬写下了众多的诗作，其中有这样两首：

《抒愤（丙寅）》：
宫观依然帝者居，宏规知是大明余。百年皇极无龙衮，五夜端门有象车。白象纵横皆贝勒，红头匼匝尽穹庐。堪羞弱国金缯使，跪叩殊庭尘满裾。

《以奉使虚随八月槎为韵书古体》（其六）：
去国嗟万里，作客已累月。胡运又新历，王迹余旧阙。山河揽危涕，天地搔短发。归路夷齐祠，欲采西山蕨。②

前一首诗描写赵观彬来到紫禁城，见大明宫殿之威严壮丽依然可见，然而物是人非，不禁悲从中来，"百年皇极无龙衮"。后一首诗以"胡运又新历"，表达了对于清朝能够长期维持统治的无奈感。1745 年在清朝历史上并不是一个具有转折意义的时间点，至多只能算是乾隆初政的一个小小总结。但是，无论对于赵观彬，还是对于整个朝鲜士人阶层而言，这一年恰值清兵入关百年，恐怕是能够唤起他们历史记忆的特殊年份。"百年"与"胡运"相连接提示我们，这个时刻在朝鲜士人的精神世界中，不只是一个时间的单位，更是历史的分界点。

---

① 《朝鲜英祖实录》卷 61，"英祖二十一年六月十七日"条载："赵观彬为冬至正使，郑俊一为副使，闵百祥为书状官。"
② 二诗见赵观彬《燕行诗》，第 597—598、600 页。

第四章 "胡无百年之运"与"小中华"意识

"胡无百年之运"的认识框架

"胡无百年之运"本是明太祖朱元璋论述元朝灭亡的说法。洪武二年（1369）十月，太祖朱元璋至元主的信中说道："我师未至，君已弃宗社去，朕谓君自知胡无百年之运，能顺天道，归我中国故土，上策也。"高丽使臣归国时带回的敕书中也说"今胡运既终，沙塞之民，无所总统"①。由此，"胡无百年之运"的观念随之流入朝鲜，成为朝鲜理解夷夏消长的基本思想框架。从努尔哈赤以"七大恨"告天伐明开始，朝鲜就用之来解释建州女真的迅速崛起。② 1644 年清朝入主中原以后，这一历史认识框架更成为朝鲜君臣处理与清朝的关系，以及理解清朝种种作为的最为基本的思考方法。根据"胡无百年之运"这一基本的历史认识框架，朝鲜君臣普遍相信，清朝占据中原只是暂时的现象，如同元朝一样，不到百年，清朝也必然退出中原。

透过"胡无百年之运"这个滤镜的折射，清朝的种种表现、作为，在朝鲜士人眼中，往往会呈现另外一番样态。宫室的俭朴原本是康熙皇帝崇尚儒家的一种表达，他自己就常说："居敬行简，方为帝王中正之道"；"从来与民休息，道在不扰。与其多一事，不如省一事"③。朝鲜使臣看来却不然。康熙五十三年（肃宗四十年，1714），朝鲜使臣韩祉（锡甫，1675—?）参加元旦朝贺时见到，"阙皆明时所创，壮丽宏广，殆不能名状。宗庙在左，社稷在右，香檀侧柏之属已成拱抱，太和殿年前改构，极其高壮。第大小殿宇，不加修饰，丹腹漫漶，转壁穿陷，似不复有顾惜葺治之意"。韩祉看来，这正好说明了清人没有打算在中国久待，"岂百年之运将讫，视之若逆旅而

---

① 《明太祖实录》卷 46，"中研院"史语所 1962 年版，第 926、908 页。
② 万历四十六年，光海君给明神宗的陈奏中说："蠢兹奴酋，女真遗种，窃据阻隘，潜蓄凶谋，始为龙虎将，转称建州主，吞并忽温，婚媾蒙古，统合诸落，兵已满万……不图敢侮大邦，直犯边境，骊突城堡，戕害将吏。此乃胡运将尽，自速其荡灭者也。"（《朝鲜光海君日记》卷 128，"光海君十年五月二十二日"条。）金国统一女真、蒙古诸部，直接挑战明朝的历史进程，在朝鲜看来，则是胡运不可长久、夷狄由盛而衰的表现。
③ 《清代起居注册·康熙朝》第 1 册，中华书局 2009 年版，第 B437、B427 页。

然欤？"①

康熙二十年（肃宗七年，1681），平定"三藩之乱"，这本是清朝基本底定疆域的标志。然而，该年冬至返回汉城的使臣，带回了不同的信息。肃宗八年（1682）三月戊辰，冬至使臣觐见，肃宗大王问及"南方已尽平定"的消息是否可靠。副使南二星（仲辉，1625—1683）奏称"其言似不虚"，但随即话锋一转，说道："清主自平南之后，妄自夸大，谓天下事无复可虞。沈阳之行，托以报祀其祖，而多发军民，专事游猎，故所经五百里，怨声载路。此必胡运将尽而然也。"书状官申琓（公献，1646—1707）表达了同样的看法，"以其举措观之，则朝夕可亡"②。

在"胡无百年之运"叙述中，屡屡被提到的就是长城、关外城池的废弃。康熙三十八年（显宗十年，1699），姜铣经过永平府，见到"永平，古右北平，亦一都会也，人物之盛，城郭之壮，与山海关相埒，而城楼倾废，而不为重修，仓廪圮颓，而亦不修葺。皇明文物只有废城颓楼，只令人感怆而已"；并由此得出结论："意者，清人无久远之虑而然欤？"③康熙四十五年（肃宗三十二年，1706）右参赞李颐命向肃宗大王呈献"辽蓟关防图"，劝肃宗及早修整武备，他用来支持自己观点的主要证据正是："臣往来燕路，伏见清人，不修内外城砦，惟于沈阳、宁塔，增埤峙财，疑亦不自期以百年之运。"④雍正年间出使的金舜协，这样描述他对山海关一带的观感：

闻胡皇内有早晚逃归之计，故山海关门楼倾颓而无余，城堞圮毁而不固。且吴三桂所割长城之处，至今成路，其余城邑，颓圮将尽，而视居天位如视逆旅，曾无动念修葺之意。而外施大言，掩人耳目，曰帝王之为治，在德不在险。如以险为可守焉，

---

① 韩祉：《两世燕行录》，第313页。
② 《朝鲜肃宗实录》卷13，"肃宗八年三月二十日"条。
③ 姜铣：《燕行录》，第521页。
④ 《朝鲜肃宗实录》卷43，"肃宗三十二年正月十二日"条。

第四章 "胡无百年之运"与"小中华"意识

则朕之先皇何以路长城而家四海乎云云。然其实则怯云耳。①

然而，对清朝皇帝而言，其正统性的根据即在于中外一统、华夷一统的"大一统"。长城内外防御工事的废弃，正是这一思维下的产物，它体现着"王者无外"的天朝治理逻辑。

在清朝满语、汉语并用的格局中，朝鲜使臣也看到了"胡无百年之运"的影子。崔德中说："宫内之人皆用清语，第皇帝虽知一国内两音、两书之难行，若舍清全汉，则他日败出之后，更行必难。故守其本而不禁汉。"② 金舜协在参加鸿胪寺的朝参礼演习时，注意到清朝典礼所使用的语言是满语。他同样从"胡无百年之运"的方向去解释这一现象：

> 胡皇窃据神器之后，常怀胡无百年运之忧，且念元顺帝逃归旧土之□，设有早晚穷蹙之患，则欲归于宁古塔，而清语与汉语不啻悬隔。今若徒习汉语，而专昧清语，今后虽还宁古塔，得乎？是以，朝士无不学习诸国之语，而至于清则尤专工焉。凡有所奏于皇帝者，必用清语，皇帝亦必以清语为常用之言。故赞唱以清语唱之，盖所以用于郊庙、朝廷之礼者也。③

清朝"中国化""华化"的过程，在"胡无百年之运"的视野下，反倒也成为清朝衰败的表征。康熙二十五年（1686），吴道一来到清朝时注意到，由于"邦内乂安日久""皇帝颇留意文事"，清人已经具备相当的文明程度。其文明性表现在两个方面：其一，清人有了姓氏。"清人本无姓氏，自四五年间，皆有姓氏。其母汉女则仍袭母姓，否则别作姓氏。"其二，清人中读书人越来越多。"无论清汉，家家村村，虽隶儓下贱，稍伶俐儿子，则无不挟书诵读，清人中至有

---

① 金舜协：《燕行录》卷之下，第295页。
② 崔德中：《燕行录》，第85页。
③ 金舜协：《燕行录》卷之下，第295页。

比律作诗者。"① 照常理推测，朝鲜使臣应当对清人这一变化趋势感到欣喜。可是，吴道一却对清人的文明化做出负面评价。他引用苏轼的话"夷狄尚礼乐则必亡"来表达他的观点。

为什么文明化反而会导致胡人政权衰亡呢？这是因为：一方面"礼乐不可遽然能之"，真正的文明化需要漫长的时间。另一方面，随着文明化程度的加深，胡人自身的特性——"胡性耐寒耐饥，习于弓马，勇于战斗，此其所以难御也"——就会逐渐消退。这样，文明化了的胡人所面临的问题就是，既丧失了自身赖以立国的长处，又没有真正把握文明的精髓，施行礼乐之治。在逻辑上，最有可能的结果就是，一个只有具备文明外壳的支配形态。这种情况下，胡人只会附庸风雅，骄奢淫逸，最终其政权必定土崩瓦解。从这一逻辑出发，吴道一看到的清朝就呈现出这样一幅景象：

> 今者清人入中国四十余年，狃于温饱，习于安逸，专以射利营生为事，间有以诵读吟讽为业者，其鸷悍勇刚之气，固已减其十之七八矣。且云南俘虏人等，全数移置关外。关外居民中，南人殆过半，其中能文辞、达于事理者，亦往往有之。此辈今虽怖威投顺，其心则仇敌也。一朝有事，则难保其必为纯民。此皆清国丰侈豫大，恬喜玩愒，全然不以外惧为念之致。即今清国訏谟者中，其无长虑远识如洪太始、九王之类可知矣。②

当见到康熙皇帝御制的《四书解义》序、《书经解义》序时，吴道一虽然也惊讶于康熙皇帝"文颇畅达，见解亦粗通"，但还是对此持否定态度：

> 胡人本以弓马创基，而从事章句之间，则其区区文字固不足以致文明之治，适所以并与其长技而病之，未必不为邯郸学步。

---

① 吴道一：《丙寅燕行日乘》，第178页。
② 同上书，第178—179页。

第四章　"胡无百年之运"与"小中华"意识

况微察彼中气色，清皇傲然自圣，以矜高为事，大小臣僚谄佞是务，虚伪成风。①

并且从这两篇序文中，他还觉察到清朝虚饰文治的倾向，"今此作序文，颁示中外，出于夸炫之致，而其文亦未必全出于其手，其中政治据此可知"②。

清朝对朝鲜的体恤、优待，也往往被解释成清朝为百年之后预作筹谋。雍正皇帝对朝鲜的宽待，被视为清朝未雨绸缪之计。英祖时期，持平金尚重更告诫英祖要警惕清朝给予朝鲜的恩惠，说："胡无百年之运，天已厌之，而凡我所请，彼无不曲副，则动色相贺，如受大惠。奉使者又夤缘曲径，希觊弥缝，如象舌辈，安知不宣露事情乎？逆种漏网，潜商犯越，国忧未靖，边衅屡生，宜饬中外将兵之臣，留意戒备。"③

"自甲申至今九十年，岂有长久升平之理乎"

18世纪上半叶，百年之期临近，"胡无百年之运"被频繁谈及。英祖六年（雍正八年，1730）十二月十六日，诸臣入侍，南原县监尹东源（士正，1685—1741）奏称："虽以我国事言之，以弱事强，恰满八九十年。当初服事，虽出于不得已，而人心恬憘，以为太平，殆不知有丙子事矣。胡无百年之运，自甲申至今九十年，岂有长久升平之理乎？"④英祖八年（雍正十年，1732），持平南泰良（幼能，1695—1752）上疏：

臣于去岁，奉使留燕，窃有隐度于心，自古夷狄之主中国，非有仁义德礼，服天下之心而臣之也。华夷杂处，祸变层生，苟无圣人之应期，则漠北诸种，必将因其衰而代之。盖今胡运之

---

① 吴道一：《丙寅燕行日乘》，第183—184页。
② 同上书，第184页。
③ 《朝鲜英祖实录》卷37，"英祖十年二月二十八日"条。
④ 《承政院日记》"英祖六年十二月十六日"条。

穷，不十数年可决，而蒙古强盛，异时吞并，必至之理也。迩来，译院蒙语，承讹袭谬，转失本真，使他日危机交迫，而专对之臣，文字不通，译舌之辈，言语乖异，则国家之患，必当在此。①

以为中原虽然没有像朱元璋这样的圣王出现，但是百年之期将至，十数年间，北方蒙古将南下灭清，建议英祖早做打算，培养精通蒙古语的人才，应对危局。

朝鲜君臣开始从各个方面来猜度清朝衰亡的迹象。首当其冲的自然皇位交替时期，皇帝去世留下的暂时性权力真空，新皇执政的不确定性、王朝可能出现的动荡，都给朝鲜君臣带来无限遐想。

早在康熙五十一年（肃宗三十八年，1712），记事官黄㦂（美叔，1670—？）就推测康熙晚年将有夺嫡之争："以时势论之，清人之得国，非有功德之所基，只是坐收渔人之功耳。古语曰：'胡无百年之运'。康熙若殂，则诸子必争国，其亡其翘足待也。早晚我国之受害必深矣。"②尽管雍正皇帝即位并没有出现朝鲜君臣预想的动乱，不过，雍正四年（英祖二年，1726）胤禩、胤禟获罪，朝鲜又燃起了新的希望。该年九月初十大臣会议，左议政洪致中（士能，1667—1732）陈言：

彼中声息，即今虽无形见之忧，而概以事理推度，则胡无百年之运，而升平已久，其势不长。康熙自是豪杰之主，政令施措，动合事宜，至今维持，皆其余荫。而雍正则不能然，虽以今番使行所闻言之，将有骨肉相残之渐云。虽是夷狄，骨肉至于相残，则岂能保有其国乎？彼国若有事，则我国亦必不能安。及今无事时，若无预讲备御之策，而一朝风尘有警，将何以应变乎？③

---

① 《朝鲜英祖实录》卷31，"英祖八年二月十三日"条。
② 《承政院日记》"肃宗三十八年正月十七日"条。
③ 《承政院日记》"英祖二年九月初十日"条。

第四章 "胡无百年之运"与"小中华"意识

新一轮的皇位更替发生在1735—1736年，朝鲜君臣听闻消息，以为清朝即将衰亡。实际上，随着雍正皇帝离世清朝是否会衰亡这个问题，在雍正末年就有过争论。右议政赵文命以为"雍正非一代即亡之主"，英祖大王反驳说："崇祯皇帝及汉献、后主岂尽亡国之主，而国势已倾，故至于覆亡。雍正之不亡，岂可必乎？"① 英祖大王这套说法的背后，还是"胡无百年之运"的观念，国势倾颓非一二君主个人之贤明所能挽回。英祖十二年（1736）二月，雍正皇帝去世的消息传来，刑曹判书宋真明说："虽以昨年九月事观之，始闻胡皇之丧，人心波荡，及闻新皇即位之后，始乃稍定。而彼中虽曰粗安，胡无百年之运，而崇尚文治，亦非其本色也。"② 进香使传回的清朝见闻肯定了这种看法。书状官李润身（德仲，1689—？）以为清朝表面看似太平，实则内里暗流涌动，"以外面见则年丰，皇帝且慈仁，可谓太平，而政令多曲尽细琐，纪纲颓废，其臣皆市廛殖货，嗜利无耻之类，意者胡运将尽矣"。根据多次出使清朝的亲身经历，正使洛昌君李樘（？—1761）说："臣十年再往，则人心纪律，判若二国，行中例赠人情，比前亦十倍。"副使李寿沆（叔谦，1685—？）也说："王大臣以下，贪淫无耻，总理国政者，举措亦多怪骇，且新皇诏下，多格不行。天子新政如是，将来可知。"③

乾隆元年（英祖十二年，1736）的冬至使则带回了乾隆皇帝柔弱、难以支撑局面的信息。书状官徐命珩（行玉，1687—1750）说"雍正之病，在于太刚，故乾隆惩而改之，过为柔弱云矣"；正使长溪君李棅（？—1766）说"雍正则聚财滥刑，务尚刚猛，乾隆则专以仁弱自处，凡事解弛"；副使金始炯（季章，1681—1750）说："胡运已过百年，乾隆之政令如彼，而尚今支撑，实未可晓也。"④ 年轻的乾隆皇帝给朝鲜使臣留下的仁弱印象，乾隆初政的挥霍铺张，让朝鲜君臣确信清朝垮台就在当前。英祖大王评价康、雍、乾三代帝

---

① 《承政院日记》"英祖六年十二月十七日"条。
② 《承政院日记》"英祖十二年二月初十日"条。
③ 《承政院日记》"英祖十二年四月初八日"条。
④ 《承政院日记》"英祖十三年四月初九日"条。

王，说"康熙则善君，雍正则亦善，而乾隆则仁弱"；行兵曹判书郑羽良（子翚，1692—1754）以为圣祖数十年积累的遗泽已尽，说"古人云，胡无百年之运，康熙之德，今几尽矣"①。乾隆十二年（英祖二十三年，1747），百年之期已过，赍咨官金兴祚带回了更为惊人的消息。金兴祚向英祖报告，清朝因国用耗尽，实行"颁禄收息法"，在扣除利息后，给官员预发俸禄，通过这种手段榨取官员的俸禄，供给皇帝个人挥霍。听闻此事后，英祖肯定地说："果如汝言，则亡国必矣。颁禄收息之法，实往牒所无，极可骇然。胡无百年之运，而彼以区区一虏酋，入主中国，久享百余年。今虽亡，渠何恨乎？"②

　　天灾亦是朝鲜探寻清朝衰亡的重要因素。天灾，被视为上天的预警，人世间虽然还没有显露变化的迹象，但天意可能已经转变。雍正八年（英祖六年，1730）八月，北京地震。从雍正皇帝发布的谕旨来看，此次地震并不严重："京师于八月十九日巳时地震，当时即止，不为大患……其年久之房屋墙垣有坍塌者，损伤之人，亦不过千万中之一二。"③可是，英祖得知此一消息后的反应则是："闻彼中灾异异常，或者虏无百年之运，而我国亦当戒惧矣。"在朝鲜君臣的观念中，此一事件既然与"胡无百年之运"相联系，必定异常惨烈。领相洪致中说："今番彼地地震，前古所无，城内人家陷没，几至四万。"金在鲁也说："闻皇极殿一隅颓压云，此是亡征矣。"④判府事李台佐（国彦，1660—1739）则直接将之与元末故事联系起来，说：

　　　　今番赍咨官手本得见，则地震极怪异，累日不止，人民多死，至于皇帝乘龙舟设帐幕而经过云。此非传闻，而乃的报也。古史亦无如此之变，元时上都地陷，其国遂亡矣，似是胡无百年

---

① 《承政院日记》"英祖二十三年十一月二十五日"条。
② 《承政院日记》"英祖二十三年十二月二十一日"条。
③ 《清世宗实录》卷97，雍正八年八月丙辰上谕，第300页。
④ 《朝鲜英祖实录》卷28，"英祖六年十一月初三日"条。

第四章 "胡无百年之运"与"小中华"意识

之运,故如此,而此实非常之灾也。①

以为此次地震应百年之期,上天收回受命。于是,朝鲜君臣开始考虑如何应对即将到来的动荡局面。十二月十七日进讲,侍讲官李宗城(子固,1692—1759)奏称:

> 目今北京灾异,有显然覆亡之兆,不识诸臣以为何如?而臣谓眉睫之忧也。彼虽不亡,若失北京,则必归本土,沈阳距我平安道不远,平安一道将作弃地,此一可虑也。且宁固塔将军之不叛亦不可必,宁固塔将军若叛,则进不得北京,退不入宁固,其势必将来我六镇,此二可虑也。若据六镇,为久留之计,则我国形势,其将何如,三可虑也。人皆以壬辰、丙子之乱,至今说道……壬辰则国运方亨,且仗天朝之威;丙子则其意专在于欲得中原,故祸变旋定,而今则若失中原,其志必在于我国,到此地头,其将奈何?②

提醒英祖,朝鲜有亡国的危险,并强调此时不同于壬辰、丙子之时,必须早定"制胜之策"。

作为"话题"的"胡无百年之运"

"胡无百年之运"除了为朝鲜理解清朝形势、处理与清朝的关系提供基本的历史认识框架外,它作为一个"话题",成为朝鲜国内诸多政治讨论的切入点,为各种政治主张提供正当性根据。

与"胡无百年之运"直接相关的政治主张就是"北伐论"。北伐复仇是孝宗大王与宋时烈议定的国策。顺治六年(1649),仁祖大王去世,凤林大君即位,是为孝宗大王。孝宗诏宋时烈、宋浚吉等山林隐逸之士入仕,宋时烈上封事,建议孝宗"忍痛含冤……期以五年七

---

① 《承政院日记》"英祖六年十一月十七日"条。
② 《承政院日记》"英祖六年十二月十七日"条。

年,以至于十年二十年而不解",谋划北伐,为明朝报仇。① 但是,因事机泄露,为清朝侦知,孝宗被迫斥退宋时烈等人。直到孝宗九年(顺治十五年,1658),清朝监视松动,孝宗召回宋时烈,赐予貂裘,密谕"辽蓟风霜,将与同其驱驰也"②,以示北伐决心。己亥(孝宗十年,1659)三月十一日荆南幄对,③ 孝宗与宋时烈相约,"予以十年为期","养精炮十万,爱恤如子,皆为敢死之卒。然后俟其有衅,出其不意,直抵关外"④。然而,仅仅两个月后孝宗离世,北伐报仇的计划被迫中断。根据宋时烈的记述,孝宗决意北伐,正是基于胡运将衰的判断:

> 今日之所欲言者,当今大事也。彼虏有必亡之势,前汗时兄弟甚蕃,今则渐渐消耗。前汗时人才甚多,今则皆是庸恶者。前汗时专尚武事,今则武事渐废,颇效中国之事。此正卿前日所诵朱子谓虏得中原人,教以中国制度,虏渐衰微者也。今汗虽曰英雄,荒于酒色已甚,其势不久。虏中事,予料之熟矣。⑤

十余年后,肃宗即位,其时恰逢三藩之乱,尹镌上《甲寅封事疏》重提北伐之事,其文曰:

> 今日北方之闻,虽不可详,丑类之窃据已经久,华夏之怨怒方兴。吴起于西,孔连于南,鞑伺于北,郑窥于东。薙发遗民,叩胸吞声,不忘思汉之心,侧听风飚之音,天下大势可知已。我

---

① 宋时烈:《己丑封事》,《宋子大全》卷5,《韩国文集丛刊》第108册,第199—202页。
② 《宋时烈年谱二》,《宋子大全》附录卷3,《韩国文集丛刊》第115册,景仁文化社1993年版,第239页。
③ 宋时烈:《幄对说话》,《宋子大全》拾遗卷7,《韩国文集丛刊》第116册,景仁文化社1993年版,第138—144页。此次诏对为君臣密议,《孝宗实录》仅载"上又命史官及宦寺并退去,而时烈独入侍,外廷之臣不知所达何事"。(《朝鲜孝宗实录》卷21,"孝宗十年三月十一日"条。)
④ 《承政院日记》"英祖二十五年五月二十二日"条。
⑤ 宋时烈:《幄对说话》,第138页。

第四章 "胡无百年之运"与"小中华"意识

以邻比之邦,处要害之地,居天下之后,有全盛之形,而不于此时,兴一旅、驰一檄,为天下倡,以披其势、震其心,与共天下之忧,以扶天下之义,则不徒操刀不割、抚机不发之为可惜。实恐我圣上逼追丕圣之心,无以奏假于我祖宗、我先王,而有辞于天下万世矣。①

对此,朝廷普遍反对,以为朝鲜国力弱小,"虽欲有为,亦不可猝发也";且"兵者,凶器,圣人不得已后用之。若穷兵黩武,是为汉武帝而已,不足法也"。尹鑴则以"胡无百年之运"来支持自己的北伐主张,他说:"我国形势,既异于是,况值此胡运将亡之秋,若欲十年教训,则数三年之后,天时人事,亦未知如何变更乎",强调时不我待,劝勉肃宗不可坐失事机。②

英祖二年(雍正四年,1726),宋时烈再传弟子韩元震(德昭,1682—1751)入侍,英祖问及:"我国以弱国,虽不能为复仇之计,使今日海东民生,能知其尊周之大义者,何事为大乎?"韩元震答道:

孝宗大王奋发大志,将以有为,而功业未半,弓剑遽遗,此岂但东土含生之至痛也,实天下万世之不幸也……然圣祖当日,欲为复仇雪耻之时,虏势方强,其势诚有所难者,然不计存亡,惟欲伸大义于天下,今则胡运已穷,欲有所为,正得其时。倘使圣祖而御世,奋发大志,欲伸大义者,必有倍于当日矣。③

孝宗与宋时烈君臣契合,"千古旷绝之异数",北伐最终化为泡影,实是时势所至。韩元震勉励英祖,如今胡运已尽,绍述孝宗之志,北伐复仇,必当成功。

相较于积极进取的北伐论,与"胡无百年之运"这个话题相联

---

① 尹鑴:《白湖集》卷5,《韩国文集丛刊》第123册,第77页。
② 《承政院日记》"肃宗二年正月初八日"条。
③ 《承政院日记》"英祖二年八月十二日"条。

系的,还有偏重于消极防守的备边之策。朝鲜三面环海,唯西北方向的咸镜道、平安道与清朝接壤。在朝鲜君臣眼中,清人视中国为逆旅,时刻做好退回关外的准备。他们相信,清人北还之后必将侵扰朝鲜。

肃宗时,同知事赵相愚(子直,1640—1718)曾待罪平安道江界府,曾考察当地山川地理,对朝鲜形势十分担忧,建议肃宗早早谋划善后之策:

> 自古以来,胡无百年之运,以今日形势见之,则他日之忧。江界西距百里之外,有满浦,满浦城外,只隔一衣带水,此外便是胡地,而胡骑常常往来。早晚彼人,一有崩溃之患,一枝自满浦,直渡江界,一枝自鸭绿江,沿江五六日可到江界,一枝自义州大路,由狄逾岭,便是顺路也。三路充斥大军……侵掠士女,洞喝我国……况狄逾岭,一夫当关、万夫莫开之地,而胡人留屯屡年,则国家不忍弃疆土,虽量一国之力,实不可支。此臣所谓他日之虑,不浅少者也。①

除了西路清兵可能三路犯境外,北路与宁古塔接近,也同样存在忧患。英祖元年(雍正三年,1725),副司直权和经上疏说:"窃伏念国家乂安……今虽无朝夕之忧……胡运无百年之久,彼若一下殿,则彼之许多子孙,安能以一灵塌之旧窟,尽得容身哉?当是之时,我之北路,与灵而接,西路距沈而近,其锋必先及我……岂可忘桑土之策哉?"② 英祖同样也对北路的安全表示担忧:"胡运岂能久乎?脱有事故,则北道最先受敌之地,北道事诚甚可闷矣。"③

义州府向西渡过鸭绿江就进入清朝境内,可谓朝鲜连接清朝的咽喉要道,无论是每年前往北京的朝鲜使臣,还是清朝入关之前两次用

---

① 《承政院日记》"肃宗二十六年二月二十六日"条。
② 《承政院日记》"英祖元年十一月初四日"条。
③ 《承政院日记》"英祖十二年十一月二十二日"条。

第四章 "胡无百年之运"与"小中华"意识

兵朝鲜,都是由此进出。因此,义州的防御问题也是备边之策中常常提到的。英祖十年(1734)义州府尹尹得和(德辉,1688—1759)在赴任之前入宫谒见,奏请英祖整顿义州防务,说:"臣曾以书状,往来彼国,粗谙事情……念胡无百年之运,西边之忧,诚为不细矣。边禁不可不严饬,斥堠不可不预备,而即伏闻白马山城,在于本府三十里之地,不善守护,多有颓圮之处云,脱有事变,无他防备之道,殊极闷虑。"①

对于来自北边的入侵,朝鲜一贯采取的是消极退避的策略,以西面的江华岛、汉城附近的南北汉山城作为避难场所,一有紧急状况发生就逃亡到这三个地方。这就意味着,江华岛、南北汉山城是维系王国政权存亡的最后一道防线。但是,经过百年升平,"文恬武嬉",三座城池几近荒疏。随着百年之期的日渐临近,朝鲜君臣开始积极考虑如何应对可能发生的战争时,三座城池的防备问题也提上了议事日程。英祖十四年(乾隆三年,1738),英祖召集备边司堂上官议事,右议政宋寅明(圣宾,1689—1746)上奏说"南北汉、江都,无一着实处,不可不预备,为依归之所也……即今以弓矢言之,一无可用之物矣",建议申饬三地守御使整备"粮饷器械";兵曹判书朴文秀(成甫,1691—1756)赞同宋寅明的建议,说"胡无百年之运,江都、南汉中一处须急预备,以御不虞,可也。以军粮言之,亦难支一月,及此时弓矢火药等物,皆预备宜矣"②。

"夷狄之攘中国亦多有矣,然未有若今时之久"

清朝入关以来,"胡无百年之运"构成朝鲜君臣理解清朝入主中原的基本思想框架。康熙以降的长治久安,透过"胡无百年之运"这个思想框架,都可以转换为暂时性:它不过是历史的短暂中断,待百年一过,天下自然恢复原有样态。因此,"胡无百年之运"作为一种思想装置,能够保证清朝所发生的种种变化不会与朝鲜既有

---

① 《承政院日记》"英祖十年五月初一日"条。
② 《承政院日记》"英祖十四年六月二十日"条。

· 179 ·

的历史认识产生冲突。但是,"胡无百年之运"存在一个固有的缺陷,就是它的时间向度。"百年"这个时间期限,原本有元朝的先例作为保证,在百年之内其有效性不会受到质疑。然而,随着时间进入18世纪下半叶,清朝不但挺过了百年之期,而且似乎会一直存在下去。对于朝鲜士人来说,"胡无百年之运"的有效性渐渐遭到怀疑。

在一次经筵上,英祖十分困惑地问道:"古书云胡运不满百年,而今胡之运,何如是也?"① 18世纪中叶,曾作为书状官出使清朝的李喆辅,在前往北京的旅途中,写下这样的诗句:"腥风日吹座,嘿嘿奈天何。揽涕昭王骨,伤心易水歌。百年还有运,万事欲无叱。弱国空怀愤,其如曵落何。"② 以此表达他对清朝长期存在这一历史现象的无奈。

随着"胡无百年之运"受到质疑,围绕这一历史认识所形成的对清朝的种种看法,以及朝鲜过往与清朝交往的种种经验都逐渐失效。这方面一个突出的例子是朝鲜士人有关"衣冠"的叙述。如上一章所说,"衣冠"是前往清朝的朝鲜使臣最爱谈论的话题。在朝鲜燕行文献中,常常能看到这样的叙述:"城中汉儿杂胡儿,指点衣冠还自疑……何时复见汉官仪,往事悠悠不可追"③;"皮币充壑溪,迩来六十春。何时明大义,重见汉衣巾"④。燕行使非常热衷于收集清朝治下汉人对朝鲜衣冠的态度,透过"衣冠"寻找到他们与汉人的认同,以此作为双方共同拒斥清人的曲折表达。另外,有关"衣冠"的叙述,也是朝鲜对其文化优越感的表达。

即便时间进入18世纪后半期,清朝入关百有余年,朝鲜士人还是能从"衣冠"当中找到认同与自信。乾隆三十一年(英祖四十二年,1766),洪大容来到北京。正月初四出正阳门观场戏回来时,在路旁食铺买元宵,偶遇山东来京候选的宋举人,与之攀谈,语及

---

① 《承政院日记》"英祖二十八年十月初五日"条。
② 李喆辅:《次副使歌字韵》,《燕槎录》,第386页。
③ 南龙翼:《燕行录》,第163—165页。
④ 闵镇远:《燕行日记》,第339页。

第四章 "胡无百年之运"与"小中华"意识

孔子后人：

> 余曰：孔子后孙，今有几家？
> 宋曰：即在山东已有千有余家。
> 余曰：幸君为我一见之。
> 宋曰：君欲见何意？
> 余曰：尊慕之极，愿见其孙。
> 宋抚其首曰：其衣冠与我一样，见之何益。
> 余闻之怆然。①

在和一见倾心的潘庭筠、严诚的交往中，洪大容说话更加直接："余入中国，地方之大，风物之盛，事事可喜，件件精好，独剃头之法，看来令人抑塞，吾辈居在海外小邦，坐井观天，其生靡乐，其事可哀，惟保存头发为大快乐事。"② 二人羞愧无语。情况似乎并非没有随着时间而发生变化，汉人士大夫仍然在仰慕着朝鲜衣冠中体现出的"汉官之威仪"，汉人百姓也通过观看场戏纪念着前朝典章文物。③

然而，羞愧垂泪、惊讶感叹这类朝鲜士大夫脑海中的标准反应，无论在汉人士大夫还是百姓那里都越来越少。朝鲜使行归途中，经过三河，偶遇山西贡士邓汶轩。与邓汶轩的一番对话，颇出乎洪大容的预料：

> 余曰：君见我辈衣冠以为如何？
> 邓生曰：甚好。

---

① 洪大容：《燕记·宋举人》，《湛轩书外集》卷7，《湛轩先生文集》三，第152页。
② 洪大容：《杭传尺牍·乾净衕笔谈》，第134页。
③ 洪大容虽然认为戏台奢侈，但也肯定它保存前朝制度的功能。"惟陆沉以来，汉官威仪，历代章服，遗民所耸瞻，后王所取法，则非细故也。且以忠孝义烈，如五伦全备等事，扮演逼其真，词曲以激扬之，笙箫以涤荡之，使观者愀然如见其人，有以日迁善而不自知，此其惩劝之功，或不异于雅南之教，则亦不可少也。"（洪大容：《燕记·场戏》，《湛轩书外集》卷10，《湛轩先生文集》三，第320页。）

· 181 ·

17—18世纪朝鲜士人眼中的清朝

> 余曰：此中剃头之法亦好否？
> 邓生曰：自幼习以为常，颇觉其便。①

对于衣冠，邓汶轩只以"甚好"答之，并无朝鲜士大夫习以为常的羞愧之态。至于薙发这等被朝鲜视为违背儒家伦常的野蛮行为，邓汶轩却是依稀平常，甚至觉得便利。其实，洪大容还在北京时，潘庭筠就说过类似的话："剃头则甚有妙处，无梳髻之烦，爬痒之苦。"② 18世纪下半叶，北学派另外一位重要代表朴趾源（美仲，1737—1805），从燕行使那里听闻浙江有剃头铺，榜书"盛世乐事"，他不禁悲叹道"习久则成性，俗之习矣"③。甚至于朝鲜衣冠由于与戏服相仿，反受到百姓的讥笑。"中国衣冠之变已百余年矣。今天下惟吾东方略存旧制，而其入中国也，无识之辈莫不笑之。呜呼！其忘本也。见帽带则谓之类场戏，见头发则谓之类妇人，见大袖衣则谓之类和尚，岂不痛惜乎！"④

汉人对朝鲜"衣冠"反应的变化，折射出的是夷狄长期占据中原所带来的最严重的后果，华夏子民全然忘却中国礼仪，以夷狄风俗为故常。其实，汉人渐染胡俗、不以为意的现象，早在康熙中后期敏锐的朝鲜士人就已经窥见端倪。如肃宗二十四年（康熙三十七年，1698）一次经筵上，进讲《资治通鉴纲目》五代一段，参赞官宋相琦（玉汝，1657—1723）拿五代和当下对比，说：

> 五代时，中国虽甚扰攘，华人犹耻夷狄之风，不欲臣服，而近来则中原陷虏已久，明末降虏之人已尽死亡，即今汉人之子孙，渐染习俗，不以为羞，而亦无奋慨之志矣……渐染习俗皆

---

① 洪大容：《燕记·邓汶轩》，《湛轩书外集》卷7，《湛轩先生文集》二，第179页。
② 洪大容：《杭传尺牍·乾净衕笔谈》，第169页。
③ 朴趾源：《自笑集序》，《燕岩集》卷2，《燕岩先生文集》一，《韩国历代文集丛书》第2457册，景仁文化社1997年版，第236—237页。
④ 洪大容：《杭传尺牍·乾净衕笔谈》，第210—211页。

· 182 ·

第四章 "胡无百年之运"与"小中华"意识

同，而亦无念旧之意矣。①

尽管朝鲜君臣对此甚感悲痛，"胡无百年之运，而使中国久假夷虏之手，诚可痛心矣"②；不过，其时尚在百年之内，朝鲜士人看来这不过是暂时性现象，他们相信百年之期一到，上天收回受命，中原将有"真人"崛起，振臂一呼，恢复华夏，人心自然扭转。

但是，到了18世纪下半叶，百年之期已过，清朝的统治将长期存在，汉人对胡俗习以为常转化为持久性的现象，对于朝鲜士人来说，这种现象已经超出了他们既有历史认识的范畴。生活在18世纪后半期的金钟厚（伯高，1721—1780），在写给洪大容的书信中，以"不思中国"集中表达了朝鲜君臣的这种全新的体验：

> 若彼之不思明朝，仆亦未尝以为罪也。来谕欲其没世之思不衰于百年之后，人情、天理之必不能染者，此诚然矣。顾陋意以为此当以言于三代若汉唐之革易，而不可言于明朝也。岂明朝之独可思哉。所思者，在乎明朝后无中国耳。故仆非责彼之不思明朝，而责其不思中国耳。
>
> ……
>
> 嗟呼！痛矣！宇宙以来，废兴无常，而夷狄之攘中国亦多有矣，然未有若今时之久，至使中国圣贤之遗裔皆熟习安恬，不复知有华夷之辩者。此志士仁人所以愈益愤痛，无乐乎生者也。③

金钟厚强调，他对于参加清朝科举考试的"剃头举子"的谴责不在于他们忘记前朝，而在于他们忘却了中华礼仪，这才是问题的关键所在。

如果说1644年清兵入关、明朝土崩瓦解，对于朝鲜君臣而言，

---

① 《承政院日记》"肃宗二十四年三月十三日"条。
② 同上。
③ 金钟厚：《答洪德保》，《本庵集》卷3，《韩国文集丛刊》第237册，景仁文化社1999年版，第381—382页。

◆ 17—18世纪朝鲜士人眼中的清朝

不啻是阴阳易位、"冠履倒置"之大变局;① 那么,这一变局在思想上带来的震动是延迟的。对于朝鲜士人而言,夷狄入主中原在中国历史上屡见不鲜,元朝甚至还建立了统一的政权,明清易代并没有超越朝鲜对历史的基本认识,清朝入主中原,朝鲜仍然可以透过旧有的历史认识框架获得理解。"胡无百年之运"帮助朝鲜国王及士人理解正在发生的事件,并把这些事件纳入既有的历史经验的范畴之中。但是,随着百年之期而来的是清朝的持续繁荣,以及汉人对清朝礼仪、制度的习以为常。"胡无百年之运"作为一个历史认识框架已经失效,朝鲜士大夫在清朝的体验也超越了既有的历史经验。到了18世纪末19世纪初几乎再也看不到有关"胡无百年之运"的表述。如何理解和应对清朝的持续存在及其取得的成就?以怎样的历史认识框架来容纳这些新的体验?这些问题成为朝鲜思想界必须面对的新课题。直到此时,明清易代在思想上引发的震动才真正显露出来。

第二节 "小中华":大明恩情?
抑或主体性觉醒?

"小中华"与大明

不少研究者注意到朝鲜存在着一种独特的"小中华"意识。在这种意识驱使下,朝鲜形成"明朝后无中国","中华文物"保存在朝鲜的意识。正是基于"小中华"意识,朝鲜有充分的理由拒绝承认清朝的正统地位。② 朝鲜何以产生这样一种"小中华"意识呢?

---

① 1644年5月7日,清朝敕书抵达王京汉城,朝鲜正式获知崇祯皇帝自缢、清兵占领北京。朝鲜实录这样记载朝鲜君臣获知这一消息时的反应:"是时,我国与大明绝,不得相通。及闻此报,虽舆台下贱,莫不惊骇陨泪。"(《朝鲜仁祖实录》卷45,"仁祖二十二年五月初七日"条。)根据朝鲜实录,朝鲜早在四月初十就已经从留驻沈阳的辅养官金堉、宾客任絖送回的奏报中得知,皇城被流贼围困,清朝准备乘虚而入(参见《朝鲜仁祖实录》卷45,"仁祖二十二年四月初十日"条)。现代研究者于此而看到历史的巨变,如葛兆光就从燕行文献的名称由"朝天"变为"燕行"之中,敏锐地觉察出这种变化(参见葛兆光《从"朝天"到"燕行"——17世纪中叶后东亚文化共同体的解体》,第29—58页)。

② 参见葛兆光《宅兹中国——重建有关"中国"的历史论述》第二章《西方与东方,或者是东方与东方——清代中叶朝鲜与日本对中国的观感》,第153—157页。

第四章 "胡无百年之运"与"小中华"意识

研究者发现尊明是"小中华"意识生成的重要媒介。朝鲜慕华观使其产生对明朝的彻底认同,随着明朝的灭亡,"其所认同的中华与明朝一同消失",由慕华观中衍生出"尊周思明"的"小中华"意识。①

朝鲜对明朝的认同,以及明清交替带来的认同感的缺失,的确是朝鲜"小中华"意识产生的重要因素。1636年,皇太极意欲称帝,遣英俄尔岱、马福塔率领蒙古使节前往朝鲜,敦请朝鲜国王与蒙古诸王公一道劝进。针对此事,司宪府掌令洪翼汉上疏说:

> 臣自堕地之初,只闻有大明天子耳……我国虽僻在海隅,素以礼义闻天下,天下称之谓"小中华",而列圣相承,世修东藩之职,事大一心,恪且勤矣。②

洪翼汉直接把"小中华""礼义""尊周攘夷"联系起来。朝鲜之所以被称为"小中华",是由于朝鲜懂得儒家礼义,具体则表现在能够将尊奉明朝、拒斥夷狄付诸实践。在这样一个逻辑之下,洪翼汉建议仁祖大王,处死英俄尔岱等金国使者,以示绝和的决心。

朝鲜对明朝的深厚情感也可以从朝鲜使臣在中国旅行时写下的感怀诗中看出。康熙年间,南龙翼《广宁行》中有句云:"将军有子领东师,至今威震扶桑陲。"③ 申晸(寅伯,1628—1687)《燕都感怀》云:"八月燕台露气清,万家烟树接云平。瓢稜落照迷秋色,太液寒波咽暮声。旧日山河空在眼,百年天地自无情。伤心海外孤臣泪,说到神宗已满缨。"④ 徐文重七绝云:"重恢旧国三千里,全赖大邦十万兵。揽□先王西狩地,皇恩汪濊遍东瀛。"⑤ 李颐命有诗作《忆万历》

---

① 参见孙卫国《大明旗号与小中华意识——朝鲜王朝尊周思明问题研究(1637—1800)》,第50页。
② 洪翼汉:《斥和疏(丙子春)》,《花浦先生文集》卷3,《韩国历代文集丛书》第1906册,景仁文化社1999年版,第101—102页。
③ 南龙翼:《燕行录》,第164页。
④ 申晸:《燕行录》,第545页。
⑤ 徐文重:《燕行杂录》,第271页。

云：＂百年星北拱，万折水东归。圣德非东顾，三韩且式微。昊天恩莫报，青史事曾稀。弱国今谁诉，南城魄被围。＂[1] 乾隆后期，蔡济恭有诗作缅怀崇祯皇帝云：＂呜呼崇祯帝，殉社于此中……红兜气扬扬，甲第称王公。萧条三韩使，驱马泪盈瞳。乌帽与犀带，还为市童讪。惟有玉河水，悲鸣带夕晖。＂[2] 类似这样的诗作，在燕行文献中比比皆是。

朝鲜之所以如此怀念明朝，是因为朝鲜普遍认为朝鲜与明朝的关系非比寻常，与过往朝鲜半岛政权归顺中原王朝的关系相较，具有完全不同的性质。具体而言，这一独特性体现在洪武皇帝赐号之恩与万历皇帝再造藩邦之恩上。那么，洪武赐号、壬辰援朝产生出怎样的独特意义，使得鲜—明关系与过往的鲜—中关系区别开来？为了理解这一问题，我们先回顾一下上一节中提到过的尹镌《甲寅封事疏》。尹镌历仕孝、显、肃三朝，这篇奏疏是在肃宗即位之年（康熙十三年，1674）所上，勉励刚刚即位的肃宗继承父祖辈的遗志，励精图治，整顿军备，北伐为明报仇。其中有一段描述朝鲜与明朝关系的文字，其文曰：

> 昔我康献大王，当丽季鼎革之际，攻东宁以绝北元，回辽师以弭逆节，实以是膺天人之眷命，垂无疆之赫业。我太祖高皇帝，明见万里，特赐宠谕，谕以朝鲜国王。我上出气力发回，去打中国军马，得了王高丽，改号朝鲜。天道自然，朝鲜国王，至诚圣谟洋洋。至今在人耳目，辉映简册。自是厥后，圣子神孙，式克钦承，无或废坠。天朝亦视均内服，锡赉龙光，不复待以裔夷。至我昭敬大王，龙蛇岛夷之乱。八路生民，尽为鱼肉。五庙神灵，不复血食。我万历皇帝为之动天下兵，捐大府数百万金。文武将士，不辞陨躯身于锋镝之下。岁延七载，收师南海。卒以投之水火之中，措诸衽席之上。其兴灭扶颠之德，与天无极。此

---

[1] 李颐命：《燕行诗》，第98页。
[2] 蔡济恭：《含忍录》，第377—378页。

第四章 "胡无百年之运"与"小中华"意识

古今属国之未始有得于天朝者也。以是我昭敬大王,知力不足以报恩覆,事无可以酬造化。于是,终身未尝背西而坐,以致万折必东之志。手书"再造藩邦"四大心画,寓之天朝将士庙中,以昭示我子孙臣庶,其意亦戚矣。①

为了说明朝鲜为何必须为明朝报仇,尹镌特别追述了朝鲜与明朝的历史关系。首先朝鲜王国得以成立之前提,正是开国国王李成桂对明朝的归顺:"当辛禑之欲攻辽东也……太祖顺民心而东归,此我太祖之所以受天命也。"② 明太祖朱元璋赐号"朝鲜",就如同父母为新生婴儿取名一样,形象地体现出朝鲜—明朝关系的特殊性。这就意味着,李成桂及其子孙统治朝鲜的正当性乃是植根于大明天子对此一支配权力的授予。相较赐号之恩,更为重要的是再造之恩。壬辰倭乱,丰臣秀吉入侵朝鲜,朝鲜王国几至覆灭,明朝发兵援助,才使得朝鲜王国得以存续。由此看来,朝鲜士人之所以认为朝鲜与明朝之间存在着独特的关系,其实质意义即在于,朝鲜王国作为一个政治体,其成立与维系的根基均在于明朝对它的承认。

根据这样的认识,当明朝覆灭,朝鲜王朝失去其支配得以成立的正当性根基;另外,在文化上,又不能认同满人建立的新王朝。那么,转而建立自我的认同,强调朝鲜是继承明朝"中华正统"的"小中华",这是朝鲜唯一可能的出路。③

"小中华"意识源自明清交替引发的认同缺失这种思路在逻辑上似乎没有什么问题,可是,这一思路的前提——朝鲜彻底认同明朝——并没有在经验事实层面上做过充分检验。夫马进对鲜—清关系

---

① 尹镌:《甲寅封事疏》,《白湖集》卷5,第298—299页。
② 尹镌:《经筵讲说》,《白湖集》卷12,《韩国文集丛刊》第123册,第363页。
③ 孙卫国对朝鲜"小中华"意识的研究正是顺着这一思路展开的,他说:朝鲜"国王不可能从清朝得到其统治的合法性,因为这同其所坚持的儒家义理观相违背,作为藩国的朝鲜,唯有强化与明朝的关系,通过对明朝皇帝的祭祀,表明其正统性由来已久,而且是得到中华正统王朝明朝的确认,以确立和强化其自身的正统地位,强化其统治基础"。(孙卫国《大明旗号与小中华意识——朝鲜王朝尊周思明问题研究(1637—1800)》,第145页。)

之前史——鲜—明关系——所做的一番饶有兴味的讨论①，揭示出朝鲜对明朝的认同感远比先前的认识复杂。通过检讨万历二年（1574）朝鲜使臣成员许篈、赵宪二人的燕行录——《荷谷先生朝天记》《朝天日记》，夫马进发现其中充斥着对明朝现实的批评，对沿途、北京接待官员贪得无厌的不满、对国子监生不知礼仪的讥讽、对明朝从祀王阳明的批评。夫马进认为许篈、赵宪之所以能够对明朝现实做出批评，是因为他们秉持着"中华"的价值观。他们已经将自己视为"中华"之人，以"中华"之标准来衡量事物，才有了对明朝现实的批评。因此，夫马进不能同意将朝鲜"小中华"意识视为因清朝夷狄的身份而萌生的观念："朝鲜变成'小中华'绝非始于'夷狄'（满洲族）推翻'中华'的国家，导致明朝灭亡之后。万历二年出使中国的许篈和赵宪已经是'小中华'之人。"②

夫马进的研究揭示出相当重要的一点，即朝鲜的认同与不认同，不是来自一种情感性的盲目依从，而是以自身为主体，理性地做出的价值判断。夫马进所发现的现象，我们在十七八世纪的燕行文献中也能见到。

上一章对燕行使"清朝观"的分析表明，朝鲜使臣做出清朝不能用夏这一判断其中一个现实基础是，清朝在意识形态领域崇信佛教。但是，朝鲜使臣也指出，中国崇佛并非清人入主所促成的，明朝时就已经有这一现象。顺治二年（仁祖二十三年，1645），成以性一行将要进朝阳门时，见到一座"宏丽奢华"的庙宇。这就是北京朝阳门外的东岳庙。成以性追述该庙的历史，指出"胡元时已有之，而大明重修，桶上匾额，不可胜记，而崇祯所县，将为十分之八，至于庙堂寺塔，皆是敕建"。这座异教的庙宇，正是在大明统治下，尤其是崇祯时期兴盛起来的。并且，成以性还将东岳庙的兴盛与明朝的灭亡联系起来：

---

① 参见［日］夫马进《朝鲜燕行使与朝鲜通信使——使节视野中的中国·日本》第一章《万历二年朝鲜使节对"中华"国的批判》，第3—21页。

② ［日］夫马进：《朝鲜燕行使与朝鲜通信使——使节视野中的中国·日本》，第20页。

第四章 "胡无百年之运"与"小中华"意识

内外盗起,疆埸月蹙,而天下之事付之阉竖,十年之间,专事左道,只修斋诵经而已。梁武帝台城之祸,宁是怖哉!竟是三百年宗社,荡覆于一宵之中,而曾无一人义士死于君死之侧。自古无不亡之国,而未有如今日之惨者也。①

康熙年间,吴道一来北京时,也注意到东岳庙的繁盛,他说:"到北京城门外半里许,入东岳庙。盖以岱岳神灵能主张人生死,故自皇明时已立庙云。庙宇体构宏大,中设诸神塑像殆无数。东西廊庑连亘数十步许,各设诸神塑像。门左右又各设诸神塑像,前后上下,森罗环拥,心眩目慄,有不可胜计。"吴道一也看出对东岳庙这类异端神祇的膜拜由来已久,并不是清朝的新现象。"村村立东岳庙、关帝庙,家家皆设佛像,或以塑,或以画。非甚疲残之家,皆有之,用为祈灵要福之地,朝夕必焚香作礼。佛寺多在村间,僧俗相杂,殆无区别。关内外数千里,在在皆然。好鬼神、尚佛法,自明朝已染习金元之风,其来已久,而至于今日而极矣。"②

康熙晚期,崔德中在游览皇宫时,见到内库中存有"铜香炉、大炉、花盆等器三十余坐",这些器物"弃置庭畔,而大者不可并容于一间之屋,皆起龙,或有盖,其物像难状,重非五六人之可运"。崔德中问起它们的来源,带领游览的人回答说是前朝旧物。崔德中对此,评论道:"以今日所目睹言之,则虽天下之力,岂不耗尽乎?大明之君何□无用之物,行此侈美之事,至于斯也。"③

吴道一对关外防御工事的评论,最能体现朝鲜主体性的彰显。吴道一注意到,清朝在关外的防御体系极其简陋,"自凤凰城至山海关,一千数百余里,每站虽各置千总一人,而沈阳一处外,别无养兵储粮、城池防守之所。所谓设站置千总处,不过一大店落也。边疆之疏虞极矣"。又从明朝留下的残垣断壁中,看到明朝在关外防御体系之

---

① 成以性:《燕行日记》,第154页。
② 吴道一:《丙寅燕行日乘》,第175、178—179页。
③ 崔德中:《燕行录》,第84页。

◆ 17—18世纪朝鲜士人眼中的清朝

严密,"明朝则自镇江至边城、周流河、白旗堡八百余里之间,镇堡连续,荒城废堞,至今尚存。自小黑山以后,连设烟台,以砖瓦筑之,用灰填其罅隙,台之周,可四五十步,高可四五丈,其上可容四五十人。而十里、五里,相望不绝,连亘五六百里之间"①。吴道一对明制评论道:

关东民力殆尽于此,仍致人心怨叛,卒启倾覆之祸。古称固国不在金汤,诚确论也。②

对清制则做出这样的评价:

清人之初入燕京也。议者欲修筑关外城池。九王以为明朝之浚民膏血,大肆力于城池,盖备我也,卒乃见夺于我。我则当修养生灵,何用更烦民力,作无益之举乎?其议遂寝不行云。九王是戎酋中稍出头角者,见识乃能如此,甚可馘也。然阴雨之备,亦有国之不可阙,而边围之亏疏至此,亦未见其为万全长计也。诚得精兵数万,一渡辽河,则关以外千余里,庶有长驱破竹之势。而一任其据有神器,肆然称帝,直欲发一恸也。③

从吴道一的评论看来,二者各有利弊。不过,相比较之下,清制可能更能体现儒家将支配的基础根植于人心而非军事力量的礼治精神。因此,吴道一才会对多尔衮做出"见识乃能如此"的评价。这里,最值得我们注意的是,吴道一评判的方式所体现的朝鲜的主体性。吴道一的评价不是基于认同而做出的,而是从自身立场出发,运用自己信奉的价值体系对明、清两朝做出判断,再依此判断而产生认同。

---

① 吴道一:《丙寅燕行日乘》,第163—164页。
② 同上书,第164页。
③ 同上书,第164—165页。

第四章 "胡无百年之运"与"小中华"意识

从上述这些例证中能够看到，对于明朝，朝鲜士人绝非彻底的认同，他们有主体性意识，能够依照自己信奉的价值标准做出判断。他们赖以做出判断的价值标准正是"中华"。那么，"中华"与明朝能画等号吗？如果"中华"等同于明朝，那么，我们说朝鲜士人基于自身主体性意识做出判断，就没有意义了。这样，我们有必要对朝鲜士人视野中"中华"的意义做一番讨论。

"中华"之内涵

论者通常认为朝鲜之为"小中华"，乃是对应于大明为"中华"而言。如果这一判断成立的话，那么，"小中华"意识是朝鲜对明朝的情感的体现这个结论就是妥当的。在此我们有必要对"小中华"之"中华"的内涵稍作分疏。

朝鲜对"中华"的认识是与箕子联系在一起的，正是通过对"箕子朝鲜"的叙述，朝鲜士人建立起独特的"小中华"意识。[1] 同时，"小中华"意识也并非17世纪中叶以后才产生，事实上，"小中华"作为朝鲜对自身的基本认识，在李氏朝鲜建立的初期就已经萌生了。

世宗元年（1419），判汉城府事权弘（伯道，1360—1446）建议为箕子树碑，说：

> 箕子之贤，天下万世所共敬慕，吾夫子尝言"殷有三仁焉"。我东方礼乐文物，侔拟中华者，以箕子受封于此，而施八条之教也，其有功于东方甚大。[2]

世宗二十六年（1444）针对创制谚文，集贤殿儒臣们上疏反

---

[1] 孙卫国对朝鲜"尊周思明"的研究中注意到，朝鲜"小中华"意识与箕子崇拜的关系，他指出"朝鲜王朝以箕子崇拜确立其小中华的地位"，"把箕子朝鲜看成是其'小中华'的初始"。（参见孙卫国《大明旗号与小中华意识——朝鲜王朝尊周思明问题研究（1637—1800）》，第37—44页。）

[2] 《朝鲜世宗实录》卷3，"世宗元年二月二十五日"条。

◆ 17—18世纪朝鲜士人眼中的清朝

对说：

> 历代中国皆以我国有箕子遗风，文物礼乐，比拟中华。今别作谚文，舍中国而自同于夷狄。①

世祖时，集贤殿直提学梁诚之（纯夫，1415—1482）上疏说：

> 盖东方自箕子受封以后，《洪范》遗教久而不坠，唐为君子之国，宋称礼义之邦，文献之美侔拟中华。②

成宗三年（1472）七月乙巳，礼曹的启奏中有一段"小中华"的叙述，其文如下：

> 吾东方，自箕子以来，教化大行，男有烈士之风，女有贞正之俗，史称"小中华"③。

这些叙述透露出两方面的信息：第一，朝鲜的"小中华"，在时间向度上，是以箕子为起始。第二，"中华"是在男女之道的框架中获得其定义的，即"男有烈士之风""女有贞正之俗"。

成宗十二年（1481）南原君梁诚的上疏，更将"小中华"往上推至檀君朝鲜，他说：

> 惟我大东，居辽水之东，长白之南，三方负海，一隅连陆，幅员之广，几于万里。自檀君与尧并立，历箕子、新罗，皆享千年，前朝王氏亦享五百。庶民则男女勤耕桑之务，士夫则文武供内外之事，家家有封君之乐，世世存事大之体，作别乾坤，称小

---

① 《朝鲜世宗实录》卷103，"世宗二十六年二月二十日"条。
② 《朝鲜世祖实录》卷3，"世祖二年三月二十八日"条。
③ 《朝鲜成宗实录》卷20，"成宗三年七月十日"条。

· 192 ·

第四章 "胡无百年之运"与"小中华"意识

中华，凡三千九百年于兹矣。①

南原君梁诚在庶民—士大夫的等级框架中定义"中华"，通过不同等级各司其职，社会由此进入礼乐之治。同时，"中华"制度在朝鲜的施行，是从与尧同时代的檀君开始的，并一直传承到朝鲜王国，中间没有中断，"凡三千九百年"。正因为"中华"制度在朝鲜没有被打断过，所以朝鲜历代政权均能享国久远，即便前朝高丽也有五百年之久。由于朝鲜的这一独特性，在"天子治天下"的世界格局中，朝鲜获得了自治的特权。"元世祖使我以仪从旧俗，高皇帝许我以自为声教。然使我自为声教者，非徒言语不通，习俗亦异。"② 从这个叙述中，我们可以看到，朝鲜的"小中华"得自于尧、舜、三代的"中华"，而非明朝的"中华"，且明太祖授予朝鲜"自为声教"的特权，也从侧面说明朝鲜制度并非明朝制度的翻版。

《肃宗行状》中记载了一段肃宗讲解《尚书·洪范》的话：

> 予今讲《洪范》书，箕子传道于武王，以叙彝伦，及其受封于东，大明教化，礼乐文物，灿然可述。使我东国，至今冠带，克明五常，以得"小中华"之称者，箕子之力也。③

肃宗的叙述中"中华"的内涵仍然是以"冠带""五常"为代表的儒家礼仪制度。朝鲜这一"中华"制度得自何处呢？照肃宗的说法，得自箕子。箕子传道于武王，使周王朝得以成为"中华"，其受封朝鲜，大行教化，使得朝鲜得为"小中华"。由此看来，朝鲜的"小中华"是相对于三代"中华"而言的，并非明朝"中华"。

如此这般将朝鲜的"小中华"与三代联系在一起的观念，在十七八世纪的朝鲜士人的观念中是普遍存在的：

---

① 《朝鲜成宗实录》卷134，"成宗十二年十月十七日"条。
② 同上。
③ 《朝鲜肃宗实录·肃宗行状》。

> 我东本箕子之国，箕子所行八条，皆本于洪范。则大法之行，实与周家同时矣。孔子之欲居，亦岂以是也。①
>
> 至周武王时，既灭殷，封殷太师箕子于朝鲜，都平壤，教民以礼义、农蚕、织作，为民设禁，相盗者男女没入其家为奴婢，嫁娶无所售，是以民俗不相盗，无门户之闭，妇人贞信不淫辟，有仁贤之化。②

既然"小中华"对应于三代之"中华"，那么，朝鲜燕行使眼中，明代的制度又算不算"中华正统"呢？朝鲜使臣与中国士人有关字音的讨论，为我们提供了理解这个问题的线索。康熙二十五年（肃宗十二年，1686）左议政南九万奉命出使，途径丰润县，与当地士人谷文张有一番往还。谷文张以诗文自诩，题诗一首赠南九万，其诗云："知己天涯何处寻，相逢邂逅胜遗金。初瞻侠举驰风雨，再接清谈静瑟琴。海外扬帆多少路，渔阳短榻共谈心。匆匆车马明朝别，别后秋风不可闻。"南九万读后向谷指出，末句的"闻"字没有押韵。谷则坚持自己的诗作没有失韵。尽管南九万认为谷文张缺乏诗文造诣，但他并没有把失韵归咎于谷的诗文造诣。南九万认为这是中国读书人普遍存在的问题，"非独此人诗为然，路见册面、壁上多有其比"。这是因为中国士人把不同韵的声音给混淆了，"即今中国语音'侵'、'覃'、'盐'、'咸'等韵与'真'、'文'、'元'、'寒'等韵混作一音"。为什么会出现这个现象呢？南九万解释道：

> 因此论之，我国人三韩以前学字音于中国，后来只从册子上传习，与日用语不相交涉，故年代迁移，方言虽变，而文字则尚存旧音。中国自五胡以来，夷夏相杂，语音日淆，字音亦随而讹

---

① 宋时烈：《杂录》，《宋子大全》卷131，《韩国文集丛刊》第112册，第438页。
② 南梦赉：《东国小乘》，《伊溪集》卷3，《韩国文集丛刊续》第35册，景仁文化社2007年版，第44页。

第四章 "胡无百年之运"与"小中华"意识

误,此必然之势也。今"萧""肴""高"及"尤"韵一字音皆作二字音,读"侵"韵与"真"韵混读,入声作去声,皆非中国本音。至于"歌""麻"二韵,古通用,故《诗》曰:东门之池,可以沤麻,彼美淑姬,可与晤歌。今汉音,则"歌"韵与"麻"韵大异,读"我"字与我国"吾"字音同,读"河"字与我国"湖"字音同。今当以我国音为正,而豁谷张公不察于此,乃以我国人不知中国"歌""麻"之异音通用于押韵为讥,不几近于随人悲喜者耶?①

在中国,由于字音与日常语音相挂钩,随着历史变迁,日常语音发生变化,字音也跟着变化。尤其是五胡乱华以后,在日常语音中,夷狄之音杂入中国,这一情况必然导致字音的讹误。朝鲜则与此不同,由于学习中国字音的方式是通过书本,朝鲜的字音与日常语音完全分离。这样,在朝鲜,中国字音能够保持不变,不随日常语音而变迁。这就意味着,在字音这一领域,朝鲜才是"中华正统",朝鲜的字音可以作为标准来评判中国的字音。其中,明显带有一种朝鲜主体性的彰显。因此,南九万才会批评"豁谷张公"盲目地迷信中国。不过,这里更为重要的问题是,南九万的观念中,中华的纯正之音是什么时候的声音?南九万的叙述中,中国声音的混乱是从五胡乱华开始的,那么,"中华正统"之音应当是魏晋之前的声音。这就暗示中国语音的混淆,清人并非始作俑者,实际上魏晋以降的中国语音都因为混杂了胡音而不能再算"中华正统"了。照此标准,自然明人的声音也算不得"中华正统"。

乾隆三十八年(英祖四十九年,1773)来到燕京的严璹,在与三位翰林院清书庶吉士的交往中,也表达了与南九万相同的见解。严璹说:

> 东国人初学字音于中国,而东国则文字言语自别,故言言语

---

① 南九万:《丙寅燕行杂录》,林基中编《燕行录全集》第23卷,第333—334页。

虽屡变，字音则于方册上相传，至今能传初学之音。中国，则字音与言语同变。故人称字音，则东国音为古音。①

严璹同样认为，相对于屡屡变化的中国语音，朝鲜字音才是中国古音。尽管他没有界定中国语音发生变化的时间，不过，经历过辽、金、元变迁的明王朝的语音，在严璹的观念中，大概不能视为"中华"古音。这个推测，应该不能算偏颇吧？

朝鲜士人有关明清语音并非"中华正统"的认识，是否由于燕行使能够接触的人相当有限造成的？朝鲜使行路线由凤凰城入栅到抵达北京，燕行使在清朝的游历局限在东北一隅，没有机会到中国南方，能够接触到的大多是北方人。然而，通常认为，生活在南中国的人，尤其是客家人，他们的语音中保存了许多古汉语的发音。但是，接触过南方人的李宜显，虽然承认南音的古老，却只将它视为一种方言，他评论说：南方人"语操南音，与寻常汉人绝异，虽于自中言语，亦不能尽通，如我国所谓遐方使土俚矣"②。

实际上，除了字音，在其他方面，我们也能看到朝鲜使臣宣称他们的更为古老。譬如"衣冠"，雍正十年（英祖八年，1732），李宜显再次出使清朝，逗留丰润县期间，有生员名王天寿者持名帖来访。王在名帖中说，其拜访目的并非为谋利，乃是钦慕朝鲜"衣冠文物"，以"得睹先朝之遗风为快"。于是，李宜显问道："吾衣冠何如？"王天寿表示"衣冠如前代，吾等不幸而生斯世。又幸见大人也"。李宜显纠正说："吾衣冠，乃是箕子之旧，即古中华礼服也。"③李宜显特意强调朝鲜衣冠是箕子之旧，而非胜朝旧物。如此撇清朝鲜衣冠与明朝的关系，由此可以想见，在李宜显心目中，朝鲜之"小中华"恐怕并非明朝所能涵盖。

从现代研究者的角度而言，箕子朝鲜不过是一个朝鲜君臣建构出

---

① 严璹：《燕行录》，第248页。
② 李宜显：《庚子燕行杂识》，第461页。
③ 李宜显：《壬子燕行杂识》，第511—512页。

第四章 "胡无百年之运"与"小中华"意识

来的想象。即便历史上箕子确实受封朝鲜,可是,所谓万古不变也只是一个神话。譬如,南九万、严璹口中的中国古音,它的出现恐怕也不会早于 15 世纪中叶。① 不过,本节所列举的事例表明,在十七八世纪的朝鲜君臣的精神世界中,朝鲜所奉行的制度源自箕子,并在千百年的历史变迁中完好保存下来。如此看来,朝鲜君臣所说的"小中华"是相对于箕子传给武王的"中华"而言,并非以明朝为"中华"而自视为"小中华"。朝鲜认为他们从箕子那里继承来的礼仪制度才是真正的"中华正统",而中国由于不断的朝代更迭,早已不复为"中华正统"了。朝鲜士人心目中有了一把"中华"的标尺,以此他们可以对自身、对中央王朝做出价值评判。这样,与其说朝鲜对清朝的拒斥是因为其感念明朝的恩情,毋宁说朝鲜有了一套客观的评价体系,能够从自身主体出发,对事物做出客观判断。

---

① 南九万、严璹所使用的字音,似乎产生于朝鲜世宗大王时期。世宗大王鉴于朝鲜字音的混乱,令申叔舟、崔恒、成三问等整理编定字音,成《东国正韵》,于世宗二十九年(1447)刊行。在《东国正韵》序文中,申叔舟说:"乃因古人编韵定母,可并者并之,可分者分之,一并一分,一声一韵,皆禀宸断,而亦各有考据。"(《朝鲜世宗实录》卷 117,"世宗二十九年九月二十九日"条)据此,《东国正韵》的编定明显带有制作的痕迹。

第五章 "主静"的意识形态：朝鲜朱子学与"小中华"意识

从上一章的分析中，可以看到，在朝鲜君臣的精神世界中存在这一种独特的"小中华"意识，并且朝鲜之"小中华"似乎不完全相对于明朝而言，在尊明的表象背后潜藏着的是接受箕子传道的周。正是这种与三代之"中华"相对的"小中华"，使得朝鲜使臣能够对明朝提出批评。那么，朝鲜士人又是根据什么来判定它所代表的才是"中华正统"，而中国已不复为"正统"了呢？本章将把焦点集中到这一问题，探讨朝鲜"小中华"意识、朝鲜拒斥清朝背后的思想根源。

在展开本章论述之前，稍微回顾一下上一章朝鲜燕行使与中国士人之间一段有关字音的讨论。康熙二十五年（肃宗十二年，1686），朝鲜左议政南九万在读过丰润县士人谷文张所做的诗后，指出他的诗并不押韵。

南九万这一判断，是基于什么理由呢？从南九万的叙述可知，其判断的根据在于朝鲜字音更为古老且没有发生变化，而中国自五胡乱华之后就不断在变，其背后隐含着一种静优于动的价值判断。这样一种价值判断又源自何处呢？这个问题的答案，或许要到主导朝鲜士人精神世界的朱子学中去寻找。

第一节 朝鲜朱子学"主静"的思维倾向

朱熹对"主静"的认识

朱熹构筑世界图景，是以周敦颐《太极图说》为蓝本。周敦颐

第五章 "主静"的意识形态：朝鲜朱子学与"小中华"意识

在《太极图说》中，这样描述宇宙的生成：

> 无极而太极，太极动而生阳，动极而静，静而生阴，静极复动。一动一静，互为其根，分阴分阳，两仪立焉。阳变阴合，而生水火木金土，五气顺布，四时行焉。五行一阴阳也，阴阳一太极也，太极本无极也。五行之生也，各一其性，无极之真，二五之精，妙合而凝，乾道成男，坤道成女，二气交感，化生万物，万物生生，而变化无穷焉。惟人也，得其秀而最灵，形既生矣，神发知矣，五性感动而善恶分，万事出矣。圣人定之以中正仁义而主静，立人极焉。故圣人与天地合其德，日月合其明，四时合其序，鬼神合其吉凶。君子修之吉，小人悖之凶。故曰：立天之道曰阴与阳，立地之道曰柔与刚，立人之道曰仁与义。又曰：原始反终故知死生之说。大哉，易也！斯其至矣！①

宇宙生成与运转依赖两股力量，即太极的"动"与"静"。通过这两股力量，宇宙得以生发，万物得以化成。在周敦颐的叙述中，"一动一静"似乎具有同样的力量，在宇宙的生成中扮演着同等地位的角色。不过，就宇宙之本原——太极而言，则是寂然不动的，这一点我们同样可以在朱熹有关理不动的言论中看到。

有关静优于动的认识，在宋代理学对人道的描述中，能够看得更清楚。在描述人道时，周敦颐说了这样一句话"圣人定之以中正仁义而主静"。朱熹通过对这句话大加发挥，使其思想体系呈现明显的"主静"的倾向。朱熹在《太极图说解》中说：

> 圣人全动静之德，而常本之于静也。……盖一动一静，莫不有以全夫太极之道，而无所亏焉。则向之所谓欲动情胜、利害相攻者，于此乎定矣。然静者，诚之复而性之贞也。苟非此心寂然

---

① 周敦颐：《太极图说》，《元公周先生濂溪集》卷1，岳麓书社2006年版，第7—9页。

无欲而静，则亦何以酬酢事物之变，而一天下之动哉！故圣人中正仁义，动静周流，而其动也必主乎静。①

尽管朱熹承认"一动一静"在太极中发挥着同等重要的作用，但是就人道而言，"静"却具有优位性。在朱熹看来，"静"统领"动"。圣人正是因为本于"静"，此心寂然不动，才能够"一天下之动"——应对变化纷呈的万物。

那么，朱熹为什么会认为"静"要比"动"更占优位呢？这一"主静"的思维倾向，是与朱熹对人性的思考有关。在朱熹的人性论中，人性被划分为"本然之性"与"气质之性"。"本然之性"是纯乎天理的人性，"天之生此人，无不与之以仁义礼智之理，亦何尝有不善"。但是，人之生成，不单有理，还需要气，"但欲生此物，必须有气，然后此物有以聚而成质"。既然人是由理与气构成的，人性就不是纯乎天理的"本然之性"，而有了"气质之性"。气有清浊昏明，因所禀之气不同，人就分出了等次。圣人"禀其清明之气而无物欲之累"，因此，圣人能够直返"本然之性"不会被其"气质"所遮蔽。次于圣人的是贤人，虽然所禀清明之气并不纯全，"微有物欲之累"，但能够自己克去，重返"本然之性"。等而下之，则为愚与不肖，所禀昏浊之气，全然被物欲遮蔽，不能返回"本然之性"②。圣人无欲，贤人微有物欲，愚与不肖全然为物欲占据内心无法复性。在这一对人性的等级划分中，"静"与善相联系，"动"则与恶相联系。由此，可以清楚看到，"静"在价值上优越于"动"。

同样的情况也反映在朱熹的实践论中。"格物致知"这一明显带有动的特征的实践方法更为著名，但是，朱熹心目中排在第一位的实践方法则是"守静居敬""存心持敬"的主观内省。陈来对朱熹"主敬"的休养方法总结说："主敬的最基本的要求就是要做到内无妄

---

① 朱熹：《太极图说解》，《朱子全书》第13册，第75页。
② 朱熹：《玉山讲义》，《晦庵先生朱文公文集》卷74，《朱子全书》第24册，第3590—3591页。

第五章 "主静"的意识形态：朝鲜朱子学与"小中华"意识

思、外无妄动。"同时，他也注意到"主敬"相对于格物致知的优先性，"如果没有未发的主敬，心思散乱而不清明，人就不可能认识了解事物之理"①。

从上面的分析中可以看到，"主静"的思维倾向是朱子学一个根深蒂固的特性，它贯穿了朱子学的宇宙论、人性论与实践论。那么，在本书所讨论的这个时期，即十七八世纪，"主静"的思维方法是否同样根植于朝鲜士人的精神气质之中呢？

十七八世纪的朝鲜儒学

十七八世纪的朝鲜儒学是性理学占统治地位的时期。在讨论此一时期朝鲜儒学思想中是否存在着"主静"这一根本的思维倾向的问题之前，本节打算先对这一时期朝鲜性理学的基本线索做一扼要的介绍。

一般认为朱子学在高丽后期传入朝鲜。高丽忠烈王十五年（1289），安珦（晦轩，1243—1306）随世子来到元大都。安珦在大都接触到朱子学，并在回国时，将他抄录的《朱子全书》带回高丽。这一事件被认为是朱子学东传之始。② 到丽末时期，以成钧馆大司成李穑（牧隐，1328—1396）为核心，郑梦周（圃隐，1337—1392）、金九容（敬之，1338—1384）、朴尚衷（诚夫，1332—1375）、李崇仁（陶隐，1347—1392）等学者，在成钧馆讲授程朱理学，掀起了一股学习程朱理学的风潮。从此，朱子学在朝鲜扎下了根。③

在丽末鲜初的政权更迭中，以郑道传（三峰，1342—1398）、权近（阳村，1352—1409）为代表的朱子学者成为一股重要力量，他们联合新兴的武装势力，推翻高丽，拥立李成桂为王，建立朝鲜王国。作为政权交替中发挥实质作用的力量，朝鲜建国后，儒学者也理

---

① 陈来：《宋明理学》，华东师范大学出版社2003年版，第138—139页。
② 参见［韩］琴章泰《韩国儒学思想史》，韩梅译，中国社会科学出版社2011年版，第41页；李甦平《韩国儒学史》，人民出版社2009年版，第95—102页。
③ 参见［韩］韩国哲学会编《韩国哲学史》（中）第三章《朱子学的定居》，白锐等译，社会科学文献出版社1996年版，第96—103页。

所当然地在政权与社会建设中占据主导位置。这样,经过丽末鲜初儒学者的努力,基本确立程朱性理学在朝鲜王国思想领域中的支配地位。①朝鲜时代的士人也以这一始终尊崇程朱的立场,为其学术之根本。如17世纪后半期士林领袖宋时烈就屡屡在公文、私信中表达对朱子的尊崇。他说"平生笃行晦翁训"②,"盖虽皇朝之学,专尚陆学,我东则自文忠公郑梦周尊信朱子之学,以至于本朝,儒贤辈出,无不钦崇服习"③。

16世纪,朱子学在朝鲜获得巨大的发展,形成独特的性理学传统,并出现李滉(退溪,1501—1570)、李珥(栗谷,1536—1584)这两座朝鲜儒学思想史上的高峰。李滉与李珥之间发生的"四端七情论辩",被认为是韩国儒学史上具有里程碑意义的事件,标志着"儒学的韩国化"④。李滉认为,四端与七情虽同为人类情感,但二者之间有着本质的不同,"四端理之发,七情气之发"。奇大升根据程朱理学理气不可分的基本观念对李滉提出质疑。在与奇大升进行长达八年的论辩后,李滉部分吸收了对方的观点,将自己的论点修改为:"四端之情,理发而气随之……七者之情,气发而理乘之。"⑤但是,

---

① 虽然通常把18世纪中期活跃起来的实学视为与程朱性理学相对立的学派,但是也有学者指出实学与性理学存在着思想渊源上的关系。例如,洪大容、朴趾源等主张向清朝学习的北学派,其理论上的根据正是朝鲜性理学后期湖洛论争中洛论的"人物性同论";而集实学之大成的丁若镛,其思想与湖洛论争中另一派湖论的"人物性异论"也有相近之处,并且,有学者指出丁若镛并非一个反朱熹的思想家,而"批判俗流朱熹学、主张朱熹学真正精神的'亲朱熹学者'"。(参见 [韩] 崔英辰《韩国儒学思想研究》,邢丽菊译,东方出版社2008年版,第299—311页。)就此而言,实学究竟应当视为对性理学的反叛,还是对性理学的继承发展,仍然是一个值得深入讨论的问题。

② 宋时烈:《答金久之(癸亥六月六日)》,《宋子大全》卷55,《韩国文集丛刊》第110册,第41页。

③ 宋时烈:《论大义仍陈尹拯事疏(丁卯正月二十八日)》,《宋子大全》卷19,《韩国文集丛刊》第108册,第455页。

④ 对这一事件详细的讨论,可参见 [韩] 琴章泰《韩国儒学思想史》,第107—113页;[韩] 崔英辰《韩国儒学思想研究》,第128—134页;陈来《东亚儒学九论》,生活·读书·新知三联书店2008年版,第21—42页;李甦平《韩国儒学史》,第266—280、299—347、354—365页。

⑤ 李滉:《进圣学十图劄》,《退溪先生文集》卷7,《韩国文集丛刊》第29册,景仁文化社1989年版,第207页。

第五章 "主静"的意识形态：朝鲜朱子学与"小中华"意识

其四端与七情相对立的这一根本立场则没有动摇。李珥不能同意退溪"理气互发"的观点，在他看来，这会产生世界有两个本原的问题。在写给好友成浑的信中，李珥质疑李滉的观点说："今若曰四端理发而气随之，七情气发而理乘之，则是理气二物，或先或后，相对为两歧，各自出来矣，人心岂非二本乎。"① 在理气关系上，李珥主张"理气之妙"，一方面理气不相离，不可视为二物，这是大前提；另一方面，二者又不相杂。他用水和盛水的器皿来比喻理气的关系，说：

> 物之不能离器而流行不息者，惟水也。故惟水可以喻理。水之本清，性之本善也。器之清净、污秽之不同者，气质之殊也。器动而水动者，气发而理乘也。器水俱动，无有器动水动之异者，无理气互发之殊也。器动则水必动，水未尝自动者，理无为而器有为也。②

出于这一对理气关系的认识，李珥不能同意"理发"的观点。在他看来，无论七情、四端，均是"气发而理乘之"。七情是人类情感的全体，而四端则是其中善的部分。围绕着"四七"论争朝鲜儒学中形成了继承李滉学说的岭南学派和继承栗谷学脉的畿湖学派。

在十七八世纪栗谷学派基本占据儒学正统地位。这一点最明显地反映在朝鲜的道统传承谱系与文庙崇祀上。朝鲜的道统传承的正统谱系是这样一条线索：由郑梦周肇始，经金宏弼（大猷，1454—1504）、赵光祖（静庵，1482—1519）、李滉、李珥、金长生（沙溪，1548—1631）到宋时烈。③ 金长生是李珥弟子，而宋时烈则是金长生的弟子。这一谱系显然是以畿湖学派的传承线索为根据。至于文庙崇祀，肃宗八年（1682）李珥、成浑得以崇祀文庙，宋时烈与宋浚吉

---

① 李珥：《答成浩原（壬申）》，《栗谷全书》卷9，《韩国文集丛刊》第44册，景仁文化社1989年版，第195页。
② 李珥：《答成浩源》，《栗谷全书》卷10，《韩国文集丛刊》第44册，第205页。
③ 参见李甦平《韩国儒学史》，第398—399页。

也在英祖三十二年（1756）得以配享文庙。

17世纪后半期在朝鲜政治与学术上最具影响力的人物无疑是继承栗谷学派正脉的宋时烈。在朝鲜儒学史上，宋时烈的功绩主要是撰写了《朱子言论同异考》，通过整理朱熹原文，细致比对朱熹不同时期观点，最终确证栗谷论点的正确性。

18世纪初，发生了朝鲜儒学史上另一次重大争论，"湖洛论争"。争论双方，一边是"洛论"的代表李柬（公举，1677—1727），另一边则是"湖论"的代表韩元震，二人均师承宋时烈门人权尚夏。因此，"湖洛论争"最初是畿湖学派内部的争论，畿湖学派也由此分裂出"洛论""湖论"。不过，随之论争的展开，"湖洛论争"最终扩大为全国性的论争，一直持续到朝鲜末期。

"湖洛论争"可以看作"四端七情论辩"的进一步发展。"四端七情论辩"双方主要还是在已发之后的情的层面上讨论善恶的来源问题，围绕"未发心体善恶""人性物性同异"问题而展开的"湖洛论争"则是在未发状态下讨论善恶的来源。①

湖洛双方争论的焦点在于未发状态下，究竟是美恶自在，还是纯善无恶？之所以产生这样一个问题，是因为栗谷学派强调理气不相离。这样，在未发状态下是存在着气的，而根据朱子学的基本认识，恶之来源正在于气。这就意味着，恶与善同样存在于未发之中。争论中韩元震一方正是这样认为的。韩元震阐发他对未发状态的认识时说：

> 专言理则曰本然之性，兼言气则曰气质之性。而心有未发已发，故未发是性之体，而已发是性之用也，但未发之前，气不用事，故但见其理之至善，而不见其气之善恶。及其发而后，方见其气之善恶。②

---

① 湖洛论争的详细过程，参见［韩］崔英辰《韩国儒学思想研究》，第234—270页；李甦平《韩国儒学史》，第446—467页。关于"四七之辩"与湖洛论争在思想渊源上的关系，参见［韩］崔英辰《韩国儒学思想研究》，第265—271页。

② 韩元震：《本然之性气质之性说》，《南塘先生文集》卷30，《韩国文集丛刊》第202册，景仁文化社1998年版，第147页。

第五章 "主静"的意识形态：朝鲜朱子学与"小中华"意识

在韩元震看来，本然之性与气质之性的区分，并非实际中存在的区别，而是逻辑上的划分。未发状态下，纯善的理与兼具善恶的气同时存在着。所谓未发时处于至善，是因为此时不于外物接应，气不得用事，不能发挥作用，因此，单就理一边来说，此时是至善的。尽管气不用事，但我们不能说，未发时没有清浊之气，也不能说未发时没有潜伏着恶的种子。

"洛论"一方则不能满足于将未发的至善只界定在抽象的层面。李柬认为这样并不能保证现实中善的成立：

> 而至于未发已发，大本达道，则专以人心寂感之妙，中和之德言之，其义盖益精矣。今不论气质之善恶，本心之存亡，而惟以单指为大本，则彼跖、跷禽兽之顽，木石粪壤之塞，与尧舜同有中和之德矣。其可乎？愚意则不然，论大本则必就夫本心之体而单指焉，论达道则又必就本心之用而单指焉。盖性理之善，虽则不本于心气，而其善之存亡，实系于心气之善否。心之不正而性能自中，气之不顺而理能自和，天下有是乎？故单指之善，自不干涉于其气，而在人则必待夫理气同实，心性一致处言之者，或虑理然而气不然，性然而心不然，则毕竟不成为大本达道，不成为中和之德故也。①

李柬认为，必须将气也纳入讨论之中，才有在现实中实现善的可能。这就意味着，李柬所追求的，是要为"善"寻找到一个在现象世界中实实在在的根源，即能够承载善的实体。

为了实现这个目标，李柬首先对"未发"做了更为严格的界定。李柬将"未发"分为浅言、深言两个层次。所谓浅言，是就现象层面而言，指的是未于事物接应的状态。此时的"未发"，是"未发而不中者"：

---

① 李柬：《未发辨（甲午）》，《巍岩遗稿》卷12，《韩国文集丛刊》第190册，景仁文化社1997年版，第459页。

> 喜怒哀乐未发而不中者，何？曰：此是气质昏浊，其未发时，只是块然如顽石相似，劈斫不开。又曰：众人虽具此心，未发时已自汩乱了，至感发处，如何得如圣人中节？①

由于表面上人心没有和外界事物相接应，从外观来看处于静止不动，姑且可以算作"未发"。在《未发辨（甲午）》中进一步解释说："据其不接事物，故粗谓之未发；不属情用，故亦谓之性。而实则其性粗，在靠不得，故君子有不性焉。"② 因此，浅言层次的"未发"，在本质上算不得真正的"未发"。所谓深言，即"未发之中"：

> 喜怒哀乐未发之中，众人与圣人都一般。或曰：恐众人未发与圣人异否？曰：未发只作得未发。不然，是无大本，道理绝了。或曰：恐众人于未发，昏了否？曰：这里未有昏明，须是还他做未发。若论原头，未发都是一般。又曰：未发之时，自尧舜于涂人，一也。③

在李柬看来，这一层次才是朱子学"未发"的本旨所在。总体来说，就未接应事物而言的浅层的"未发"，是圣人、凡人均能到达的境界。但在此境界中，圣凡所处的状态并不一致。圣人的本心并未被气质遮蔽，而众人的本心则已经被气质所遮蔽。深层的"未发"则是"未发之中"，在此境界中，人的本心，圣凡一致。只不过，这个境界，众人几乎未曾达到过。在李柬看来，韩元震所犯的错误正在于混淆了两个层次的"未发"，未能把握住朱子学"未发"的精义，他批评道："大抵德昭开口，便说未发，而实则于本心之体圣凡之所同得者，全未有见矣。故据其实见，直于昏明美恶之不齐者，索性主张，而原头未发，则依旧隔一重膜子也。"④ 这样，通过对"未发"的严

---

① 李柬：《未发有善恶辨》，《巍岩遗稿》卷12，第452页。
② 李柬：《未发辨（甲午）》，第458页。
③ 李柬：《未发有善恶辨》，第452页。
④ 同上书，第456页。

第五章 "主静"的意识形态：朝鲜朱子学与"小中华"意识

格限定，李柬将恶从未发中排除出去，保证了未发状态下的至善性。

接下来，李柬面临的问题是，如何保证本心的至善性？具体而言，就是如何保证构成本心的气是纯善的？如果构成本心的气善恶兼具，那么，本心就有恶的可能。为了解决这一问题，李柬又把气做了二分：

> 夫气一也，而语其粗则血气也，语其精则神明也。统精粗而谓之气，而所谓心则非血气，乃神明也。①

从前一句看来，李柬对气的描述与朱子学的通常认识没有出入。但是，在后一句中，李柬特别强调构成心的气，不是血气，而是气之精。这一点上，李柬对气的理解与朱子学的通常认识分道扬镳。他在另外的地方描述两种气时，说："血肉之气，充于一身者，夫孰非气质也。惟纲纪一身，主宰万变，则特方寸地耳。是朱子所谓气之精爽，比性则微有迹，比气则自然又灵者。"②血肉之气与气之精爽，在构成人的过程中发挥着不同的作用。血肉之气构成了人体，而气之精爽，也唯有气之精爽，才能构成心。这样，在李柬的认识中，本然气质的对立，就不是抽象的对立，而是实体的对立，是理与气之精爽构成的本心和血气构成的形质之间的对立。由此，李柬也确立起一个纯善无恶的本心，作为善在现实中得以成立的根据。

由于恶被从本心中排除，恶的根源就不在于心，而是心之不存。李柬说："夫心一也，其昏明美恶，虽有万不齐者，而其分亦不越乎存与亡之间也……本心元无不善者也，洞澈神明，则已明矣，昏何所复在，元无不善，则已善矣，恶何所复见？"③

坚持从抽象的层面来讨论善恶的韩元震，则担心李柬将气分为二，会产生"二性二心"的问题，他批评说："夫以两气之界分部伍

---

① 李柬：《未发辨后说（己亥）》，《巍岩遗稿》卷13，《韩国文集丛刊》第190册，第469页。
② 李柬：《未发有善恶辨》，第454页。
③ 同上书，第453页。

不同者，相对而言曰某心某心，则果非二心乎？二心所具之性，果非二性乎？"又说："高明所谓气质之性不具于心，而具于血肉形质者，又是十分分明矣。气质之性不具于心，而具于血肉形质，此非心外有性乎？性之具于血肉形质者，与具于心之性，表里相对，则又非二性乎？"① 这就违背了朱子学一元论的根本立场。

通过以上对"湖洛论争"的描述可以看到，论辩双方，一方在抽象的层面讨论善恶的根据，而另一方则试图在现实中确立善的基础。从这一朝鲜儒学后期最重大的争论中，我们也能注意到此一时期的朝鲜儒学所关注的领域仍然集中在人性论上，而其关注的焦点则是，善恶的来源问题。那么，在这其中是否存在着一种"静"优越于"动"的倾向呢？这是我们接下来要讨论的问题。

十七八世纪朝鲜儒学中的静与动

尽管十七八世纪的朝鲜儒学是以人性论为其主要论域，不过，朱子学是一个具有高度整合性的思想体系，宇宙论、人性论之间存在着强烈的连续性，并且宇宙论是人性论得以成立的根据。因此，在讨论人性论之前，我们先来看看这一时期，朝鲜宇宙论中是如何认识"静"与"动"的。

众所周知，朱子学的宇宙论中，以阴阳二气的一动一静作为宇宙发生的动力。但是，那个超越阴阳动静的绝对存在"太极"处于怎样的状态呢？我们来看看17世纪后半期最有影响力的儒学家宋时烈是如何认识这一问题的。宋时烈在《一阴一阳之谓道》一文中这样说：

> 曰：然则道在阴阳之先，而阴阳为生之前，此道也悬空独立乎？曰：非也。程子曰：动静无端，阴阳无始。既无端，则是阳前是阴，阴前又是阳。而前天地既灭，则是道也在于先天地之

---

① 韩元震：《拟答李公举》，《南塘先生文集》卷11，《韩国文集丛刊》第201册，景仁文化社1998年版，第246、245页。

第五章 "主静"的意识形态：朝鲜朱子学与"小中华"意识

阴。后天地将辟，则是道也在于后天地之阳。①

基于"动静无端"的认识，如果把阴阳二气交替生成宇宙视为一个动的时刻，那么，先于这一时刻的"太极"，就必然处于静止的状态。关于这一点，在宋时烈写给金克亨的信中能够看得更清楚，他引用朱熹的话来描述"太极"说："朱子曰：太极浑然之体……虽寂然不动，而其中自有条理，自有间架，不是矇侗都无一物。"② 由此看来，"太极"处于超越动静的寂然不动的至静状态。

宋时烈的这个认识，被十七八世纪朝鲜儒学者普遍接受。17世纪后半期的一位学者李东标（君则，1644—1700），就直接用"静之主一"来描述"太极"的状态。由于"太极"过于抽象无法描述，李东标在写给友人的信中，用人性来类比太极，他说：

> 静时寂然不动，喜怒哀乐之情未发，此所谓中者，天下之大本也。及其动而喜怒哀乐无不中节，则所谓和者天下之达道也。太极本无极，即阴阳不杂乎阴阳而言也，寂然不动之时也，即吾心而言，则所谓中者，天下之大本，而喜怒哀乐未发之时也。及其分阴分阳，两仪立焉，阳变阴合，而生水火木金土，则万物生、万事出矣。即吾心而言，则所谓和者，天下之达道，而喜怒哀乐中节之谓也。如此看，中之主一，为太极之境界者，庶几可见。③

18世纪中叶的儒学者李和甫（太醇，1714—1781），同样认识到太极这一与动静对立相区别的、绝对静的性格，他说："至于太极之

---

① 宋时烈：《一阴一阳之谓道（癸酉科议）》，《宋子大全》卷136，《韩国文集丛刊》第112册，第514—515页。
② 宋时烈：《答金泰叔（克亨，辛巳）》，《宋子大全》卷41，《韩国文集丛刊》第109册，第316页。
③ 李东标：《答金元仲问目（尔甲）》，《懒隐先生文集》卷4，《韩国文集丛刊续》第47册，景仁文化社2007年版，第79页。

体，本静之静。动极而静之静则亦有差，可以区别于其间者。本体之静者，乃太极本然之妙也。动极而静之静者，异乎本然之妙，动而才静则已属阴……本体之静，此静则单言太极本然之妙也，固无阴之可言矣。"①

再来看看与栗谷学派相对立的岭南学派对宇宙的认识。尽管未能找到岭南学派儒学者直接对"太极"状态的描述，不过17世纪后半叶岭南学派学者金万英（英叔，1624—1671）对理气的讨论，从侧面反映出岭南学派对这一问题的认识。作为坚定的岭南学派学者，在17世纪后半叶的礼讼中，金万英站在尹镌一边。随着南人的失势，他拒绝出仕，退回乡里，潜心读书授徒。② 在其退居乡里期间写作的众多理论性文章中，有一篇《原理气说》讨论理气关系。这篇文章的论点承袭李滉的观点，认为理是气动静的根据。其中，他对理气的状态做了如下的描述："理至静，气至动……凡知觉运动者气也，知觉运动之妙者理也。是以理至静，气至动。理有善无恶，气有善有恶。"③ 从中可以看到，理、至静、善三者紧密联系在一起。由此，可以推测，在金万英的认识中，作为"万物之理"的"太极"必定也是至静的。

从以上的分析，可以看到，在这一时期的朝鲜儒学中，将万物本源的"太极"视为至静的存在，是一种普遍认识。接下来，将集中讨论这一时期儒学的主要论域——人性论中，有关"静"与"动"的认识。朱子学经典学说中"性善气恶""性静气动"的观点，被十七八世纪朝鲜儒学家所接受。如金万英就说："至静之为性，有动之为气。"④ 宋时烈的弟子金榦（士直，1653—1719）从人心与太极的隐喻关系来把握人心，他说："某读太极图说，而曰至哉言乎。夫天

---

① 李和甫：《太极动静辨》，《有心斋集》卷5，《韩国文集丛刊续》第82册，景仁文化社2009年版，第486页。
② 金万英的生平，参见其门人罗晚成所撰的《家状》，金万英《南圃集》附录卷1，《韩国文集丛刊续》第36册，景仁文化社2007年版，第479—482页。
③ 金万英：《原理气说》，《南圃集》卷11，《韩国文集丛刊续》第36册，第400页。
④ 金万英：《时习斋记》，《南圃集》卷10，《韩国文集丛刊续》第36册，第396页。

第五章 "主静"的意识形态：朝鲜朱子学与"小中华"意识

理人性，一而已矣……夫无极而太极，人生而静也。太极动生阳，静生阴。人生而静以后也。太极纯粹至善者也，……性本善而动有善恶焉。无极而太极，理也，故善。动而生阳，静而生阴，气也，故善恶之几，朕于斯也……夫天下之事，无自初而恶，必动而后或者有恶也。故君子主敬而慎其动。"① 生活在17世纪后半期的李世龟（寿翁，1646—1700）则用水来比喻人心，以此揭示其中理与气在价值上的不同，他说："盖圣人众人，同受此理，而圣人则禀气精粹，故此理无所障碍。譬如水本清明而在石涧至清之处，既无泥滓又无风浪之荡汩，故其清澈如此。众人则禀气驳浊，故理为所弊。譬如水虽清明，在粪壤泥滓之中，本多污秽而风浪又从而荡汩之，故其混浊也至此。此其水之性哉？然其混浊者粪壤，而水之本然之清则未尝息灭。苟或风静滓澄，则本体有时呈露，闯然而现……水之清者，犹理也；石磵、粪壤者，犹气也；风浪之荡汩者，犹人欲也。"② 这样，人性即天理，是至静而至善，而恶则是由于气所带来的运动造成的。18世纪中叶的学者金砥行（幼道，1716—1774）则用水与盛水之器，对善与恶的原理做了形象的比喻，他说："心之体段，无论圣人众人，本来如此。但其气禀则有不待操而存者，有待其操之而存者，又有不能操而存之者。盖圣人其气禀清粹，故其心亦真静，无时不存，如水之在真静之器，无时而不止。若众人则其气禀滓浊，故其心亦扰荡，存者几希，如水之在污且不静之器，则鲜有能止之时。"③ 在这个基本认识中，"静"与善、"动"与恶直接联系，毫无疑问，"静"优于"动"。

以上是在理气关系中来理解人性而得出的认识。从来自《中庸》的未发、已发框架出发，十七八世纪朝鲜儒学家的言论中，同样能够

---

① 金楺：《偶记》，《俭斋集》卷28，《韩国文集丛刊续》第50册，景仁文化社2007年版，第572—573页。

② 李世龟：《答李太素别幅（戊寅四月）》，《养窝集》册4，《韩国文集丛刊续》第48册，景仁文化社2007年版，第140页。

③ 金砥行：《上久庵先生》，《密菴集》卷3，《韩国文集丛刊续》第83册，景仁文化社2009年版，第203页。

体现出"静"相对于"动"占优位的认识。《中庸》根据人心与宇宙的隐喻关系，得出未发、已发的认识框架。在这个认识框架下，人心存在两个机能——寂与感，它们对应于太极的一动一静。太极的一动一静化育万物，均具有正面价值，且二者同等重要。与此一过程有隐喻关系的人心之运动，也具有相同的性质。未发时，人心寂然不动，不偏不倚，即通常所说的"中"；当人心与外物接应时，感而遂通，发而中节，这一状态被儒学家称为"和"。这样，人心未发时为"中"，已发后为"和"。"中""和"二者在价值上均是正面的，似乎人心未发之静与已发之动存在同样重要的价值。不过，朝鲜儒学家还是在体—用关系中，对未发、已发做了位阶上的区分。如宋时烈就说："夫寂然不动，炯然不乱，然后方可谓之未发。未发则中矣，中则体立，体立则用和矣。"① 这样，"中"为体、"和"为用，已发的正面价值是由未发的正面价值衍生出来的。

未发—静、已发—动的简单对应关系，随着18世纪初"湖洛论争"对未发状态的深入讨论而被复杂化。在"湖洛论争"中，"未发"分为两个层次，静也随之被划分出两个层次——"静"与"至静"。18世纪中叶的"湖论"学者金谨行（常夫，1713—1784）是这样描述二者的：

> 静与至静，相对而言，则静即思虑未萌之时，至静即无少偏倚者也。盖思虑虽未萌，犹有昏杂之累，则理便即偏倚。此所以虽属静者，而犹不得为至静也。若至静则气纯于澹一，而理无所偏倚，即所谓寂然不动者，大本之中者也。然则所谓未发，即指至静境界而言者也。②

"静"的状态，对应的是李柬所界定的浅言的"未发"。此时的

---

① 宋时烈：《答朴景初（丁巳腊月十五日）》，《宋子大全》卷113，《韩国文集丛刊》第112册，第70页。
② 金谨行：《中庸劄疑》，《庸斋集》卷10，《韩国文集丛刊续》第81册，景仁文化社2009年版，第336页。

第五章 "主静"的意识形态：朝鲜朱子学与"小中华"意识

"静"，体现在现象层面的"不睹不闻"。而"至静"状态，才是李柬所说的真正的"未发"，其特质是"不偏不倚"。这一点同样得到韩元震的另一弟子姜奎焕（长文，1697—1731）的认同，他说："虽众人，若有未发时，则亦不偏不倚。但众人之心，纷纶胶扰，绝无一刻未发时耳。"①

现象层面的"静"的状态，之所以能够被称为"静"，是因为它与"动"的对立。但是，此种状态下，人的内心仍然处于"动"的状态，并非真正的"静"，儒学者们将之称为"似静非静""静不成静"。李世龟是这样描述这个状态的：

  盖未与物接之前，皆可谓静矣。然众人则无正心工夫，故事物之来，如忿懥、恐惧、好乐、忧患之类，既已应过而复留在心下，亦不能自觉。当其不闻不睹之时，宜若寂然不动，而留在心下者，已为之主，心体不能虚明，似静而实非静也。②

生活在18世纪中后期的学者金钟正（伯刚，1722—1787）虽然反对将"不睹不闻""未发""静"区分开来的做法，不过，他同样认为现象上的"静"不能视为真正的"静"：

  而常人之心，虽未接乎事物，思虑犹且纷起，则不睹不闻，未可谓之静也。……而常人之心，驰骛飞扬，无一息之或停。故虽合眼闭目，而胸中杂念，犹不禁其纷然。此非不睹不闻之不得为静，静之不得为未发也。其心自不静，故虽无所睹闻，而亦无以成未发也。语类所谓苟无工夫，静时欲静而不得静者，早已说破此病。③

---

① 姜奎焕：《九云辨说（丙午十月）》，《贲需斋集》卷8，《韩国文集丛刊续》第75册，景仁文化社2009年版，第324页。
② 李世龟：《答李太素问（戊寅四月）》，《养窝集》册4，第141页。
③ 金钟正：《中庸不睹不闻与静与未发》，《云溪漫稿》卷7，《韩国文集丛刊续》第86册，景仁文化社2009年版，第154—155页。

如此，与动相对立的静，其作为"静"的资格，实际上被取消了。作为结果，"至静"在价值上的绝对性得到凸显。

支持"湖论"观点的儒学家沈潮（信夫，1694—1756）特别强调"静"所带有的"不偏不倚"的特质，他说："至静然后方可谓未发。众人无未发则已，若或有之，则当此时节，不偏不倚，与圣人未发无异。此亦非至静乎？但众人则幸而有此时节，而圣人则事应既已，辄湛然渊静。此所以不同也。章句曰：至静之中，无所偏倚，而其守不失。窃谓至静而无偏倚，众人亦有此境界，而'其守不失'四字，惟圣人当之。"① 又说："不睹不闻，只是物未至、物未来，不得为至静。未发，是不偏不倚，方是至静。分明两境界云尔。"② 另一位18世纪的学者金宗德（道彦，1724—1797）则从否定性的方向界定"至静"状态的正面价值，他强调"至静"与无欲的关系，说："众人之失于动者，只以有欲也。圣人之动静俱静者，只以无欲也。必须无欲然后方可言静矣。周子提出二字，实为千古契合处……故所以明所谓静者，以其无人欲纷扰之私耳。"③

通过"静"与"至静"的严格界分，"静"超越了与动的对立性，从而获得绝对的价值。由于这一超越性，"静"能够贯通未发、已发，衍生到动之中。要理解这一点，我们先来看看，另一个以水喻心的比喻。朴弼周（尚甫，1680—1748）以水比喻心之本体，说：

> 譬如水焉，止水湛然，一波不兴者，其真体之本然。而及夫微风来而水面乍动，烈风起而波涛汹涌，则虽有随风流形之不同，而其为动则一也。④

---

① 沈潮：《寒水先生遗稿劄疑（己巳）》，《静坐窝集》卷10，《韩国文集丛刊续》第73册，第267—268页。
② 沈潮：《杂识·内篇》，《静坐窝集》卷13，《韩国文集丛刊续》第73册，第338页。
③ 金宗德：《答李穉春》，《川沙集》卷7，《韩国文集丛刊续》第87册，景仁文化社2009年版，第331页。
④ 朴弼周：《答李参判》，《黎湖先生文集》卷10，《韩国文集丛刊》第196册，景仁文化社1997年版，第226页。

第五章 "主静"的意识形态:朝鲜朱子学与"小中华"意识

心之本体如止水不动,及被外物所感时才进入动的状态。这一比喻似乎并不与朱子学的认识有丝毫矛盾。尽管如此,李世弼(君辅,1642—1718)在给朴弼周回信时,还是认为以水喻心不妥当:"以水譬喻之说,亦甚静详矣。水之随风才动,已不是静。"① 李世弼的意思是说,这个比喻违背了对"静"的绝对性认识,本心是"至静"的,无论未发,还是已发,本心都不会为外物所动。

这样,在18世纪的朝鲜儒学中,已发状态下就出现了"动亦静""动中之静"的层次。18世纪上半叶的学者杨应秀(季达,1700—1767)将"事物纷纠而品节不差"界定为"动中之静"②。金砥行立足于"洛论"血气的观点,清晰地阐释了"静中之动"与"动中之静"这两个更为精细的层次:

> 所谓动静亦有二义。以喜怒哀乐知觉之发、未发言之,则其发者为动,其未发者为静。虽其发也,既不被气血之使,又不为义理之拘,从容中道,心安理顺,则谓之静,即动亦静也。方其感也,即被血气之所使,则虽至不感,其既动之余气,犹未便静。气既不静,则心虽未感,此心之体,昏昧散乱,失其虚明空平之体。此则谓之动,即静亦动也。③

通过将已发之后,合乎儒家伦理的行为同样纳入"静"的范畴,使得"至静"贯穿到"动"的状态之中。

金宗德同样强调"至静"能够贯穿动静的这一点,认为这是朱子学的精义所在。在《存则静说》一文中,金宗德引用朱熹的言论来支持"至静"的超越性,他说:

---

① 李世弼:《答朴尚甫(弼周)别纸》,《龟川遗稿》卷5,《韩国文集丛刊续》第45册,景仁文化社2007年版,第84页。
② 杨应秀:《为学大要》,《白水集》卷25,《韩国文集丛刊续》第78册,景仁文化社2009年版,第28页。
③ 金砥行:《答叔固》,《密菴集》卷6,《韩国文集丛刊续》第83册,第251页。

> 存则虽在动中，而本体滢然，便是静也，而无不善矣。亡则失其本体之静，而纷纭腾扰，流而不反矣……朱子之言有曰：此心滢然，全无私意，是则寂然不动之本体。又曰：操之而存，则只此便是本体，所谓寂然不动者，自呈露亦。又曰：感物之际，品节不差，物各止其所则其湛然之体依然，故在亦不害为动中之静也。合此数说而详味之，存则静之义，晓然无可疑。①

也正因为有这样的认识，金宗德对周敦颐"主静"的观点存有疑虑。在写给李象靖（景文，1711—1781）的信中，他提出这样的问题："若专主未发之静云尔，则未发，不待主之而自静，何事于主？若兼于动时主此静底云尔，则反易入于收视反听之域，未知其何主也？"也就是说，金宗德担心提倡"主静"会让人偏向与"动"相对立的"静"一边，而忽略了"至静"的超越性。因此，他这样诠释"主静"：

> 涵养于未发之前，固是主静也。苟于此际保养不失，以立其惺惺公平之体，则其所发者已顺其轨，而无扰夺冲激之患，是主静之力，有以资及于动也。……如有一事到面前，此心辄发动，应之使之，无过不及，而其截断了当，归宿于定理，此便是主静。然则动静非判别为二途也。只于动中截断得宜，不失定理处亦是主静也。②

他把"主"理解为主宰的意思，所谓"主静"就是对儒家伦理规范坚定持守。这一持守不会因情况的变化而发生改变，在这个意义上，处于静止的状态。对此，李象靖则持有不同的意见。李象靖认为，"主静"表达的是"以静为主"的意思，是在强调"静"相对于

---

① 金宗德：《存则静说》，《川沙集》卷16，《韩国文集丛刊续》第87册，第508页。
② 金宗德：《上大山先生（辛卯）》，《川沙集》卷3，《韩国文集丛刊续》第87册，第250—251页。

第五章 "主静"的意识形态：朝鲜朱子学与"小中华"意识

"动"的优位性，他说：

> 主静者，言具动静之德，而其动也主于静也。盖人之一心，动静周流，然体立而用行，动有资于静，故必主于静而以立应用之本。及其动而各当其则，自然中节，无杂乱纷扰之患，则是动亦静。盖动静理均而静字势重耳。①

尽管李象靖仍然在与"动"相对的层面认识"静"，没有像金宗德那样将"静"推到绝对优越的地步。不过，他还是肯定了"静"对"动"的优位性，以及"动"的状态中存在着"静"的层次。

这样，在18世纪初出现的对"未发"进行严格界定的趋势，使得原本简单的动静关系变得复杂化，出现了"至静""动中之静""静中之动""动"四个层次。这一复杂化造成的结果则是，多少带有相对性的动静关系朝着"至静"的绝对优位性的方向发展。

人性论中"至静"的绝对优位性的确立，使得"正心""端本"等具有内在观照性的修养方式日趋在道德实践中占据核心位置。如果我们翻阅17世纪后半期朝鲜士人的家训会发现，主观内省的修养功夫在其中占有显著的位置。如宋时烈的好友俞棨在家训中反复强调"居敬"，他说："君子之学，莫切于存心。存心之道，莫切于居敬。敬为一心之主，通动静该本末"；"治其方寸之间者，主敬湛欲而已。主敬则欲湛，欲湛则心清，心清则理明，理明则道成"②。宋的另一位好友李惟泰在告诫子侄辈时，也特别指出独处、静坐的重要性说："不可与人往来，一室萧然，终日端坐，则自然清心省事。"③ 并且，李惟泰认为，静坐中的主观内省，是儒家道德修养的起始，他说："窃谓旧习缠绕，俗务汩汩，为其所不胜，则不能一时静坐。又于患难得失之际，不以义命处之，则易至于忧愁陨获。是

---

① 李象靖：《答金道彦（辛卯）》，《大山集》卷26，《韩国文集丛刊》第226册，景仁文化社1999年版，第530页。
② 俞棨：《家训》，《市南集》别集卷7，《韩国文集丛刊》第117册，第512页。
③ 李惟泰：《示儿辈立志》，《草庐集》卷23，《韩国文集丛刊》第118册，第471页。

故，先须强制此心，把断诸路头，然后意思稍平，义理渐生，始下墨识工夫耳。"① 宋时烈的弟子金楺则在座右铭中，将静坐列为自己一日功课之始，他说："早起静坐，齐庄端肃。敬厥声气，至夫手足。"②

有些学者则试图通过将"小学"纳入道德实践的范畴，以解决"主静"的道德实践与《大学》先格物后涵养的为学次第之间存在的矛盾。岭南学者金万英将程颐的主敬视为小学，以此为学者道学修行之首，他说："程子主敬工夫可以当小学云云之语看之。格致之前，岂容专无立个根本之工欤？子思以存养居省察之前，以德性在问学之首，其意岂浅浅哉？"③ 金楺则将小学之敬视为大学的根本，说："古者小学之教，莫非主敬工夫，故大学因之，只得首言明德而敬在其中。何必更著敬字而后始明哉？格致诚正修齐治平，无一非敬。"④ 李象靖在和金宗德讨论格物致知之前是否需要先有一番涵养功夫时，指出"古人小学已做存养工夫。入大学，固是先有一敬工夫，然只就大学言，则当穷格时，立个此心卓然有主，则益精明而不昏。"⑤ 这样，在朝鲜儒学中，通过将小学纳入道德实践的范畴，从而解决了《中庸》尊德性与《大学》道问学之间在为学次第上存在的矛盾，保证了儒学道德实践中"静"先于"动"的基本认识。

从以上的分析，我们可以肯定在十七八世纪的道德实践论中，存在着偏向于内在涵养的倾向。不过，这里仍然存在一个必须解决的问题，那就是既然恶是"动"的状态中的产物，为何道德实践不着手在这个层面消除恶，而要把精力集中到"静"的状态中的内心反省？如宋时烈就对儒家"正心"的道德实践存有疑虑。宋时烈认为，心

---

① 李惟泰：《静坐乃程子门下相传旨诀》，《草庐集》卷23，第472页。
② 金楺：《自警铭》，《俭斋集》卷21，《韩国文集丛刊续》第50册，第446页。
③ 金万英：《答慎（圣弼）书》，《南涡集》卷9，《韩国文集丛刊续》第36册，第381页。
④ 金楺：《答赵汝辅（彦臣·辛卯）》，《俭斋集》卷11，《韩国文集丛刊续》第50册，第243页。
⑤ 李象靖：《答金道彦（辛卯）》，第529页。

第五章 "主静"的意识形态：朝鲜朱子学与"小中华"意识

之本体原本就处于不偏不倚之中的状态，不存在不正的问题；关键在于已发后心之作用，是坚持中道，还是为情欲所胜偏离中道。对此，宋时烈的弟子李世弼提出了不同看法。李世弼并不反对心之本体无不正、恶来自心发用之后为欲所动的基本观点。不过，他认为，这一导致恶发生的根源，并不在于"动"的状态之中，而在"静"的状态，他说：

> 心之体至虚至静，本无不正，而惟气拘情炽，心动于当静之地，不能保其虚静之本体，故据其心之已动者而言，则虽属于用，据其当静之地而失其静者而言，则即体之不正也。是以《中庸或问》"喜怒哀乐未发之谓中"条曰：静而不知所以存之，则天理昧而大本有所不立矣。其曰：大本不立者，亦岂非体之不正者乎？然曰体不正，则终似有病。曰体不立，则不悖朱子大本不立之旨矣。①

虽然恶的发生是在"动"的状态中，其问题的根源却在"静"，由于当静之处不能静，才导致发之为动后流向了恶。那么，要消除恶，核心就在于使人心在当静之处能够保持静止，其发为用，自然就无不中节。

一位生活在17世纪中后期的儒学家赵远期（勉卿，1630—1680）从本与用的角度，把道德实践的关键确定在以静制动上：

> 然则湛然之累，虽以情欲，而本然之体，固尝静也。粹然之杂，虽以利害，而本然之禀，固尝善也。如欲制情而复善，莫如主静而立诚。所谓主静者，涵养于寂然不动之中，而情欲之萌，有以制其动焉。所谓立诚者，省察于感而遂通之际，而利害之攻，有以复其善也。是以濂溪既以主静立诚之意，著于图说、易通等书，示以立极之谟……其养弥笃而所以操存者为益严，不使

---

① 李世弼：《上尤斋别纸》，《龟川遗稿》卷3，《韩国文集丛刊续》第45册，第45页。

一毫情欲萌其间……以至于感通之际,其守不失而所以省察者益动,不使一毫利害攻其外。有以全其湛然之体,而不为人欲之所累;有以复其粹然之善,而不受外物之所夺。①

虽然恶是在已发后人心为情欲所动而产生出来的,但这个问题却不能在已发的层面中获得解决,而必须在未发的本体处着手。这是因为本体之所以会被情欲遮蔽,失去对人心的主宰,是由于本体不能坚固造成的。那么,道德实践的核心就在于坚固本体,使之无论在已发、未发中都能够主宰人心。

金钟正则认为,未发之中、已发之和能够实现的前提是道德主体的确立,并使之能够在动静之中处于主宰的地位。这一道德主体确立的关键就是戒惧的内心省察,使得人心在当静之时静下来。他说:"然欲静而不得静者,政坐乎无工夫耳。苟有工夫,则当静即静,自无此病矣。此所以中和,次于戒慎之下者也。夫中和者,性情之德,天命全体,本自如是。然除非圣人之心纯乎天理者,则本源未澄,私念相续,静不成静,而无以见其未发之体。必须表里动静,交致其功,存养深固,主宰严立。然后,事应既已,方寸湛然,本体昭著,无所偏倚,此之谓未发之中。譬如影过而明镜自虚,风定而澄渊自停,即一时光景,元无许多层节矣。"②

通过以上对十七八世纪朝鲜儒学中宇宙论、人性论、实践论的分析,可以看到,在朝鲜儒学思想中贯穿着一种"静"的思维倾向,"静"相对于"动"占优位,静止、不变拥有善的价值,动、变化则与恶的价值相联系。"小中华"意识得以成立的基础,正是自箕子朝鲜以来体现出的不变性与中国不断发生王朝更迭所蕴含的变化性之间的对比,而支撑这一对比的又是朝鲜儒学中蕴含着的"静"的思维倾向。可以说,朝鲜儒学"主静"的思维倾向为朝鲜独特的"小中

---

① 赵远期:《太极策》,《九峰集》卷5,《韩国文集丛刊续》第39册,景仁文化社2007年版,第500页。
② 金钟正:《中庸不睹不闻与静与未发》,《云溪漫稿》卷7,《韩国文集丛刊续》第86册,第155页。

第五章 "主静"的意识形态：朝鲜朱子学与"小中华"意识

华"意识提供了形而上学的根据。

第二节 "主静"的意识形态体现Ⅰ：尊祖敬宗

朝鲜儒学中"主静"的思维倾向，不仅为"小中华"意识提供了形而上学根据，同时，儒学又与朝鲜的社会结构与政治结构相结合，赋予朝鲜诸种社会关系以意识形态基础，使得朝鲜政治与社会的意识形态中同样具有一种"主静"的倾向，姑且称之为"主静"的意识形态。以"静"为根本性格的朝鲜意识形态，集中体现在社会关系中的尊祖敬宗与政治关系上"忠诚"的固定化。意识形态在这两方面的体现，同样为朝鲜不认同清朝、持续效忠明朝提供了意识形态基础。

血缘世系：作为社会权力之来源

朝鲜封建社会最重要的特质就是，在经历了高丽后期与佛教的斗争之后，朱子学作为国家统治的意识形态根基成为定局。新兴士大夫阶层建立起完善的科举制度，在不到一百年间形成了一个独占官职的两班士族集团。在我们对朝鲜两班士族集团之特质，以及以这个士族集团为核心形成的朝鲜等级社会之特质展开分析之前，先来看几段朝鲜时代士人的背景材料，以便先有一个直观印象。

> （李珥）先生姓李，讳珥，字叔献……系出丰德郡德水县。上世有敦守为丽朝中郎将，厥后世有闻人。高祖抽知郡事，曾祖实硕庆州通判，祖藏赠左参赞。考元秀监察，赠左赞成，好善任真，有古人风。妣平山申氏，己卯明贤命和之女，英秀贞静，博通古今，善书画。[1]

---

[1] 宋时烈：《栗谷李先生墓志铭（并序)》，《宋子大全》拾遗卷8，《韩国文集丛刊》第116册，第157页。

（宋时烈）先生讳时烈，字英甫。宋氏籍恩津，高丽判院事大原，始见谱书。有愉号双清堂，我太宗朝时，隐德以没世。曾祖讳龟寿，奉事、赠吏曹判书，号西阜，性至孝，居丧有白燕巢庐之异……祖讳应期，都事、赠左赞成。考讳甲祚，奉事、赠领议政，号睡翁。当光海锢圣母，以新进士，独拜恩西宫……妣赠贞静夫人郭氏，其考忠臣自防。①

（权忭）公讳忭，字怡叔，籍安东。东方族氏之盛，莫如我权，自始祖太师讳幸后，缨簪相承。菊斋讳溥，一家九封君，德业勋名，前古罕比。阳村讳近，理学文章，为世所宗。高祖讳擘，礼曹参议，号习斋，以诗文鸣国家盛，有文集行于世。曾祖讳韧，县监赠承政院左承旨。祖讳佺，不仕，有隐德，赠户曹判书……考讳让，司宪府执义，恬退，屡征不起，朝廷嘉其义，赠承政院都承旨，后以子贵，加赠吏曹判书。妣赠贞夫人南阳洪氏，讳思道之女。②

（郑赫臣）庆州之郑，以高丽政堂文学讳珍厚，为始祖。入我朝，有讳知年，司艺，庄陵逊位，不复仕，自号望七翁，望其与六臣为七也。讳孝常，吏曹判书，佐理功臣，封鸡林君，谥齐安。自是世袭圭组。至讳思仮，多历州郡，以清白闻，生讳宗周，登上庠，能文章……值昏朝不仕，公五世祖也。高祖讳光后，县监，丙子后，授右职不赴。曾祖讳镰，出入尤斋门，尝为师辩诬制疏，极有昭雪功。祖讳世东，考讳彦柱，皆有隐德。妣广州李氏，寿晚女，判书润庆六世孙，壸范克备。③

---

① 尹凤九：《墓志》，《宋子大全》续拾遗附录卷2，《韩国文集丛刊》第116册，第243—244页。

② 权蓍：《行状》，权忭：《遂初堂集》卷7，《韩国文集丛刊续》第49册，景仁文化社2007年版，第467页。

③ 金博渊：《行状》，郑赫臣：《性堂集》卷5，《韩国文集丛刊续》第84册，景仁文化社2009年版，第392页。

第五章 "主静"的意识形态：朝鲜朱子学与"小中华"意识

背景资料所呈现的最为重要的特征是，这些士人的家族均可追溯到高丽时代，有着悠久的历史，且家族的成员世代为官。这一特征绝非孤立现象，实际上，类似"世有闻人""奕世簪缨""世袭圭组"这类背景描述，几乎可见于所有朝鲜时代士人的传记之中。而使得这样一种延绵几个世纪的士族家庭成为可能的，正是朝鲜独特的科举制度。

科举制度就其产生之背景而言，是唐、宋时代皇权为了压制贵族势力而采取的人事制度。因此，科举天然的具有反门阀的性格。它所强调的是，士这一统治集团成员身份，必须通过参加国家统一组织的考试而获得。任何人并不因其父祖辈在统治集团中占据显赫位置，而在科举考试中拥有特权。一旦士之子弟，未能通过科举考试，那么，他们就丧失了士的身份，变成庶民。就通过科举而取得士的身份这一点而言，朝鲜的科举制度与中国科举制度并无不同。朝鲜科举制度的独特性在于通过制度设计保障两班士族家庭在教育、考试、官职授予上的优先地位，从而使得朝鲜文、武两班官职基本把持在两班士族手中。由此，科举这一原本为了消解门阀而设计的考试制度，在朝鲜时代却变成了一种身份制度，为两班士族独占官职提供制度保障。

朝鲜时代的科举分为文科、武科、杂科。通过文科考试者，授予文班官职；通过武科考试者，则授予武班官职。不过，由于儒家文治主义的倾向，文臣的地位要高于武臣，而且重要的武班职位也往往由文臣兼任，因此，两班士族纷纷涌向文科。本节讨论也集中于文科，看看文科考试中如何形成一个有利于两班士族的考试制度。

朝鲜士人在参加文科考试之前，必须先参加成钧馆的入学考试，取得成钧馆儒生的身份，并在成钧馆获得300个圆点之后（在成钧馆学习1日为一个圆点，取得300个圆点，相当于必须在成钧馆学习一年左右），方获得文科考试的资格。成钧馆入学考试分生员试和进士试。这两个考试，最初为一场，从太宗十四年（1414）起分为两场。其中，初试为在王京举行的汉城试和八道举行的乡试，生员试、进士试各取中700人参加由礼曹举行的会试。会试从初试合格者中，又选拔出生员、进士各100人入成钧馆。除此之外，在成钧馆儒生出现缺额时，会在汉城四部学堂举行升补试。凡年满15岁、学行优异的四部学堂学生（四学生）均可参加升补试，其中合格者升入成钧馆，成为寄斋生。①

在通过成钧馆入学考试，并在那里学习一年之后，成钧馆儒生就有资格参加文科考试。文科考试分初试、复试、殿试三场。文科初试分馆试和乡试，从中取中240人。初试合格的240人，赴礼曹参加复试，其中有33人能够脱颖而出，参加随后由国王亲自主持的殿试。除非出现特殊情况，否则殿试不再淘汰人员，只在33人中确定等级名次。②

以上是文科考试的一般规则，而两班士族则可以通过门荫、别试等方式，绕过这些常规程序，较为快捷地获得科举功名。门荫在一定程度上是与科举制度存在对立性的选举制度，但在朝鲜时代，它被组织到科举制度中，成为保证两班士族获得文科及第的机制。具体而言，出任过三品以上堂上官者，其四世以内的子孙能够通过门荫进入成钧馆，成为寄斋生，从而获得文科考试的资格。世宗朝就有大臣担心，由荫子弟补入成钧馆的人数过多，会导致四学升补试形同虚设。成钧馆大司成权采上疏说："我朝于国学，设幼学一百之数，名曰寄斋，有阙则礼曹、成钧馆，同试学堂生徒而升补，合于古者由小学入太学之义也。自门荫子弟入学之法立，而四祖内三品以上及曾经台省政曹者之子，无问适子、众子，皆不由升补而入学，袭荫之门既多，将来元额一百内，皆有荫子弟，而升补之法永废矣。"③

更为常见的是，两班士族子弟以荫官而踏入仕途，再以其现任官职的身份来参加科举考试，从而谋求更高品级的官职。因为，在朝鲜时代，只有文科及第者，才有资格出任正三品以上的堂上官。根据朝鲜《经国大典》的规定，正三品通训大夫以下可以应试文科，而正

---

① 参见［韩］李成茂《高丽朝鲜两朝的科举制度》，张琏瑰译，北京大学出版社1993年版，第42—43、47、64—70页。
② 参见［韩］李成茂《高丽朝鲜两朝的科举制度》，第47—49页。
③ 《朝鲜世宗实录》卷61，"世宗十五年八月二十二日"条。

第五章 "主静"的意识形态：朝鲜朱子学与"小中华"意识

五品通德郎以下的参下官可以参加生员、进士考。此外，还有每十年一次的重试，专门为堂下官转升堂上官提供资格。① 这样，两班士族等于说可以不受限制地参加文科考试。

在朝鲜时代科举制度中，保障两班士人取得文科功名的最独特的机制是别试。所谓别试，是相对于三年举行一次的式年试而言，是专门为了满足两班士族的需要而增加的科举考试。别试名目繁多，有国王继位时的增广别试、国家庆典时举行的庆科、国王前往成钧馆祭祀时举行的谒圣科，此外还有庭试、春塘试、节日制、黄柑制，等等。并且别试考试科目简单，考评宽松，较易及第。取得别试及第的两班士人，在文科考试中获得种种特权，他们或者被授予直赴文科会试、文科殿试的资格，或者被给予在文科初试中加分的特典。② 有学者统计，在朝鲜时代举行744次文科考试，及第14620人，其中式年试举行163次，及第6063人；别试举行581次，及第8557人。③ 这样，通过别试大大增加了两班士族的科举及第人数。

除了通过门荫、别试增加两班士人科举及第的机会外，两班士族集团还对应试人员身份做出限制，从消极方面确保两班士族集团在科举中的优势地位。《经国大典》对参加文科和生员、进士试的人员身份进行了详细规定："罪犯永不叙用者、赃吏之子、再嫁失行女子之子及孙、庶孽子孙勿许赴文科生员、进士试。"④ 乡吏子孙虽然能参加文科考试，但受到严格限制。⑤ 这些身份群体中，关键在于作为两班庶出的庶孽子孙，与处于两班士族与庶民之间的乡吏。对这些身份群体的限制，源自太宗朝对两班下层的清理。太宗不断下教旨，严格区分两班之嫡庶，"一品以下贱妾所生，限品授职者，毋得结婚于两班之家"；"各品庶孽子孙，不任显官，以别嫡妾之分"；并在《续六

---

① 《经国大典》卷3《礼典·诸科》，光海君五年（1613）刻本，首尔大学奎章阁韩国学研究院藏，第1—2页；并参见［韩］李成茂《高丽朝鲜两朝的科举制度》，第103—104页。
② 参见［韩］李成茂《高丽朝鲜两朝的科举制度》，第71—76页。
③ 同上书，第44—45页。
④ 《经国大典》卷3《礼典·诸科》，第1页。
⑤ 参见［韩］李成茂《高丽朝鲜两朝的科举制度》，第96—101页。

典》写入"各品贱妾所产结婚,各于其类,毋得犯婚于两班家门"的条款,使两班嫡出子孙与庶出子孙的分离法律化。① 乡吏是高丽时代两班官员的主要来源,进入朝鲜时代后,他们的晋升之路受到严格的限制。乡吏子孙要参加科举考试,必须经过"四祖审查""两班保单",还要获得所属郡县的同意。在获得科举考试资格后,乡吏子孙还必须通过加试,即文科考试之前的"学礼讲",加试《小学》《家礼》,在文科考试中加试四书一经。② 由于受到种种限制,两班庶孽、乡吏往往只能参加武科或杂科。

所参加科举种类之不同,又决定了及第者所可能获得的官职种类,那些参加武科、杂科的庶孽、乡吏只能够获得下级武官、各曹负责具体行政事务的技术性官员等低级官职。非两班官员在官僚体系中的上升空间也是有限的,他们升迁的极限是正三品堂下官。至于台谏、六曹郎官、议政府舍人、玉堂官、宣传官等两班清要职位,必须文科及第方能获得。除了上升空间有限外,从世宗朝开始实行的"循资法"也使得他们的迁升要比文科及第者缓慢许多。根据"循资法",两班官僚从从九品升到正三品,大概需要39年,而非两班官员则需41年。表面上看来,二者差别不大。不过,非两班官职要实行一种特殊的"递儿职",每六个月轮换一次官职,并且如中途退出,则必须等待一年的时间,然后重新参加选拔考试。这样,就大大延长了非两班官职迁升的时限。③

如此,运用门荫、别试等机制,对考试人员身份进行限制,对考试种类与授予官职进行分类,朝鲜两班士族集团成功地将科举制度改造成一个明显带有身份制色彩的人事选拔制度。"近代以来,铨曹选法,浸失本意,清资显秩,只及于右族,荐贤拔能,反诎于门荫。"④

---

① 参见《朝鲜世宗实录》卷42,"世宗十年十月十八日"条;卷47,"世宗十二年二月十七日"条;卷47,"世宗十二年二月十二日"条。
② 参见[韩]李成茂《高丽朝鲜两朝的科举制度》,第101—102页。
③ 同上书,第51、52—57、84—89页。
④ 洪宇远:《寄晚侄书(壬戌)》,《南坡集》卷11,《韩国文集丛刊续》第106册,景仁文化社2009年版,第262页。

第五章 "主静"的意识形态：朝鲜朱子学与"小中华"意识

"我国用人，专以门地高下，故不能无别。"① 这便是十七八世纪朝鲜士人对科举制度的认识。在这个体制下，一个人能否参加科举，他在科举中能取得什么样的功名，他能被授予什么样的官职，在极大程度上由他的出身决定，取决于他的父系祖先是两班、庶孽、还是乡吏，他的母亲是正妻还是妾。士之子衡为士，如18世纪的两班士人睦万中（幼选，1727—1810）所说："古之士一命也，今之士卿大夫之世是也。"② 正是这一点，使得在本节开头所看到的世代为士、延绵几个世纪的家族之出现成为可能。

在两班士族内部，等级又进一步细分，生活在京畿一带的门阀两班位于最顶端，而庶孽、技术官员、胥吏、乡吏、军校、驿吏、土官等构成的中人阶层处于最下位。最下位的中人阶层，虽然在面对两班士族时显得身份卑微，但他们相对于庶民仍拥有明显的优越性，属于统治阶层。"我国风俗，素贵士族，虽其庶类孽派，与常汉自别。"③ 中人阶层与庶民之悬隔，最明显地体现在中人阶层免除军役成为难以变更这一点上。"近世以来，政令颓圮，百度隳废，品官庶孽之子枝应为军役者，皆百般规免，鲜有充定之人。"④ 孝宗时，金益熙（1610—1656）上疏说："祖宗朝身役之法甚严，公卿大夫之子弟，亦莫不各有属处，有荫者为忠顺卫，无荫者为保人，盖举一国无闲游焉。岂如今品官庶孽之子，亦称两班，安坐而无役乎？"⑤ 俞棨说："祖宗朝，士大夫子支暨庶孽凡为男丁者，无贵无贱，莫不各有属卫，民志以定，民役以均。自数世以来，国纲解驰，人思自便，士夫胄裔，不复隶名诸卫。非徒士夫为然也，虽穷乡寒族、支

---

① 任靖周：《宿预录（下·甲午乙未）》，《云湖集》卷4，《韩国文集丛刊续》第90册，景仁文化社2009年版，第513页。
② 睦万中：《从好堂记》，《余窝集》卷13，《韩国文集丛刊续》第90册，景仁文化社2009年版，第238页。
③ 赵显期：《示兵判金斯百布便宜十条》，《一峰集》卷3，《韩国文集丛刊续》第42册，景仁文化社2007年版，第66页。
④ 洪宇远：《论五事疏》，《南坡集》卷7，《韩国文集丛刊续》第106册，第150页。
⑤ 金益熙：《甲申封事》，《沧洲遗稿》卷8，《韩国文集丛刊》第119册，景仁文化社1993年版，第394页。

庶旁生者，一有隶卫之称，则莫不以为大耻。"① 赵显期（扬卿，1634—1685）说："国朝旧制，虽是阀阅子弟，若非阅文应举，得参发解者，则率定隶于忠顺、忠壮诸卫，身出一布……今日则凡号士族者，非独卿大夫子孙，虽乡曲品官，莫不自称两班，闲游无事，未尝出一尺之布，以供身庸。"② 这样，中人阶层实际上构成了一个屏障，使得两班士人与农、工、商阶层绝对分离，确保两班士族对庶民的绝对优越性。

尊祖敬宗的意识形态

围绕着科举制度，朝鲜形成了一个上下等级森严的两班社会。根据身份之高下，在服色、敬称、出行工具等方面，制定出繁复的差等，生活固定化，万事忌新花样。人们的等级由他们的血缘出身决定，两班子孙恒为两班，奴隶世世代代为奴隶。总之，这个社会呈现明显的静态性。社会处于静止，权力来源于血缘，这些因素与朱子学"主静"的思维倾向相结合，自然生发出一种尊祖敬宗的意识形态。

人们因出生在不同的家庭而获得不同的身份，出生带来的身份标签伴随他们一辈子，决定着他在所处社会中可能取得的成就。这里面明显存在着幸运的成分。两班士族，依靠他们血缘出身，天然地在社会等级结构中占据优越的位置。如果这一由出生而带来的幸运只是一个偶然，那么，两班士族享有这一幸福就或多或少是不稳固的。因为，他们自身会对这一幸运产生疑惑，来自社会其他等级的人们也会对这个幸运提出质疑。因此，他们需要将幸运转变成正当的幸运，他们要求确认他们享有幸运的权力，他们比其他等级的人更有资格享有幸运。这样，一种将幸运正当化的意识应运而生。"祖先相遞之身，虽以亡于百千万代之既往，而祖先相传之气脉，即吾一身之方在焉。此身即祖先之身也。"③ 生活在现时代的"我"，不是一个孤立的个

---

① 俞棨：《江居问答》，《市南集》卷16，《韩国文集丛刊》第117册，第282页。
② 赵显期：《示兵判金斯百户布便宜十条》，第66页。
③ 崔兴远：《奉先立议下》，《百弗菴集》卷12，《韩国文集丛刊》第222册，景仁文化社1999年版，第181—182页。

第五章 "主静"的意识形态：朝鲜朱子学与"小中华"意识

体，而是祖先在现时代的化身。"我"与祖先是一体的。那么，祖先所建立的丰功伟绩，世代行善积累起来的德性，都凝聚于"我"之一身，成为现时代的"我"享有幸运的根据。

> 呜呼！源之深者，其流也长，根之固者，其枝也蕃。吾氏源出箕圣，而得姓于王子，大振于威襄公……夫礼宾尹以仁圣之裔，克绍先烈，积德累仁，垂裕后昆。而逮入李朝，克炽而昌，山岳降神，沙麓呈祥，簪缨德业甲于他族，宗支蕃庶遍满一路。兹岂非天道福善之理，愈久而不爽者耶？①

上面所引用的这段文字，是朝鲜两班士族对其享有幸运的标准解释。与幸运由于祖先之行善相对应，不幸则来自祖先之为恶。奴隶之不幸成为奴隶，是由于其祖先之恶行。康熙晚期，金昌业出使清朝时，清朝通官洪二哥对朝鲜士人全然不体恤奴婢感到疑惑，他说："此处（按：指清朝）则饮食甘苦，衣服美恶，奴与主无分，以至其主骑马，奴亦骑马。而朝鲜岂曾如此乎？"金昌业解释道："朝鲜奴仆与此处有异。盖箕子立泣，令盗人财者，世世为其奴。今之为奴者，其祖先皆尝窃他者也。安得与其主同。"② 这便是朝鲜士人对奴隶何以世世代代为奴的标准解释。

幸运来自祖先的功绩与行善，享有这一幸运的后辈，就要对祖先报之以尊崇。"身之所自出，祖先也……其所自出……人与禽兽同，人异于禽兽者，以其不独爱其身而能敬其身之所自出。"③ 后世子孙尊崇祖先，则能获得祖先的庇护，世世代代昌盛下去；相反，背弃祖先必然招致家族灭亡的灾难。俞荣在《杞溪俞氏族谱

---

① 《关北清州韩氏（五校丙子）大同谱序》，韩基邦编《关北、清州韩氏（五校丙子）大同谱上编》，《北京图书馆藏家谱丛刊·民族卷》第97册，北京图书馆出版社2003年版，第12页。
② 金昌业：《燕行日记》（三），第42页。
③ 徐宗华：《宗约立议》，《药轩遗集》卷8，《韩国文集丛刊续》第76册，景仁文化社2009年版，第343页。

· 229 ·

序》中，从原理和经验事实两个层面，向子孙后世阐释了家族兴盛的原因：

> 古之开国创家者，莫不积德造基，以树风声昭来许。凡其子孙，能业者昌，悖之者亡，忽之者不长，固理之尝……我先祖主簿公，亦能以直词，触冒燉天之凶焰。虽蹇嶉以没身，然我家之贵，实自其子仆射公始。亦越我景安公父子两世，咸能抗斥权凶，直道不回而济以敦厚之风……惟我家之大，实自景安公始，过此以外者，未或世其显贵，兹岂非祖先之流风余庆，抑有所阴鸷而钟注者欤！①

俞氏能够代代昌盛，既是由于祖先能够不计己身之利害、坚守忠义，也是因为后世子孙能够继承祖先的传下来的家风，"直道不回"。因此，俞榮告诫后世说："在我后世子孙，其将业之而昌耶？悖之而亡耶？忽之而不长耶？凡为子孙者，不可不知也，不可不惧也，尤不可不勉也。"②

18世纪上半期的两班士人金尚彩（敬叔，1710—?）在为族谱所做的序中说："夫以四世卿相之家，而至于失谱，则可想其中世陵替之极。而振武公以后，一向不正以至于今。然安之乎来者，又有甚于今日也哉。凡我谱中人，见先祖之起家，而知孝敬之能致位，伤中世之失谱，而知文学之能传家。念后孙之不克负荷，而知勤俭仁厚之能获福。"③ 照此看来，金尚彩是将家族中道衰落归因于丧失族谱而导致的子孙不能孝敬祖先。有鉴于此，他希望通过重修族谱，使后世子孙能够重新蒙受祖先的福泽。

这样，万事以祖先为先的意识弥散于整个朝鲜时代。"凡人家子

---

① 俞榮：《杞溪俞氏族谱序》，《市南集》卷18，《韩国文集丛刊》第117册，第287—288页。
② 俞榮：《杞溪俞氏族谱序》，第288页。
③ 金尚彩：《族谱序》，《苍岩集》卷3，《韩国文集丛刊续》第79册，景仁文化社2009年版，第528页。

第五章 "主静"的意识形态：朝鲜朱子学与"小中华"意识

孙之所可敬重，莫切于奉先"[1]；"子孙出于正处，而祖宗居于偏处，既非所安"[2]。保护祖先神主、建立祭田使祖先世世代代享受祭祀，成为两班士族家庭的头等大事。万事以祖先为先的意识，在有关闵鼎重之父于丙子胡乱时保护宗庙神主不力是否应予以处罚的争论中，得到最为清晰的表达。这个事件中，祖先与子孙直接对立起来，由此，我们能看到哪一方在价值上具有优先性。闵鼎重之父，当丙子胡乱时任宗庙令，奉命将朝鲜王国历代国王的神主带往江都避乱。随后，清军进攻江都，形势危急。宋国泽劝闵公护送王孙逃离江都，说："王家骨肉只有此耳，吾辈当以死保之。"闵公听从宋国泽的劝告，将宗庙神主埋于江都，护送王孙逃亡海岛。埋于江都的神主，则被蒙古兵发掘出来，受到损毁。[3] 事后，仁祖大王并没有因宗庙神主损毁一事处罚闵鼎重，相反还给他升职，"赏加通政阶，拜户曹参议"。此举引来不少朝臣的不满，相臣上疏说："闵某弃宗庙主护王孙，今反宠秩之，恐后世以殿下为轻祖宗而重子孙也。"而仁祖坚持闵公有功无罪，"收用如故"[4]。仁祖根据闵鼎重保护了继承国家之血脉的王孙而认为他有功；而朝臣一边则坚持此举导致祖先神灵受到惊吓，违背士人尊祖敬宗的意识形态。

万事以祖宗为先，尊崇祖先能受到庇护、世代昌盛，背弃祖先则必然招致灾难。这样的意识，在面对明清交替的变局时，会发生怎样的作用呢？我们必须注意到一个基本的事实，尽管明清易代给整个东亚世界带来巨变，但是并没有影响到朝鲜内部的政治与社会结构。这就意味着，在这个变异的时代，朝鲜并没有新贵阶层出现，国王与官员均是数百年来明朝皇帝的臣子与陪臣之后裔。出于尊祖敬宗的意识，他们不能转而效忠清朝，这等于是背祖弃宗。

---

[1] 崔兴远：《奉先立议上》，《百弗菴集》卷12，《韩国文集丛刊》第222册，第176页。

[2] 宋时烈：《答李幼能（癸卯）》，《宋子大全》卷64，《韩国文集丛刊》第110册，第218页。

[3] 宗庙神主损毁情况，参见《朝鲜仁祖实录》卷34，"仁祖十五年二月五日"条。

[4] 宋时烈：《江原监司闵公神道碑铭（并序）》，《宋子大全》卷167，《韩国文集丛刊》第113册，景仁文化社1993年版，第518页。

17—18 世纪朝鲜士人眼中的清朝

孙卫国注意到入清以后朝鲜王室的墓志碑文上概不书写清朝的国号、年号，始终沿用明朝的国号、年号。如肃宗二十七年（康熙四十年，1701）去世的王妃，其墓碑写着"有明朝鲜国仁显王后明陵志石"；肃宗四十五年（康熙五十八年，1719）去世的王世子妃墓碑则为"有明朝鲜国端懿宾墓志石"。英祖三十一年（乾隆二十年，1755），太祖旧阙遗址立碑，英祖亲书碑文，其纪年为"皇明崇祯纪元后三乙亥仲春"[①]。这是否表达出朝鲜王室对明朝绝对认同的情感呢？

在回答这个问题前，且先来看看孝宗元年对仁祖神主是否书写清朝谥号的讨论。仁祖二十七年（顺治六年，1649），仁祖去世，朝鲜遣使赴清告卜，并依照惯例请谥号。清朝赐谥号庄穆。次年五月，在宗庙为仁祖立神主牌位时，是否在牌位上书写清朝谥号引发了争论。反对使用清朝谥号的官员，其理由如下：

> 时至今日，天下事势与向日有异，练主改题时，清国赐谥之书与不书，固难轻议。而但他日昇祔之后，清庙肃雝之地，列圣陟降之庭，宝座相联，昭穆俨列，而神位所题谥号上二字，独有异同，则荣辱所关，实为未安，而亦非先朝十三年薪胆之本心。[②]

单独的祭祀中，是否使用清朝谥号，尚在两可之间。真正的问题发生在宗庙之中，在此书写清朝谥号被认为不可接受。反对者的理由是，这违背了仁祖"十三年薪胆之本心"。这是什么样的本心呢？是认同于明朝的本心吗？如果是这样的话，那么，在仁祖单独的祭祀时，书写清朝谥号不是也同样不能被接受吗？清朝谥号不能被接受，必然与宗庙这个场所有关。在宗庙之中，当仁祖与朝鲜王国的历代国王共处一室时，上下昭穆相连。此时如果书写清朝谥号会发生什么情况？我们会看到，前面是"有明"，后面是"有清"。这是明明白白

[①] 参见孙卫国《大明旗号与小中华意识——朝鲜王朝尊周思明问题研究（1637—1800）》，第 243—244 页。
[②] 《朝鲜孝宗实录》卷4，"孝宗元年五月三日"条。

第五章 "主静"的意识形态：朝鲜朱子学与"小中华"意识

的背弃祖先！由此看来，是否对明朝有情感还是次要问题，问题的关键是使用"有清"违背了尊祖敬宗的意识形态。

祭祀中不使用清朝国号、年号的现象，同样见于朝鲜两班士族家庭中。① 两班士族祖先的墓碑、墓志上所写着的"有明"字样，标示出他们的归属。② 此时，子孙如果用清朝的字样来祭祀，显然有违尊祖敬宗之义。仁祖十九年（崇德六年，1641）刚刚被迫纳入清朝体制的朝鲜，派遣文学南老星（明瑞，1603—1667）前往沈阳。临行前，南老星到原州与母亲道别，并打算到外祖金尚容的墓上祭拜。此举被其母亲阻止，南老星的母亲说："汝于丁丑之后，从仕于朝，已非先人之志。况今将以职事入沈，而展谒先墓，则先灵有知，必不嘉悦，汝其勿往也。"③ 这样，因前往沈阳有背弃祖先之嫌，南老星被禁止拜祭祖先。近人金福汉（元五，1860—1924）在叙述祭祀祖先不能用"清朝"字样时，同样注意到此举有违背祖先的嫌疑。他说："至于墓籍，则何忍以既骨之父祖，录其姓名而纳降乎？且庚秋以后之用彼年号，固是痛心疾首。而上自太祖，下至哲宗，亦不敢书，易以彼号，尤臣子之所不敢为也。我祖水北公则尤所难处者。府君生于万历甲申，而今书以彼号，则是在神宗时而已背明事彼也，何敢归拜先祖之灵耶？族孙则矢于心，平土植木，则只当忍痛含冤，而凶锋若及于攒，则期欲一死而下从先祖于地下。"④

照此看来，由于明清交替并未引发朝鲜内部的变革，国王仍是三百年前建立朝鲜王国的李成桂的子孙，官员也是延绵数个世纪的两班士族的后裔。他们的权力是从祖先那里继承来的，以回报他们对祖先表达绝对的尊崇。他们无法违背作为明朝皇帝的臣子、陪臣的先祖，

---

① 参见孙卫国《大明旗号与小中华意识——朝鲜王朝尊周思明问题研究（1637—1800）》，第244—246页。

② 如生活在仁、孝时期的曹汉英（晦谷，1608—1670），其墓志铭题为"有明朝鲜国嘉善大夫、礼曹参判、兼五卫都总府副总管、夏兴君曹公墓志铭"。（曹汉英：《晦谷集》附录，《韩国文集丛刊续》第31册，景仁文化社2007年版，第307页。）

③ 《朝鲜仁祖实录》卷42，"仁祖十九年四月十一日"条。

④ 金福汉：《答族丈炳秀（丙辰）》，《志山先生文集》卷4，《韩国历代文集丛书》第301册，景仁文化社1994年版，第222页。

这会带来难以预料的灾祸。因此，尊祖敬祖的意识形态成为朝鲜无法认同清朝的一个重要原因。

第三节 "主静"的意识形态体现Ⅱ：忠诚的固定化

在明朝灭亡后朝鲜仍在维持着它对明朝的忠诚，对这一现象的解释，目前主要的方向是强调其情谊动机。君主之"恩"首先表现在作为天子的明朝君主对朝鲜国王的册封行为上。这一"恩情"经过一代一代的册封而逐渐累积。更为重要的是，在壬辰倭乱时，朝鲜面临亡国的局面，而明神宗发兵援助朝鲜，使朝鲜免于覆灭。"赐号""再造"的"皇恩"，使得朝鲜对明朝的尊崇超越了双方契约的意识。这样，即便明朝已经灭亡，也难以改变朝鲜对它的忠诚。本书并不否认情谊动机在朝鲜持续效忠明朝这一现象中所发挥的作用，不过，本书想要指出对一个已经灭亡上百年的政权持续效忠，不是单凭情感因素就能够完满解释的，它必须得到在现实政治结构、社会结构中运转的意识形态的支持，才能持续发生效用。朝鲜意识形态中，存在着一种独特的忠诚观，它同样为朝鲜尊明的情感提供了一个思想根据。

朝鲜独特的忠诚观是建立在两班士族身份制结构之上的。由于李氏朝鲜是在儒生的支持下建立起来，在随后朝鲜王国的体制建设中，儒生透过成钧馆、四学馆等官学，门荫以及使得科举制度倾向于特权阶层等方式，逐渐形成一个封闭的两班士族集团。这一两班身份结构意味着，尽管士的身份是由君主授予，但是对于绝大多数两班士人而言，他们更是从祖先那里继承了作为士的资格。这样，出于思想统御的需要，就势必赋予"忠诚"以特殊的重要性，将"忠诚"的对象人格化，以此作为维系现实政治中上下、尊卑的等级秩序。

作为伦常之枢纽的君臣关系

儒家伦理体系是从君臣、父子、夫妇、兄弟、朋友所构成的五

第五章 "主静"的意识形态：朝鲜朱子学与"小中华"意识

伦来结构人的所有社会关系。由于五伦被认为天理在人世间的体现，因此，在这个意义上，五伦被视为自然的。不过，这仅是在原理层面上的认识。在实际的层面上，五伦并不具有相同的价值，儒家经典学说赋予父子一伦尤为特殊的重要性。由于父子关系建立在血缘的基础上，因此被认为基于自然属性而成立的伦理关系。运行于父子之间的规范"孝"，因为父子一伦的自然性，而被视为无可逃避的、必须履行的义务。这样，在五伦中父子就优先于其他伦理关系，孝在价值上同样优先于其他伦理规范。君臣关系则由于其是在政治体建构的过程中形成的伦理关系，被认为或多或少带有人类制作的成分在其中。因此，"义"这一君臣间的伦理规范，并不被认为人必须履行的义务。臣子对君主的忠诚是否被士人所履行，要视乎处于伦理关系另外一边的君主的作为，并且要看"忠"这一君臣关系中体现出来的伦理规范是否与具有绝对价值的"孝"相抵触。

君臣之义的相对性，在孟子的学说中被明确地提出来：

> 孟子告齐宣王曰：君之视臣如手足，则臣视君如腹心。君之视臣如犬马，则臣视君如国人。君之视臣如土芥，则臣视君如寇仇。①

孟子所界定的这一忠诚规范，是以列国并存格局下游士出仕的情况为背景。尽管秦以后的社会背景发生了重大改变，不过，"君臣义合"的基本精神，还是在此后中国士人的思想中普遍存在着。明末的陈龙正说："人主英而无道者可事，昏而无道者不可事。齐桓、卫灵、汉武帝、唐武后，皆无道而英者。当时贤才，欲救民立功者，多相率而事之。伊尹之何事非君，自在就汤之后，若未受汤聘，岂有就桀者哉？同此一时也，以桀为天下主，便是无道之天下，所以耕莘也；以汤为天下主，便是有道之天下，所以幡然也。伊尹易隐为见，正欲易

---

① 焦循：《孟子正义》卷16《离娄章句下》，中华书局2017年点校本，第589页。

无道为有道,岂果不分治乱,而一主于必进必见乎?"① 清初的吕留良说:"君臣以义合,合则为君臣,不合则可去,与朋友之伦同道,非父子兄弟比也。不合亦不必到嫌隙疾恶,但志不同到不行便可去,去即君臣之礼,非君臣之变也。"②

但是,在十七八世纪的朝鲜儒学中,君臣关系呈现自然化的倾向。17 世纪,宋时烈在一封信中这样说道:

> 五伦五常,同出于天,谓之仁行于父子,义行于君臣,可也。若曰:父子仁之所出,君臣义之所出,则不可……且仁之于父子,义之于君臣,虽略有所主,然义礼智信,岂不行于父子,仁礼智信,岂不行于君臣……今若切切以界限为说,则仁爱不行于君臣,而严敬不行于父子矣。其可乎?③

宋时烈认为五伦五常构成人间秩序源出于天理,这一点并没有越出经典儒家学说的范围。重要的是,随后宋时烈指出,五伦中任何一伦的运行规范与所体现的价值,同样适用于另外四个伦理范畴。这意味着,他并不打算只在原理上界定五伦的来源,而是要在现实中确立起五伦的自然性。因此,他断然拒绝将士人对君主的忠诚,视为对君主所提供的庇护的回报,他说道:"夫视君之厚薄而为之报者,实非君子之义也。"④ 既然君臣关系源自天理,那么这一关系中蕴含的规范——"忠",就不可能是以利益交换为基础,而是人心中情感的自然抒发,它是绝对的,不应以君主的态度为转移。这样,我们就能理解为何宋时烈将对君主命令的违反视为对天理的违背。肃宗初年,宋

---

① 陈龙正:《学言详记五·发用中》,《几亭全书》,《四库禁毁丛刊》集部第 12 册,北京出版社 2000 年版,第 677 页。
② 吕留良:《吕晚村先生四书讲义》卷 14,《续修四库全书·经部·四书类》,上海古籍出版社 2002 年版,第 633—634 页。
③ 宋时烈:《答金是重》,《宋子大全》卷 119,《韩国文集丛刊》第 112 册,第 216 页。
④ 宋时烈:《答李伯祥》,《宋子大全》卷 112,《韩国文集丛刊》第 112 册,第 43—44 页。

第五章 "主静"的意识形态：朝鲜朱子学与"小中华"意识

时烈因礼讼问题而遭到处罚。朴和叔写信给宋时烈的儿子，建议他们就移配之地与朝廷周旋，避免去偏远艰苦之地。对此，宋时烈回信谢绝，他说："第凡编配之罚，君上与主事者，正欲以此困苦之，以惩其罪。若自择便好之地，则是不受君命也。不受君命，是不顺天理也。"①

宋时烈在现实中界定君臣关系的自然性的认识，我们在这一时期其他士人那里同样能够看到。宋时烈的好友俞棨告诫家族中的子弟说："君子不合则去，是在中国之道也。在吾东，只用'鞠躬尽瘁，死而后已'之道而已，可也。"② 18世纪上半叶，杨应秀在解释"君臣以义维持"时，特别强调君臣关系绝非人为构建，"以义维持，虽似人为，而实是天理之当然。故尚义之世，君君臣臣而天下平；弃义之世，君不君臣不臣而天下乱。观此，可知其为天理之自然，而不出于人之私智也"③。18世纪下半叶，赵述道（圣绍，1729—1803）仍然在说五伦源自同一天理，"天地之间，一理而已，仁之为父子，义之为君臣，夫妇之伦，兄弟之亲，此莫非生人之不可无者也"④。

朝鲜士人没有就此止步，在赋予现实中的君臣关系以自然性的同时，他们还将君臣关系与父子关系等同起来。"臣之事君，犹子之事亲。"⑤ 君臣、父子的对应关系，被俞棨如此简单明快地表达出来。赵显期说："古之君子，知孝之本乎天性而不可尽，识忠之根于固有而不可不竭。"⑥ 这表明，在他的认识中，忠、孝这两个价值具有同等的重要性。18世纪后半期，金相进（士达，1736—1811）责备人们只知道父子而不知道君臣与父子具有同等重要性时，说道："君臣之义，亦同父子，无所逃于天地之间，人徒知有父子，故家内事自任以为己

---

① 宋时烈：《与朴和叔（甲寅十二月二十七日）》，《宋子大全》卷65，《韩国文集丛刊》第110册，第275页。
② 俞棨：《家训》，《市南集》别集卷7，《韩国文集丛刊》第117册，第512页。
③ 杨应秀：《答裴烨》，《白水集》卷7，《韩国文集丛刊续》第77册，第119页。
④ 赵述道：《儒释分合辩》，《晚谷集》卷8，《韩国文集丛刊续》第92册，景仁文化社2010年版，第294页。
⑤ 俞棨：《再劄》，《市南集》卷11，《韩国文集丛刊》第117册，第113页。
⑥ 赵显期：《一峰集》别集上，《韩国文集丛刊续》第42册，第251页。

责，而不知有君臣，故天下事不以为己责，可谓蔽于近而昧于远。"①

君臣、父子同构化的一个重要表现是臣下应当为君主服丧的观念。对于臣下是不是应该像儿子为父亲服丧一样为君主服丧这个问题，宋时烈给予肯定的答复，他说："臣为君服，慎斋之欲遵朱子议，似是不易之定论。"② 并且，宋时烈认为在同时遭遇君主之丧与私家之丧的情况下，服君丧要优先于私服，他说："古礼则有君丧服于身，不敢服私服，常在君所，故亲丧朝夕之奠，使人摄之。"③ 这表明在某种程度上，宋时烈甚至认为君臣关系要比父子关系更重要。

关于君臣关系在一定程度上要优先于父子关系的观点，17世纪后半期的学者姜锡圭（禹宝，1628—1695）对"舜杀鲧、禹事舜"问题的讨论，为我们提供了一个很好的例子。姜锡圭在《舜杀鲧、禹事舜论》这篇论文中，提出了这样一个问题："鲧乃禹之父也，而舜杀之，舜乃禹之仇也。舜既为君，则虽不敢复父之仇，其忍忘父之仇乎？忘之且不忍，有何忍立于其人之朝，而衣于其人，食于其人，北面而臣事之乎？"在这个问题中，君臣、父子处于直接对立的极端状态下，在此种状态下忠与孝的价值相互冲突，人们必须选择自己究竟追随哪一种价值。由此，我们能够在价值体系中为相互冲突的价值排出顺序。现在，我们就来看看姜锡圭是如何为忠、孝这两个价值排序的。他说：

> 夫父者吾之父也，而在于君则臣也。君者吾之君也，而在于父亦君也。君之于臣也，操生杀之柄，秉威福之权。苟有罪则鞭之朴之，其重者则留之放之，窜之殛之，其尤重者，则墨之、劓之、剕之、宫之。其尤最重者，则刀锯以斩之，鼎镬以烹之。各随其罪而无所不可矣。借令无罪而被刑，臣子之职，固当甘心就戮，无所怨悔，岂敢仇之乎？况鲧之罪，不容不诛者乎？其罪当

---

① 金相进：《五伦解（乙酉）》，《濯溪集》卷6，《韩国文集丛刊续》第94册，景仁文化社2010年版，第494页。
② 宋时烈：《答或人》，《宋子大全》卷121，《韩国文集丛刊》第112册，第258页。
③ 宋时烈：《答或人》，《宋子大全》卷122，《韩国文集丛刊》第112册，第277页。

第五章 "主静"的意识形态：朝鲜朱子学与"小中华"意识

诛而诛，则其为子者惟思竭力报效，上焉奉君之命而尽为臣之道，下焉盖父之怨而尽为子之道。然后斯为忠孝之兼至矣。①

舜对于禹而言是君主，舜对于鲧而言同样是君主。在舜面前，鲧、禹处于同一等级。舜作为君主被赋予生杀之权、赏罚之柄，而杀鲧是在行使君主的权力。作为臣子，即便无罪，也应当甘心接受这一处置。由此，姜锡圭重新界定了"仇"的范畴，他说："春秋传曰：父母之仇，不共戴天。夫所谓仇者，谓夫彼无杀人之权，我无可杀之罪而杀之者也。夫岂人君之杀人，而其子仇之谓哉！"舜杀鲧这一事件，是不能放在"仇"这个范畴中来理解的。从姜锡圭的论述中，我们可以看出，在他的排序中君臣关系在位阶上高于父子关系，忠的价值要优先于孝的价值。

"舜杀鲧、禹事舜"的例子说明，在国法、礼制赋予的职权范围之内，因君主行使其职权而造成忠、孝价值冲突的情况下，君臣关系优先于父子关系。那么，当君主杀死臣下明显被视为不合理的情况下，这个判断还是否有效呢？让我们来看看另一个有关报仇的例子。

如果说舜杀鲧而禹仍然效忠舜，体现了忠在价值排序上优于孝的话；昏庸的楚平王擅杀伍奢，伍子胥逃往吴国，借吴兵伐楚，为父报仇，是否反映了相反的价值排序呢？生活在18世纪的学者南龙万（鹏路，1709—1784）《伍员复仇论》这篇论文，使我们得以了解朝鲜士人对这个问题的看法。先来看看，南龙万是如何理解伍奢之死的。南龙万说："至奢为太子太傅，以秦女至丑，而欲杀太子，则奢之死，诚臣子职分之所当为。"平王内受秦女的迷惑，外则被费无忌的谗言包围着，必欲废逐太子建。在这种局势下，身为太子太傅的伍奢，据理力争、以死进谏乃是履行一个臣子的职责。那么，作为楚国的臣子、伍奢的儿子，伍子胥在这个君臣、父子直接对立的情况下，能够做什么呢？基于"君父无间，忠孝一致"的原则，

---

① 姜锡圭：《舜杀鲧禹事舜论》，《鳌矶斋集》卷8，《韩国文集丛刊续》第37册，景仁文化社2007年版，第157—158页。

"及其父未死之前，当竭无智力，思以全君臣之义，不可则死已"。这就是说，摆在伍子胥面前只有两条路，其一，凭借其智与勇，携其父逃离楚国，"遵海滨而处"，隐居起来；其二，与其父一同赴死，俱享"烈丈夫"之名。根据这一对形势的分析，我们不难看出，南龙万眼中，伍子胥借兵灭楚，掘墓鞭尸，是全然不可取的。他说道："然则虽使员直刺平王，而脱其父命，亦未免为灭义之罪人。况俱灭恩义耶？终古以来，以直道死者何限？而未闻仇国而报者，亦未闻以不复父仇，讥其子者。盖以君与父等也。"照南龙万看来，伍子胥真正的仇人是费无忌，他解释说："或曰：如是员无可仇处乎？曰：当杀费无忌已。非无忌，奢何死焉！无忌纳尤物，滋君惑，谄杀忠良。员于无忌，不可一日共天，当不反兵讨之矣。"这样，伍子胥非但不能被视为道德楷模，简直就是千古罪人。南龙万总结说：伍子胥"终无一言归怨于无忌，直曰：我必复楚。必欲颠覆其父母之邦，殄灭我宗庙社稷而后已。是又何心哉？由此言之，虽谓之不孝不忠，可也"[①]！

在南龙万的分析中，虽然表面上忠与孝被视为同等重要的价值，但实际上孝的逻辑要从属于忠的逻辑。只有基于这一价值排序，才能理解为什么君主即便擅杀大臣，臣下及其儿子也只有甘心接受的分。这样，伍子胥为父报仇的事例，从否定性的方向，规定了君臣关系相较于父子关系更具有优先性，以及"忠"这一价值的绝对性。

君臣关系还成为其他人伦关系的准绳，"忠诚"的观念被运用到其他关系之中。在夫妻关系中，妻子被认为必须忠诚于丈夫，即便离异后，也不可改变这一忠诚。郑齐斗（士仰，1649—1736）以为古时夫妻关系以义合，并无从一而终之说，"古者妇被出，除其夫党服，盖已见绝则亦必改适矣"[②]。对此，宋时烈并不赞同，他反驳说：

[①] 南龙万：《伍员复仇论》，《活山集》卷4，《韩国文集丛刊续》第79册，景仁文化社2009年版，第92—93页。

[②] 郑齐斗：《上宋尤斋问目（丙辰）》，《霞谷集》卷1，《韩国文集丛刊》第160册，景仁文化社1995年版，第6页。

第五章 "主静"的意识形态：朝鲜朱子学与"小中华"意识

> 礼经有一与之齐，终身不改，夫死不嫁之文……礼经固有妇被出而除其夫党服之说。然亦岂有必使之改嫁之说乎？夫见绝于夫而除其服者，循实之意也。除服而犹不嫁者，从一之意也。此并行而不相悖也。①

基于这一妻子必须绝对忠诚于丈夫的观念，他自然就认可将失节妇女驱逐出家门的做法。因此，他对崔鸣吉处理丙子胡乱失节妇女的做法颇不以为然。崔鸣吉认为丙子胡乱失节妇女并非出于自愿，要求国家以法令的形式，迫使丈夫家庭接纳失节妇女，"使其夫勿为离贰"。宋时烈并不反对失节妇女非出于自愿这一点，但是他强调"然既污其身，则便是罪人"。因此，赞同宋浚吉"请勿施还畜之法，其家长有欲改娶者，许令改娶"的主张。② 除了夫妻关系，主仆关系同样也被拟制为君臣关系，"夫奴主之分，即君臣之义也"③。基于主仆＝君臣的认识，宋时烈的学生李夏卿主张奴婢应该为主人服三年之丧。宋时烈认为此说虽于礼法无明文规定，但合于礼法之义，表示赞同。④ 这样，各种伦理关系开始拟制为君臣关系，忠诚由此成为贯穿一切人伦关系中的核心价值。

由于君臣关系在人间秩序中占据枢纽的位置，君臣关系的存亡就成为衡量社会秩序稳定还是紊乱的标准。例如，宋时烈在经筵讲说中，把郑梦周在丽鲜交替期对高丽的誓死效忠，视为朝鲜文明的根源所在。⑤ 在评价孝宗大王一生功绩时，宋时烈特别强调孝宗北伐的志向中体现出的对明朝的忠诚，并认为这一点正是朝鲜社会秩序不曾紊

---

① 宋时烈：《答郑士昂（丙辰三月）》，《宋子大全》卷119，《韩国文集丛刊》第112册，第223页。
② 宋时烈：《拟与崔巨卿（硕英，戊辰）》，《宋子大全》拾遗卷5，《韩国文集丛刊》第116册，第114—115页。
③ 《朝鲜光海君日记》卷148，"光海君十二年一月十一日"条。
④ 参见宋时烈《答李夏卿（丙午七月）》，《宋子大全》卷80，《韩国文集丛刊》第110册，第575页。
⑤ 参见俞棨《筵说拾遗》，《市南集》别集卷9，《韩国文集丛刊》第117册，第549页。

· 241 ·

乱的原因所在，他感叹道："至今东土之人，皆知君臣、父子、夫妇、兄弟、师友之道者，伊谁之功哉！"① 又如，18 世纪学者金钟正在为宋时烈辩护时，说道："盖君臣之义，即天地之常经，人伦之大纲也。苟或于此一毫背驰，则人不得为人，国不得为国。"② 这样，"君臣之义"就成为个人与政治体得以成立的根据所在。

"君父之仇不共戴天"：效忠对象的固定化

以上分析中，可以看到，君臣关系在朝鲜的社会秩序中扮演着至关重要的角色，其中体现出的"忠"的价值具有非凡意义。不过，如果忠诚指向的对象是一套普遍的价值，那么，在现实中效忠对象是能够发生转移的。例如，在明清交替时期北方士人身上表现出来的那样，这批士人效忠的对象由明朝变为清朝，但这并不意味着他们改变了对儒家价值体系的忠诚。③ 甚至在特定条件下，正是基于对儒家价值体系的忠诚，士人才改变其在现实中的效忠对象。这就意味着，尽管在朝鲜忠诚具有绝对的价值，但是这一点本身并不妨碍朝鲜将其效忠对象由明朝改变为清朝。因此，仍有必要稍稍分疏一下朝鲜忠诚观中对效忠对象的认识。

实际上，在十七八世纪的朝鲜忠诚观中，我们确实可以观察到效忠对象固定化的倾向：

> 君臣之义，虽曰人属，实根于天，而忠爱之心，亦不能自已者也。故其分既定，则不可轻离而易绝也。④

---

① 宋时烈：《请以孝宗大王庙为世室疏（癸亥二月二十一日）》，《宋子大全》卷 17，《韩国文集丛刊》108 册，第 422 页.
② 金钟正：《拟辨李明徽诬尤菴宋先生疏》，《云溪漫稿》卷 4，《韩国文集丛刊续》第 86 册，第 82 页。
③ 参见拙著《以"甲申"为原点的明清之际——清初河南、河北士人与江南士人对清朝的认识差异》，《史林》2013 年第 2 期；《"元初—清初"的历史想象与清初北方士人对清朝入主的认识——以孙奇逢为中心的考察》，《清史研究》2013 年第 3 期。
④ 宋时烈：《与朴和叔（丙午）》，《宋子大全》卷 65，《韩国文集丛刊》第 110 册，第 238 页。

第五章 "主静"的意识形态：朝鲜朱子学与"小中华"意识

宋时烈从君臣关系源于天理这一形而上学的根据中，直接推导出为臣者之忠诚对象不可轻易改变的观点。这是因为君臣关系，不是一个纯粹的人为"契约"，而是基于天理结成的。一旦君臣关系成立，名分已定，就不再拥有选择效忠对象的自由。这个抽象的观念，在宋时烈对张良事汉高祖的评论中得到具体的呈现。宋时烈的弟子郑齐斗就张良事汉高祖刘邦是否有失臣节的问题请教宋时烈。郑齐斗列举了两种对张良的看法：一种观点认为，韩国的仇敌是秦而非汉，汉代秦而兴，张良委身侍奉汉高祖，这一点于为臣之道没有亏欠。不过，张良世代韩臣，改仕汉主，毕竟改变了效忠对象，有贰君之嫌。另一种观点以为，张良的作为非但没有变节的嫌疑，相反"进退从容，有儒者气象"。这是因为，张良辅佐汉高祖的目的是为了替韩国报仇，"子房之志，为韩报仇。其事高祖，非本心也。事既成，自托神仙之说，以遂其不欲事汉之心"。这两种看法，哪一个比较有道理呢？郑齐斗就此请教宋时烈。宋时烈支持第二种看法，他的理由有二：其一，"良当天下未定，只运筹帷幄而已，则未尝有君臣之分矣"；其二，"及其封留，则又不食其邑而便辟谷焉"①。也就是说，在天下未定之时，君臣关系尚未结成，刘邦还不是君，那么，张良为其出谋划策，也不能看作为臣侍之的表现。及天下已定之后，定立君臣关系时，汉高祖虽封张良为留侯，但张良以"不食其邑"的方式，委婉表达了不臣于刘邦的立场。此外，"汉祖之数三杰也，萧、韩则名之，良则字之。此亦可见汉祖亦未尝臣之也"。宋时烈认为，汉高祖对萧何、韩信、张良三人称呼上的差别，也从侧面反映了张良并未与汉高祖缔结君臣关系。

效忠对象之不可转移，同样体现在箕子有没有朝周的讨论中。在《宋子大全》"语录"部分记载着这样一段对话：

> 问曰：箕子之朝周一事，不能无疑也。
> 先生曰：罔为臣仆，是箕子自家之言，而朝周二字，是后人

---

① 宋时烈：《答郑士昂（丙辰三月）》，第222—223页。

之所加。当以箕子自家之言讲究其心，可也。①

宋时烈以"朝周"二字为后人所加，断然否定箕子臣事周武王的可能性。18世纪林象德（彝好，1683—1719）编纂的《东史会纲》一书中，主张箕子之朝鲜并非周朝所封。比干、微子、箕子被孔子称为"殷之三仁"。比干以死表达对殷的忠诚。作为商朝宗室的微子虽然接受周的分封，但微子此举是为了殷商宗庙的祭祀能够延续下去，同样也是对殷的忠诚的表现。箕子作为殷之大臣，没有保存宗庙的责任，因此，他没有任何接受周朝册封的理由。林象德的这个逻辑中，体现的正是忠诚对象的固定化，即便是面对周武王这样的圣王，也不能转而臣事。金致垕（士重，1692—1742）则认为箕子接受武王的册封，并不有损箕子的圣人形象。之所以受封而无损其德，原因在于武王是以宾师之礼待箕子，并没有把箕子视为臣下，"其封之也，非臣之也，乃宾之也"。而就箕子主观一面而言，他同样也没有把接受武王分封视为臣事周朝的表达。箕子并没有履行封臣的义务，"一东之后，髽冠革辂不改殷故，而玉帛不将于周京，贽币不执于王馆，朝觐会同之不行焉，裸荐祭祀之不助焉。一隅三韩，独保商丘之日月，则其罔仆之义，孰大于此哉！"②尽管金致垕在箕子有没有接受武王册封这一点上与林象德之间存在分歧，但是，他同样认同箕子没有改变对殷商之忠诚的观点。

1834年，洪直弼（伯应，1776—1852）作《箕子朝周辨》，可以算是朝鲜对箕子朝周问题的一个总结：

箕子已知商之沦丧，而曰我罔为臣仆，则所矢愿者素耳。武王革命，释囚而访道，故为武王陈《洪范》，仍避地于朝鲜。以传道则可，仕则不可也。以称十有三祀，而知箕子之不臣于武

---

① 宋时烈：《语录》（朴光一录），《宋子大全》附录卷16，《韩国文集丛刊》第115册，第532页。
② 金致垕：《题林老村（象德）〈东史会纲〉箕子朝鲜事后》，《沙村集》卷3，《韩国文集丛刊续》第71册，景仁文化社2009年版，第297—第298页。

第五章 "主静"的意识形态：朝鲜朱子学与"小中华"意识

王。以称王访于箕子，而知武王之不臣箕子。①

洪直弼开篇即点出箕子不曾朝周，他认为《史记》"武王乃封箕子于朝鲜"的记载，是司马迁"不知武王、箕子之心"。洪直弼从两方面陈述了他的理由。就武王一方而言，武王是圣君，自然能容忍不臣者的存在，"商容、胶鬲为殷朝之名贤，而武王祇表商容之闾，而不降其志，亦不屈胶鬲为己用，任他孤竹二子采薇雷岑，以成其风节，乃所以各付物，而尽其道也。在四人犹然，况于受法之圣者乎？"就箕子一方而言，箕子之往朝鲜，并非因受封，而是殷商灭亡后，避世来此。"箕子之长往朝鲜，如夫子之欲居九夷，只要遯世无闷，我得其正，用遂罔仆之志，自契明夷之象。圣德所临，为我东民所爱戴耳，岂有心于为君哉？行九井之制，施八条之教，推道训俗，化夷为华，是亦天地之心也。如此者，亦何有于封哉？"②

当效忠对象被固定下来，臣子必然以誓死效忠为其行动准则，并且这一行动准则不会随着君主遇害、国家覆灭而失效。

这种效忠对象的不可转移性，在"君父之仇，不共戴天"的报仇论中最容易被观察到。1649年，宋时烈上《己丑封事》，首次向孝宗大王呈请把北伐为明复仇定为国策。"钦惟我太祖高皇帝与我太祖康献大王，同时创业，即定君臣之义，字小之恩，忠贞之节，殆三百年不替矣。"③ 明朝与朝鲜的君臣义，是由两位开国之君确定下来的。既然君臣名分已定，朝鲜就应当自始至终效忠明朝。这是宋时烈为明报仇的根据所在。那么，朝鲜为明朝复仇，为什么指向的是清朝呢？甲申年，北京陷落，崇祯吊死于煤山。此事并非清朝所为。事实上，清朝正是打着为明复仇的旗号入主中原。宋时烈也承认这一点，他说："继值甲申之变，皇京荡覆，天下无主，是则虽曰非此虏所为。"尽管如此，但宋时烈指出，明朝并未就此覆灭，南方政权还存在。

---

① 洪直弼：《箕子朝周辨（甲午）》，《梅山集》卷27，《韩国文集丛刊》第296册，景仁文化社2002年版，第6页。
② 洪直弼：《箕子朝周辨（甲午）》，第6页。
③ 宋时烈：《己丑封事》，《宋子大全》卷5，《韩国文集丛刊》第108册，第200页。

17—18世纪朝鲜士人眼中的清朝

"至于弘光皇帝建号南方,大统有在。我朝虽未有聘之礼,然既是我神宗皇帝之骨肉,则君臣大义,岂以天外而有间哉?"而南明政权正是被清军消灭。这样,清朝就成为覆灭明朝的罪魁祸首。并且宋时烈强调为君父报仇是天理之公、非人欲之私,他说:

> 天高地下,人位乎中,天之道不出乎阴阳,地之道不出乎柔刚,是则舍仁与义,亦无以立人之道矣。然仁莫大于父子,义莫大于君臣,是谓三纲之要,五常之本,人伦天理之至,无所逃于天地之间者,其曰:君父之仇不与共戴天者。乃天之所覆,地之所载,凡有君臣父子之性者,发于至痛不能自已之同情,而非出于一己之私也。①

由此,宋时烈恳请孝宗大王坚定为明报仇的决心,"伏愿殿下,坚定于心曰:此虏者,君父大仇,矢不忍共戴一天,蓄憾积怨,忍痛含冤,卑辞之中,忿怒愈蕴,金币之中,薪胆愈切,枢机之密,鬼神莫窥,志气之坚,贲育莫夺,期于五年七年,以至十年、二十年而不解。视吾力之强弱,观彼势之盛衰,则纵未能提戈问罪,扫清中原,以报我神宗皇帝罔极之恩,或有闭关绝约,正名明理,以守吾义之便矣。假使成败利钝,不可逆睹,然吾于君臣父子之间,既已无憾,则其贤于屈辱而苟存,不亦远矣"②。这便是朝鲜北伐复仇的逻辑,而其背后的根据正是明朝与朝鲜之间不可变更的君臣名分。

俞棨《张良狙击始皇论》一文,讨论张良于博浪沙狙击秦始皇之举,是逞个人之欲,还是为天下之公。张良报仇的根据是什么呢?俞棨指出,"夫子房,韩人也。而秦灭韩。秦者,子房之仇也。子房之父若祖,相韩五世,而秦灭韩。秦者,子房之世仇也"③。如此看来,张良报仇的根据,仍在于君臣名分已定,其效忠对象不可变更。那

---

① 宋时烈:《己丑封事》,第200页。
② 同上书,第201页。
③ 俞棨:《张良狙击始皇论(己巳)》,《市南集》卷20,《韩国文集丛刊》第117册,第311页。

第五章 "主静"的意识形态：朝鲜朱子学与"小中华"意识

么，张良何以采取在万军之中公然刺杀秦始皇的方式呢？俞棨认为，报仇存在两种形式，即报"一人之仇"与报"天下之仇"：

> 夫报有深浅，计有远近。曷为深，曷为浅？有一人之报，有天下之报。曷为近，曷为远？有目前之计，有天下之计。以目前之计，报一人之仇，凡夫所能也。至于倡天下之计，报天下之仇，而微其机，使天下鼓动于吾度内而不自知者，非大知不能也。①

张良所报之仇为"天下之仇"，"夫秦之毒天下久矣，彼秦者，非独子房之仇也，抑天下之所共仇也"。这样，张良之报仇，就不能只停留在将秦始皇个人杀死，而是要消灭秦政权。俞棨以为，这一点是理解博浪沙之举的关键所在。博浪沙之举，成败并不重要，张良意在借此告诉天下英雄，"秦之必可报，始皇之必可击"。陈胜、刘邦、韩信这些秦末汉初的英雄，就都变成了张良向秦报仇的工具，"子房既以一椎倡天下同仇，然后以六韬授刘季，则是教刘季以六韬击秦也。以宝剑赠韩信，则是教韩信以宝剑击秦也。天下既知秦之必可报，始皇之必可击，则凡睥睨觑睹于燕之南、楚之北者，莫非秦仇敌也。陈涉以此椎椎山东，而山东溃。沛公以此椎椎函谷，而函谷破。项羽以此椎椎骊山，而骊山之骨碎，亦以此椎椎咸阳，而秦之子孙无噍类。是皆博浪椎之响应也。由是观之，子房之狙击也，非所以椎始皇也，乃所以椎秦天下也，抑所以警天下群雄之顶，而使角力于始皇之顶也。虽沧海之拳，才及于副车，而始皇之心骨，固已灰然死、粉然碎矣。此正子房设计神妙处也"②。在这里，我们看到了一个戏剧性的转化，秦末风起云涌的反秦运动，最终立足点则在张良为韩国报仇这一点上。

这样，在朝鲜独特的忠诚观中，君臣关系被放置到人间秩序的枢

---

① 俞棨：《张良狙击始皇论（己巳）》，第311页。
② 同上书，第312页。

◆ 17—18世纪朝鲜士人眼中的清朝

纽位置,忠诚凌驾于所有价值之上;同时忠诚对象又被固定化,一旦君臣名分定立,即便君主消失,这一效忠关系也不可变更。因为,一旦忠诚关系发生变更,会引起整个社会秩序的崩塌。

> 臣闻三纲者,天地之大经,人道之所由立也。大者天地,其次君臣。君臣之义,犹父子之性也,无所逃于天地之间,匪华丰而夷啬,古有而今亡。治此则治,乱此则乱。存之则人,失之则夷。异时我朝之于皇明,犹今日廷臣之于我上也。①

如此,忠诚观就构成一个持续发生作用的动力,维持着朝鲜对明朝的忠诚,也使得朝鲜无法产生对清朝的认同。

正如之前几章论述中所表明的,尽管在17世纪清朝入主中原的前夜,东亚世界普遍流行着一种夷狄不可以获得正统的意识,明代正统观中带有人种论色彩的夷夏观否认夷狄可以通过文明化转变为华夏,朝鲜以出身确定正统的意识也倾向于依血缘关系来论定正统;不过,清朝也并非没有破解之道,清朝以有德消解出身,并进而将德治与疆域一统观念结合,构造出"大一统"的正统观,以此将自身安置进中国正统王朝的谱系。就朝鲜一面而言,清朝的举措,能否为它所接受呢?在最初被组织到清朝的天朝体系的时候,朝鲜是不可能承认清朝具备正统性。理由很简单,明朝仍然存在。而朝鲜之所以加入清朝的体制,只是基于紧急状态下,君主有权采取非常手段,以保存宗社。此举的目的则在于恢复正常状态,即返回明朝的天朝体系。不过,朝鲜对明朝的忠诚,对清朝的不认同,并未随着明清易代而消散。实际上,这一心态直到18世纪中后期的乾隆盛世,也未能发生改变。是什么原因造成的呢?对朝鲜燕行使"清朝观"的检讨发现,他们并非没有认识到清朝积极的一面,实际上在与清朝的接触中,他们将清朝视为夷狄的种种证据都逐渐失去效力。然而,朝鲜还是顽固地不承认清朝的正统性,其原因在于他们有着一种独特的"小中华"

---

① 尹镌:《册子疏》,《白胡集》卷5,《韩国文集丛刊》第123册,第83页。

第五章 "主静"的意识形态：朝鲜朱子学与"小中华"意识

意识。

本章中我们检讨了作为朝鲜不认同清朝正统性的"小中华"意识在思想上的根据所在。朝鲜将自身视为"中华"，不承认中原王朝的"中华"地位，其根据是否发生变化这个因素。中原王朝由于在朝代更迭中屡屡变化，无复为"中华正统"；朝鲜则始终不变，保存了从箕子那里继承来的"中华"。"小中华"意识中，不变优越于变的价值判断，在形而上学上所对应的正是朱子学"静"优越于"动"的观念。通过对朱子学中"静"与"动"的梳理，可以发现在朱子学贯穿着一种"主静"的思维倾向。朱子学的宇宙论中，虽然一动一静衍生事件万物，不过，作为万物之源的那个终极存在——"太极"——则寂然不动。人性论中，以"太极"相对应的"圣人"同样具有"静"的性格。因此，周敦颐说"圣人定之以中正仁义而主静"。朱熹更认为，正是圣人这一"静"的性格，使之能够从容应对变化纷呈的万物，"一天下之动"。这样，无论在宇宙论中，还是在人性论中，"静"相对于"动"占据更优越的位置。在此基础上形成的实践论，也同样具有"静"的性格。相对于"格物致知"而言，"存心持敬"的主观内省，在实践中占据更重要的位置。

朱子学这一"主静"的思维倾向，完全被十七八世纪的朝鲜儒学家接受下来，更在18世纪的"湖洛论争"中将其"静"的性格推向极致。《中庸》"已发""未发"论本就有"静"优于"动"的认识，到18世纪"湖洛论争"时，由于李柬将"未发"细分为浅言、深言两个层次，由此，静也就被分为"静"与"至静"两种状态。浅言的"未发"只是就现象层次不与外物接触而言的不动，因此，它的"静"也不过是相对于"动"而言，算不得真正的"静"。因此，又被18世纪的儒学家称为"似静非静"。真正的静——"至静"是守住儒家的立场，无论是否与外物接触都决不动摇，即"不偏不倚"。如此，所谓"至静"是一种超越动静对立的绝对状态，"静"由此越过动静的界限，贯穿到动的状态中，产生出"动中之静"的状态。"静"不再是相对于"动"而具有优越性的价值，它变成一种绝对价值。

朱子学中静优越于动的思维倾向不仅为"小中华"意识提供了形而上学根据，它还与朝鲜静态的两班社会相结合，形成"主静"的意识形态。这集中体现在"尊祖敬宗"和"忠诚观"上。朝鲜是一个身份社会，出身决定一个人在社会中的地位。并且朝鲜存在一系列的制度确保逾越等级情况不会发生，其中最重要的就是科举制。科举制度在朝鲜被作为保证两班士族独占官职的装置而发挥作用，两班士族子孙世世代代独享权力，而奴隶的子孙则永远为奴隶。血缘世系成为朝鲜社会权力的主要来源。为了将出身带来的幸运正当化，两班士族中产生"尊祖敬宗"的意识形态。在"尊祖敬宗"的意识形态下，幸运来自于祖先的功绩与行善。子孙在继承祖先流传下来的幸运时，作为回报必须无条件顺从祖先。如果子孙背弃祖先，那就必然遭遇大祸，幸运也将随之而去。万事必以祖先为先的朝鲜君臣，在明清易代后，必须面对一个特殊的问题——他们的祖先是明朝的臣子。现在，从祖先那里继承了权力的子孙，以清朝臣子的身份来祭祀祖先，这等于背祖弃宗，而背弃祖先的后果则不堪想象。另外，由于朝鲜两班士族权力来自祖先，出于统御的需要，势必赋予"忠诚"以重要价值，由此，朝鲜形成了独特的忠诚观。首先，君臣关系这一在五伦关系中明显带有人为制作色彩的伦理关系，在朝鲜士人那里被自然化，获得与父子关系相当的地位。由此，在价值体系中，"忠"取得了与"孝"同等重要的地位。进而在"忠""孝"发生冲突时，朝鲜士人更认为"忠"要优先于"孝"，"忠"成为最重要的人伦价值。同时，朝鲜忠诚观中，效忠所指向的对象并非一套抽象的理念，而是具体存在的人格。如此，效忠对象就被固定化，不可变更。这集中体现在朝鲜必为君父报仇的观念中。

这样，朱子学"主静"的思维性格，及其与朝鲜社会结构、政治结构所产生的"主静"的意识形态，作为一个动力源泉，既维系着朝鲜对明朝的忠诚，同时也为朝鲜拒不承认清朝正统性的态度提供支持。

结语　东亚、明清易代与朱子学

东亚世界中的明清易代

时间进入17世纪，大明朝在东北亚的失败已不可挽回。本来明朝通过保持女真各部落间势力均衡的方式，防止其东北边境出现一个强大政权，以此维护边境的安定。但是，16世纪末努尔哈赤的崛起，打破了部落间的均衡。17世纪最初的二十年间，努尔哈赤先后击败辉发、乌拉、叶赫等部落集团，统一女真诸部。进而，努尔哈赤告天"七大恨"，誓师伐明，挺进辽东。17世纪20年代，辽东地区的失陷，预示着在明朝东北边境一个强大且敌视明朝的政权的出现已经不可避免。此后二十余年间，在皇太极积极经营下，统一蒙古诸部，征服朝鲜，女真政权由一个小小的地方政权，成长为统领北方诸国的强大帝国。现在，新兴的清朝，等待的只是一个入关给明朝致命一击、取而代之的机会。

来自西北、中原的农民起义军为清朝提供了机会。1644年，李自成攻入北京，崇祯吊死于煤山，大明朝顿时分崩离析。在得知崇祯皇帝死讯后，清朝摇身一变，以替明朝报君父之仇的义师名号，进入北京城，并凭借军事力量迅速建立起对全国的统治。不过，清朝统治的稳定尚需假以时日，统治者夷狄的身份使得其统治的正当性常常受到质疑。南方汉人士大夫以各种方式抵制着清朝的统治，东南台湾也存在着伺机复明的郑氏政权。到康熙中叶，平定三藩、收复台湾，天下一统的局面基本底定。另外，康熙皇帝亲政后，积极推行崇儒佑文之治。一边推崇儒学，奖励文教，拉拢汉人士大夫；一边治理河患，蠲免赋税，恢复社会繁荣。至此，天下大治的态势，已隐约可见。南方汉人士大夫开始转变态度，逐渐对清朝产生认同。江南遗民之代表黄宗羲盛赞康熙皇帝为"圣天子"，便常常被举出来作为此方面的例证。

17世纪中叶所发生的明清交替，其独特之处更在于，这次王朝更迭并非局限于中国内部，而是以东亚为背景。16世纪末壬辰之战是一个关键的转捩点。就明朝一面而言，作为万历三大征之一的东征援朝，被认为导致明朝国运转移的一大关节。1592年刚刚统一日本的丰臣秀吉率军侵朝，明神宗出于"字小"之义，发兵援助朝鲜。先后两次战争、历时7年的东征援朝，导致明朝军费剧增，给本来已经日益衰落的国力增加了沉重的负担。"朝鲜用兵，首尾八年，费帑金七百余万……三大征踵接，国用大匮。"①

就清朝一面而言，努尔哈赤的崛起及建州女真在东北亚建立国家，也是在这一背景下展开。十六七世纪本就是一个地区间贸易大发展的时代，地区贸易促进边境社会繁荣，增加人员流动，由此出现一个"华夷共同社会"。壬辰之战导致军费剧增，大量白银涌入东北亚边境，贸易得以发展，大量人口流入，促进了东北亚边境地区的繁荣。建州女真以人参、貂皮加入边境贸易，从中获得巨大利益，为其统一女真诸部、建立国家提供了经济基础。另一方面，战争所带来的边境的繁荣与动荡，使得像李成梁、努尔哈赤、毛文龙一类军阀应运而生。由他们率领的混合了女真、蒙古、汉人的私人武装力量，为边境居民、贸易提供保护，促成了边境人的政治集结。②

清朝与明朝的对抗，同样是在东北亚的舞台上展开的。以往朝代更迭，多数是新王朝与旧王朝直接对抗，在双方胜负已定之后，才告知周边朝贡国，缔结新的宗藩关系。明清易代与此不同，在为自身谋取天下共主地位的征途中，清朝所走的第一步，不是直接针对明朝，而是改变东北亚的国际关系。清朝首先与明朝北边的蒙古诸部结盟，

---

① 《明史》卷305，中华书局1974年点校本，第7805页。
② 参见［日］岩井茂樹《十六・十七世紀の中國邊境社會》，載小野和子編《明末清初の社會と文化》，京都大學文科研究所1996年版，第625—659頁。

结语　东亚、明清易代与朱子学

确立其在蒙古部落中的盟主地位，同时将朝鲜这一明朝在东北亚最重要的藩属国纳入自己的王朝框架中。由此，在明朝的边缘地区，清朝首先缔造出一个区域性的帝国，以此作为自己领有天下的正当性，并也由此消解了明朝作为天下共主的地位。"朕应时顺动，既已戡定诸国，所未平者，惟一明耳"，1638年皇太极在劝降明朝将领时这样说道。

那么，应当如何理解17世纪中叶所发生的这场巨变，它在东亚世界中造成了怎样的后果？本书试图通过朝鲜为何无法承认清朝的正统性这一问题，来对此问题做出思考。

明清易代是契机，还是动力？

明清交替的过程之中，朝鲜对中央王朝的态度确实发生了根本性的转变，由认同走向了不认同。如何解释这一过程的发生呢？是对明朝有深厚的感恩之情吗？是因为清朝统治者的夷狄身份吗？这些因素确实在朝鲜不承认清朝正统性的观念之中发挥了作用。

朝鲜王国自建立之初，就确立其以"事大以诚"、一心慕华的原则，倾心侍奉上国明朝，而促使朝鲜彻底认同明朝的关键点还是壬辰之战。到16世纪末，竭诚"事大"二百余年的朝鲜，终于得到了回报，神宗发兵拯救朝鲜于危亡之中。在朝鲜看来，中央王朝举天下之兵，赌上国运，挽救一个将要灭亡的属国，这在历史上是从未有过的。因此，神宗"再造之恩"被视为非比寻常，朝鲜对明朝产生了彻底的认同感。1637年，朝鲜仁祖大王写信给皇太极，陈说朝鲜不能背弃明朝的特殊缘由：

> 徒以世受皇明厚恩，名分素定。曾在壬辰之难，小邦朝夕且亡，神宗皇帝动天下之兵，拯济生灵于水火之中，小邦之人，至今铭镂心骨。宁获过于大国，不忍负皇明，此无他，其树恩厚，而感人深也。[1]

---

[1] 《朝鲜仁祖实录》卷34，"仁祖十五年一月十一日"条。

◆ 17—18世纪朝鲜士人眼中的清朝

　　18世纪初,肃宗大王在宫廷后苑偏僻之处,建立大报坛,祭奠神宗皇帝在天之灵,以报答神皇的"深仁厚泽"。凝结在"再造之恩"中的对明朝的情感因素,反过来又强化了把清朝视为夷狄的认识,使得朝鲜难以产生对清朝的认同感。"衣冠忽已归腥秽"这一意象中所包含的对明清易代的认识,反映出的便是朝鲜士人对清朝的鄙夷。朝鲜燕行使对清朝的观察,为这一鄙夷心态提供了种种证据。在他们看来,在服制、语言、人际交往中,清朝全无儒家社会赖以维系的等级制度;皇帝流连离宫别苑,整日醉心于游猎嬉戏,浑然不理会朝政;上下官员只知贪污、勒索,国家体制全然被搁置在一边。总之,在他们的认识中,清朝治理下的中国已经夷狄化。

　　不过,清朝本身也在发生着变化,18世纪全盛期的清朝已不是那个17世纪中叶初入关的清朝所可比拟的。因此,情感因素、夷夏观念并非不可改变。对明朝的情感可以被对清朝的情感取代,夷狄也可以通过文明化而进于华夏。实际上,随着康乾盛世的渐次展开,清朝不文明的形象逐渐消失。朝鲜燕行使在与清朝的接触中,注意到了这些变化。他们发现,清朝自有一套区别等级的制度;皇帝也有勤政的一面,久居畅春园也有警醒百官的深意,非个人游乐所能涵盖;朝廷法纪严明,官员颇能照章办事;百姓生活富足,燕京、通州一片繁盛……所有这一切,让朝鲜无法再简单地把清朝视为夷狄的王朝。另一方面,清朝德化政策感召下,明朝恩情的记忆也渐渐淡化,清朝的恩情也渐渐累积起来。不过,对清朝的正面认识,多多少少会被"胡无百年之运"这样一种认识所消解——尽管清朝看上去很强大,但是,百年之期一到,它自然土崩瓦解。不过,"胡无百年之运"也会随着百年的到来不攻自破。到18世纪中叶,似乎朝鲜已经再无理由不认可清朝的正统地位。但是,在面对乾隆时期清朝的繁盛景象时,朝鲜士人固然承认它的文明性,却始终不肯承认它是"华",仍然目之为胡制;承认皇帝治理天下的功绩,却不肯将之比作儒家的有德之君,只能在"荒淫之明主"的程度上认可清朝皇帝。这背后自然是盘桓在朝鲜君臣精神世界中的"小中华"意识在发挥着作用。在"小中华"意识下,朝鲜认为它才是"中华"文明的唯一继承人,无

结语　东亚、明清易代与朱子学

论清朝如何繁盛，它也不可能变成"中华"，成为正统王朝。

是什么力量在支撑着"小中华"的意识呢？是朝鲜朱子学中"主静"的思维倾向，为"小中华"提供了形而上学根据。由于在朱子学中，"静"优于"动"，不变要比变化有更高的价值，朝鲜认为在朝代更迭中不断变化的中国早已丧失了中华文明，反而，社会形态始终不发生变化的朝鲜，保存了从箕子那里流传下来的三代文物。朱子学"主静"的思维倾向与朝鲜静态的两班社会结合，更衍生出"主静"的意识形态。权力源自祖先的两班士族，自然要以对祖先的尊崇来捍卫这一特权。以清朝臣子的身份又如何去奠基作为明朝臣子的先祖的英灵呢？这一社会的超稳定结构所带来的特殊难题，使得朝鲜士人无法承认清朝的正统。同样，"主静"思维倾向衍生出的朝鲜独特的忠诚观，君臣关系被置于五伦的核心位置，"忠诚"成为绝对价值，要比其他价值优越。忠诚对象的固定化，又确保了变更的不可能性。君臣名分一旦订立，便不可改动。由明太祖朱元璋与朝鲜太祖大王李成桂缔结的君臣关系，后世子孙是不可随意变更的。

同样值得注意的是，日本发生的情况。16 世纪末 17 世纪初，刚刚建立起统治的德川幕府，就把朱子学立为官学。17 世纪后半期，日本产生了"华夷变态"的观念。而编纂《华夷变态》一书的林春胜，正是开创林家官学家宗之基的林罗山之子。如此看来，"华夷变态"观念是与朱子学有着密切关系的。通过"华夷变态"这一框架，日本将自身视为"中华"，而把中国视为"蛮夷"。其论证的论据正是日本万世一系的天皇制与中国王朝的不断更迭。[①] 其背后的逻辑，恐怕也是源自朱子学"主静"的思维倾向。

鉴于朝鲜与日本的自我认同，均在 17 世纪明清交替的过程中发展起来，我们应该如何看待这一变迁呢？是否可以就此将明清易代视为一个构造性因素，由于明清政权的不同性质，导致东亚诸国相互疏

[①]　关于"华夷变态"，可参见孙歌《主体弥散的空间：亚洲论述之两难》；葛兆光《宅兹中国——重建有关"中国"的历史论述》第二章"西方与东方，或者是东方与东方——清代中叶朝鲜与日本对中国的观感"，第 157—165 页。

◆　17—18世纪朝鲜士人眼中的清朝

远？应当注意到，朝鲜、日本早在其政权建立之初就接纳了朱子学，并非等到 17 世纪中叶。朝鲜思想观念中独特的"小中华"意识，也不是在 17 世纪中叶易代中突然迸发出来的，它在明代时就已经成为朝鲜价值评断的尺度，并被朝鲜贡使用于审视大明朝。因此，与其把明清交替看作一个构造性因素，毋宁把它视为一个契机。大明朝统治的天下，尽管看上去风平浪静，周边有着极强的向心力；不过，在平静的表面之下，暗流早已涌动，周边从自身视角出发审视东亚世界的主体性早已在酝酿之中。只是，此时明朝的无上权威，使得尚在萌芽中的意识被压抑住，进入不了我们的视线。明清易代提供了一个契机，加速了周边主体意识的成形。明朝灭亡，使得原本的权威消失，而以夷狄入主中原的清朝又长期难以建立起新的权威。由此造就出一个权威缺失的局面，它为长久潜伏在地下的思想种子，提供了一片肥沃的土壤，使之能够茁长成长。

东亚还有认同吗？

　　17 世纪中叶以后的东亚三国已经分道扬镳了，即使在号称盛世的乾嘉年间也仍然如此。尽管清帝国的人们还在期待"万国来朝"，但是实际上东亚三国的观念世界中，哪里还会有什么"东亚""中华"（或相当于现代所谓"东亚"的地域认同）。那个在汉唐宋时代可能曾经是文化共同体的"东亚"，已经渐渐崩溃，而现在一些人期盼的新文化共同体"东方"，恐怕还远远没有建立。[①]

这是葛兆光对朝鲜使臣燕行游记、日本文人同来长崎贸易的中国商人笔谈进行研究后得出的结论。这个结论无疑给近二三十年来热心于以东亚共同体解决近代民族国家所带来的纷争的学者浇了一盆冷水。所谓的"东亚"早以随着 17 世纪中叶那场王朝更迭而烟消云

---

① 葛兆光：《宅兹中国——重建有关"中国"的历史论述》，第 168 页。

· 256 ·

结语　东亚、明清易代与朱子学

散了。

不错，在政治、文化层面上，东亚三国确实逐渐互不相认。朝鲜、日本有了各自的"中华"。箕子八条之教，教化大行，世代延绵的"小中华"，使得朝鲜有足够的自信，宣称它比那个地处中央的王朝更有资格被称为"中华正统"。"神神相生，圣皇连绵"的日本，也开始将自己视为"中朝"，并在"华夷变态"的思想框架下构造"锁国"体制，建立以日本为核心的华夷秩序。[①] "中华"不仅为朝鲜、日本提供了自我认同的基础，还作为一套客观评价体系，使得他们能够对那个强大的中央王朝做出评判。1574年来到北京的朝鲜使臣许篈、赵宪，看到官员百般勒索、儒生罔知礼仪、异端阳明学风靡一时、淫祀香火鼎盛、赋税繁重……此般景象，哪里还有"中华"的样子？许篈、赵宪心中自有一副"中华"的标尺，它是不以现实中的那个中央王朝为归依的。于是，在回国之后，赵宪呈递给光海君的报告中，告诫国王不要以明朝为榜样，"三代"才是朝鲜应当效仿的对象。

但是，依据上述历史事实，我们是否就能够说东亚没有了认同呢？要回答这个问题，我们还必须先考虑一下，使得朝鲜、日本能够把自身视为"中华"的前提是什么？在笔者看来，朱子学在朝鲜、日本两国思想领域中支配地位的确立，正是关键所在。朱子学普遍主义的性格，将"天理"这一宇宙秩序视为放之四海皆准的普遍法则。如此，无形中消解了把"礼乐制度"与特定的人和地域联系一起的观念。任何人，无论其出身如何，只要经过朱子学规定的修行程序，他就有可能洞悉"天理"。来自东亚世界边缘的朝鲜人、日本人，在掌握"天理"之后，就掌握了评判的尺度，具备了评判的能力，他能够对自身所处社会的制度做出评判，同样也能对中央王朝的制度进行批判。同时，"天理"作为人间秩序的根据，意味着统治的正当性

[①] 参见［日］伊东贵之《明清交替与王权论——在东亚视野中考察》，载徐洪兴、小岛毅、陶德民、吴震主编《东亚的王权与政治思想——儒学文化研究的回顾与展望》，复旦大学出版社2009年版，第93—102页。

未必需要特定权威者（如中国皇帝）的授予。朝鲜、日本的政权，不必再从中国皇帝那里获得册封来将其统治正当化，他们现在可以转向寻求"天理"来作为其正当性的根据。

另一方面，亘古不变的"天理"倾向于和始终不变的政治体制对应。静止不变优越于变化，朝鲜静止的两班体制、日本"万世一系"的天皇观，给予朝鲜、日本足够的信心，使得他们在面对那个昔日作为文明化身的中央王朝不再畏惧。而两班社会与天皇"万世一系"正统性的确立，与朝、日两国朱子学者的努力是密不可分的。丽末鲜初的朱子学者，与新兴武人势力联合，拥立李成桂为王，建立了朝鲜王国。作为对朱子学者的回报，新政权将儒学立为国教。朱子学者郑道传为新政权编纂了《朝鲜经国典》，按照程朱理学的原则规划了朝鲜政治与社会制度。在日本，如何将朱子学纳入日本独特的历史语境，始终困扰着江户时代的学者。诸如，"天地之道"的普遍法则与"皇统一系"是什么样的关系、"皇统一胤"与儒家德治主义如何调和等问题，在他们中间引发热烈地讨论。在思考这些问题的过程中，山崎暗斋、浅见絅斋等朱子学者并没有把日本原有的记纪神话当作艺术性的幻想，而是苦心孤诣地从中抽出具有儒家意味的伦理—政治性教说。由此，记纪神话中"神祖肇国""神皇一体"的叙事逐渐被改造成一套政治神学，并最终为近代融合了"血"与"圣德"的天皇"万世一系"正统性提供了形而上学的依据。①

如此，我们看到，朝鲜、日本的自我认同，及其对清朝的疏离感，都在朱子学那里获得了形而上学的根据。渐行渐远的东亚三国，却不约而同地将朱子学奉为意识形态。而也正是因为对朱子学的信仰，使得他们互不相认。难道我们不可以将17世纪中叶以来东亚三国的互不认同，理解为儒家文明发展的一个新阶段吗？尽管此一时期的东亚并没有呈现当代"东亚"叙述所祈望的和平、共荣、共存，

---

① 参见［日］丸山眞男《闇斎と闇斎学派》，载《丸山眞男集》第11卷，岩波書店1996年版，第229—322页；［日］尾藤正英《日本封建思想史研究－幕藩体制の原理と朱子学の思惟》，青木書店1961年版。

但是，它也绝非失去了任何相互认同的基础。

当遣唐使络绎不绝地前往唐都长安的时候，这些来自新罗、日本的学者、僧人怀着对大唐文物无比景仰之情。如此结成的东亚共同体，是那样的单纯，那样的整齐和谐。但是，随着各国文明程度的提高，儒学的普及，对中央王朝的崇敬之情，慢慢被对自身文化的认同所取代。17世纪中叶，夷狄的入主所造成的权威空缺，为东亚诸国树立本国自尊创造了空间。单纯、和谐的东亚世界已不复存在，代之以一个充满冲突、纷争的东亚。不过，我们没有必要为此感到悲伤。那种对中原王朝质朴纯真的景仰已经丧失，东亚诸国都在朱子学中找到了自身的位置与价值。以其幻想和谐的东亚共同体，强求一致，不如代之以审慎的反省来保存它。最后，笔者想用朱熹一段有关"理一分殊"的话，来结束本书笨拙的论述："至诚无息者，道之全体也，万殊之所以一本也。万物各得其所者，道之用也，一本之所以万殊也。"①

---

① 朱熹：《四书章句集注·论语集注》，《朱子全书》第6册，第96页。

参考文献

史料

《明太祖实录》,"中研院"历史语言研究所1962年版。

张葳编译:《旧满洲档·太宗朝》,台北故宫博物院1977、1980年版。

《清实录》太宗实录、圣祖仁皇帝实录、世宗宪皇帝实录、高宗纯皇帝实录,中华书局1985—1986年版。

《清代起居注册·康熙朝》,中华书局2009年版。

万历朝修《大明会典》,上海古籍出版社2002年版。

昆岗等修《钦定大清会典》,上海古籍出版社2002年版。

阮元校刻:《十三经注疏·春秋公羊传注疏》,中华书局2009年版。

韩国国史编纂委员会:《朝鲜王朝实录》数据库,据首尔大学奎章阁所藏鼎足山史库本、太白山史库本数字化,网址:http://sillok.history.go.kr/main/main.jsp。

韩国国史编纂委员会:《承政院院日记》数据库,据首尔大学奎章阁所藏《承政院日记》数字化,网址:http://sjw.history.go.kr/main.do。

韩国国史编纂委员会:《备边司誊录》数据库,据韩国国史编纂委员会《备边司誊录》(首尔:韩国史学会1959—1960年版)数字化,网址:http://db.history.go.kr/item/level.do?itemId=bb。

《经国大典》,光海君五年(1613)刻本,首尔大学奎章阁藏。

林基中编:《燕行录全集》第18—40卷,东国大学出版部2001年版。

《韩国文集丛刊》,景仁文化社。

《韩国文集丛刊续》，景仁文化社。

《韩国历代文集丛书》，景仁文化社。

韩基邦编著：《关北、清州韩氏（五校丙子）大同谱上编》，《北京图书馆藏家谱丛刊·民族卷》第97册，北京图书馆出版社2003年版。

李肯翊：《燃藜室记述（选录）》，潘喆、李鸿彬、孙方明编《清入关前史料选辑》，中国人民大学出版社。

方孝孺：《逊志斋集》，宁波出版社2000年点校本。

胡翰：《胡仲子集》，商务印书馆1935年版。

焦循：《孟子正义》，中华书局2017年点校本。

刘禹锡：《刘禹锡集》，中华书局1990年版。

柳宗元：《柳宗元集》，中华书局1979年版。

吕留良：《吕晚村先生四书讲义》，《续修四库全书·经部·四书类》，上海古籍出版社2002年版。

欧阳修：《欧阳修全集》，中华书局2001年点校本。

丘濬：《世史正纲》，《四库全书存目丛书》史部第6册，齐鲁出版社1996年版。

司马光：《司马光集》，四川大学出版社2010年整理本。

杨慎：《升庵全集》，商务印书馆1937年版。

章潢：《图书编》，江苏广陵古籍刻印社1988年版。

张自勋：《纲目续麟》，《景印文渊阁四库全书》第323册，台湾商务印书馆2008年版。

郑思肖：《郑思肖集》，上海古籍出版社1991年点校本。

周敦颐：《元公周先生濂溪集》，岳麓书社2006年版。

朱熹：《朱子全书》，上海古籍出版社、安徽教育出版社2002年版。

研究论著

［韩］白永瑞：《思想东亚——朝鲜半岛视角的历史与实践》，生活·读书·新知三联书店2011年版。

［日］滨下武志：《近代中国的国际契机——朝贡贸易体系与近代亚

洲经济圈》，朱荫贵、欧阳菲译，中国社会科学出版社 1999 年版。

陈来：《宋明理学》，华东师范大学出版社 2003 年版。

陈来：《东亚儒学九论》，生活·读书·新知三联书店 2008 年版。

[韩] 崔英辰：《韩国儒学思想研究》，邢丽菊译，东方出版社 2008 年版。

[日] 稻叶君山：《清朝全史》，但焘译，上海社会科学出版社 2006 年版。

[日] 渡边信一郎：《中国古代的王权与天下秩序——从日中比较史的视角出发》，徐冲译，中华书局 2008 年版。

[日] 夫马进：《朝鲜燕行使与朝鲜通信使——使节视野中的中国·日本》，伍跃译，上海古籍出版社 2010 年版。

甘怀真主编：《东亚历史上的天下与中国概念》，台湾大学出版中心 2009 年版。

高明士编：《东亚文化圈的形成与发展：政治法制篇》，华东师范大学出版社 2008 年版。

高明士：《天下秩序与文化圈的探索——以东亚古代的政治与教育为中心》，上海古籍出版社 2008 年版。

葛兆光：《宅兹中国：重建有关"中国"的历史论述》，中华书局 2011 年版。

[韩] 韩国哲学会编：《韩国哲学史》，白锐等译，社会科学文献出版社 1996 年版。

金梁：《光宣小记》，载章伯锋、顾亚主编《近代稗海》第 11 辑，四川人民出版社 1988 年版。

[韩] 李成茂：《高丽朝鲜两朝的科举制度》，张琏瑰译，北京大学出版社 1993 年版。

李甦平：《韩国儒学史》，人民出版社 2009 年版。

梁启超：《先秦政治思想史》，天津古籍出版社 2003 年版。

梁漱溟：《中国文化要义》，上海人民出版社 2005 年版。

刘凤云、刘文鹏编：《清朝的国家认同——"新清史"研究与争鸣》，中国人民大学出版社 2010 年版。

罗梦册：《中国论》，商务印书馆1943年版。

彭林：《中国礼学在古代朝鲜的播迁》，北京大学出版社2005年版。

钱实甫编：《清代职官年表》，中华书局1980年版。

［韩］琴章泰：《韩国儒学思想史》，韩梅译，中国社会科学出版社2011年版。

饶宗颐：《中国史学上之正统论》，上海远东出版社1996年版。

［德］卡尔·施米特：《政治的概念》，刘宗坤等译，上海人民出版社2004年版。

孙歌：《主体弥散的空间：亚洲论述之两难》，江西教育出版社2002年版。

孙歌：《我们为什么要谈东亚：状况中的政治与历史》，生活·读书·新知三联书店2011年版。

孙卫国：《大明旗号与小中华意识——朝鲜王朝尊周思明问题研究（1637—1800）》，商务印书馆2007年版。

［德］韦伯：《社会科学方法论》，韩水法译，中央编译出版社2005年版。

徐东日：《朝鲜朝使臣眼中的中国形象——以〈燕行录〉〈朝天录〉为中心》，中华书局2010年版。

徐洪兴、小岛毅、陶德民、吴震主编：《东亚的王权与政治思想——儒学文化研究的回顾与展望》，复旦大学出版社2009年版。

杨念群：《何处是江南？——清朝正统观的确立与士林精神世界的变异》，生活·读书·新知三联书店2010年版。

余英时：《朱熹的历史世界：宋代士大夫政治文化的研究》，生活·读书·新知三联书店2011年版。

张存武：《清代中韩关系论文集》，台湾商务印书馆1987年版。

论文

蔡美彪：《大清国建号前的国号、族名与纪年》，《历史研究》1987年第3期。

晁中辰：《由"兄弟之国"到"君臣之义"——清入关前与朝鲜关系

的演变》,《明清论丛》第 12 辑,2012 年。

陈福康:《论郑思肖〈心史〉绝非伪托——与姜纬堂先生商榷》,《学术月刊》1985 年第 10 期。

刁书仁:《论清朝与朝鲜宗藩关系的形成与确立》,《扬州大学学报》(人文社会科学版)2003 年第 1 期。

刁书仁:《从"北伐论"到"北学论"——试论李氏朝鲜对清朝态度的转变》,《中国边疆史地研究》2006 年第 4 期。

甘怀真:《秦汉的"天下"政体:以郊祀礼为中心》,《新史学》2005 年第 4 期。

葛兆光:《大明衣冠今何在》,《史学月刊》2005 年第 10 期。

葛兆光:《从"朝天"到"燕行"——17 世纪中叶后东亚文化共同体的解体》,《中华文史论丛》2006 年第 1 期。

葛兆光:《想象异域悲情——朝鲜使者关于季文兰题诗的两百年遐想》,《中国文化》2006 年第 1 期。

葛兆光:《明烛无端为谁烧——清代朝鲜贡使眼中的蓟州安、杨庙》,《书城》2006 年第 2 期。

葛兆光:《寰中谁是中华——从 17 世纪以后中朝文化差异看退溪学的影响》,《天津社会科学》2008 年第 3 期。

葛兆光:《"不意于胡京复见汉威仪"——清代道光年间朝鲜使者对北京演戏的观察与想象》,《北京大学学报》(哲学社会科学版)2010 年第 1 期。

姜纬堂:《辩〈心史〉非郑所南遗作》,《文史》第 18 辑,1983 年。

姜纬堂:《再辩〈心史〉非郑所南遗作——答陈福康同志》,《学术月刊》1987 年第 4 期。

雷戈:《正朔、正统与正闰》,《史学月刊》2004 年第 6 期。

李尚洪:《后金朝鲜"丁卯之役"原因浅析》,《吉林师范学院学报》1995 年第 1 期。

林红《"兄弟之盟"下后金与朝鲜贸易初探》,《山东大学学报》(哲学社会科学版)2000 年第 3 期。

刘毅:《"合法性"与"正当性"译词辩》,《博览群书》2007 年第

3 期。

石少颖：《和约背后的制衡——对"丁卯之役"及金鲜谈判的再探讨》，《历史教学》2012 年第 14 期。

宋慧娟：《1627—1636 年间后金（清）与朝鲜关系演变新探》，《东江学刊》2003 年第 4 期。

王臻《"丁卯之役"的交涉及战后金鲜的矛盾冲突探析》，《韩国研究论丛》2008 年第 1 期。

魏志江、潘清：《关于"丁卯胡乱"与清鲜初期交涉的几个问题》，《学习与探索》2007 年第 1 期。

徐凯：《论"丁卯虏乱"与"丙子胡乱"——兼评皇太极两次用兵朝鲜的战略》，《当代韩国》1994 年第 3 期。

叶红、胡阿祥：《大清国号述论》，《中国历史地理论丛》2000 年第 4 期。

钟焓：《〈心史·大义略叙〉成书时代新考》，《中国史研究》2007 年第 1 期。

朱希祖：《后金国汗姓氏考》，中研院辑《庆祝蔡元培先生六十五岁论文集——历史语言研究所集刊外编第一种》（上册），"中研院"历史语言研究所 1933 年版。

市村瓒次郎：《清朝国号考》，《东洋协会调查部学术报告》1909 年 7 月。

Peter C. Perdue, "Boundaries, Maps, and Movement: Chinese, Russian, and Mongolian Empires in Early Modern Central Eurasia", *The International History Review*, Vol. 20, No. 2 (Jun., 1998).

后　记

　　这本书主要研究论述十七八世纪朝鲜士人对于清朝的态度，以及这种态度与朱子学的关联性，是我博士论文的选题。我从未想到过会做与朝鲜相关的研究。我最初给自己设定的研究方向是儒学与政治的关联性。我一直不能理解，为何宋代以降道学家们反复辩论心性、良知、天理—人欲。以今日的眼光来看，这类问题似乎不值得数个世代最杰出的思想家耗费如此之多精力。或许借用雷蒙德·卡佛的句式更能清晰表达出我的问题：当宋明道学家谈论心性时他们在谈论什么？

　　带着这样的问题，我开始阅读明末清初士人文集。这个剧烈动荡的年代，夷夏关系、君臣关系等儒家诸多重要人伦关系都受到不同程度的冲击。也许，这正是一个适宜的观测点，观察有关天理、心性的知识如何作用于道学家，是否左右过他们在现实世界中的抉择。两篇讨论孙奇逢的论文就是上述观测的初步成果。完成了孙奇逢的个案研究后，我原本打算继续处理明清之际北方士人出处选择。就在寻找下一个研究对象的时候，我读到一些"从周边看中国"的研究论著，朝鲜士人意外闯入我的视野。原来，那些困扰着汉人士大夫的问题，同样萦绕在朝鲜士人心中。并且，由于不在中央王朝直接统辖之下，这些问题获得更充分、更系统的讨论。于是，我决心闯入朝鲜士人的精神世界，弄清楚他们对于清朝的态度背后是否存在着朱子学的影响。在探寻历程中，丸山真男《日本政治思想史研究》给了我很大的启发。透过阅读丸山对朱子学思维方式的分析，我意识到在朱子学的价值体系中存在着一种"静"优越于"动"的位阶排序。这种价值排序深刻地影响着朝鲜士人对中央王朝、对朝鲜王国的认识，而他

后 记

们如何判断形势，如何行动正是透过这些认识形塑而成。

2013 年博士毕业，我进入清华大学人文与社会科学高等研究所做博士后研究。博士后研究期间，我继续相关研究，并打算把研究对象、研究时段都进一步扩大，时段由十七八世纪向 19 世纪延伸，研究对象上也把日本囊括进来。2015 年博士后出站，机缘巧合，我进入中国政法大学法律古籍整理研究所工作。为了尽快融入研究所工作，向研究所整体研究方向靠拢，渐渐把有关东亚儒学与政治的研究搁下来。直到最近，在许多师友的督促下，我重新把之前的研究整理出来，算是博士以来研究的一个总结。

需要说明的是，本书第二、第四章部分内容在《史林》《清史研究》等刊物上发表过，本次出版在发表论文的基础上做了不同程度修改、补充。

最后，这本书从写作、完成到出版，要感谢许多人。没有众多师友的帮助，编辑、校对的辛勤劳动，本书不可能问世。谨此致谢。

桂　涛

2020 年 4 月